21世紀型スキルと諸外国の教育実践

求められる新しい能力育成

田中義隆

明石書店

はじめに

　近年、公教育のあり方が大きく問い直されようとしています。我が国においては、文部科学省をはじめとして各省庁のもとで組織された有識者会議などで、知識の習得よりもその活用力を重視する考え方や自分で考え主体的に行動できる資質・能力を強調する考え方が出され、期待される新しい人間像についての議論が活発に行われています。こうした状況は21世紀に入ってからますます顕著になってきています。

　では、このような変化はどのようにして起こってきたのでしょうか。一つの大きな要因として、デジタル・テクノロジーの急速な発展と普及があげられるでしょう。1995年米国マイクロソフト社が突如「Windows 95」を発表したことは私たちの記憶にまだ新しいことと思います。Windows 95は世界の注目を一身に集め、一瞬にして私たちの生活にコンピュータを入り込ませることに成功しました。そして21世紀に入ると、インターネットの爆発的な普及によって私たちの生活は一変しました。パソコンのマウスをクリックするだけで、いつでも、どこにいても、必要な情報が瞬時にかつ大量に得られるようになったのです。その後もインターネットは進化し続け、「IT革命」、「ブロードバンド」、「ソーシャルメディア」、「クラウド」など数々の新語を生みながら、私たちの社会生活を急激に変えていきました。今では、情報や知識を入手することは非常に容易になりました。従来あった「時間」、「場所」、「人」といった障壁や制限が取り払われた結果と言えるでしょう。このような状況のもとでは、単に情報や知識を保有しているだけではあまり意味をもちません。なぜなら、それらの情報や知識は欲すれば誰でも簡単に入手可能だからです。こうして、情報や知識を伝授し、次世代へ受け継いでいくといった従来からの公教育の役割は失われてしまったのです。

　もう一つの要因として考えられるのが教育のグローバル化現象です。これまで長らく世界各国では「教育」は国内課題であると考えられてきました。なぜなら、教育は地域の固有の文化や考え方と密接な関係があり、こうした文脈を考慮しない教育活動というものはあり得ないと考えられていたからです。世界各国（あるいは各学校）は独自のカリキュラムを開発し、彼らの社会的・文化的

環境に応じた教育活動を行ってきました。こうした考え方に大きな変化を与えたのが、TIMSSやPISAに代表される国際学力調査です。特に2000年から実施されたPISAは世界各国に少なからぬ影響を与えました。「PISAショック」という言葉を覚えておられる方々も多いのではないかと思います。我が国では第二回PISA（2003年実施）で順位が急落したことを受けてマスコミが一斉に公教育に対して厳しい批判を向けました。こうした国際学力調査は、従来、難しいと考えられていた世界各国の児童生徒の学力を比較可能にしたという点で非常に意義のあるものでした。それに加えて、PISAで問われている学力とは従来のような知識の量ではなく、21世紀の社会で生きていくために必要なコンピテンシーであるとされたことから、世界各国は新しい学力について検討せざるを得なくなったのです。

　なお、上記の要因以外にも、経済のグローバル化に伴う国境を越えた人材の交流や移動などその他様々な要因が複雑に絡み合っていることは疑いの余地がありません。

　このような状況を反映してか、21世紀に入ってからというもの、世界各国で大規模な教育改革が次々に行われています。我が国でも数年前に学習指導要領の改訂が行われ、2011年度（平成23年度）の小学校での施行を皮切りに、順次、中学校、高等学校での施行が始まりました。海外でもイギリスが2014年から新しいナショナル・カリキュラムを施行しました。また、アメリカでは2010年に同国初の州を超えた教育課程の枠組みが策定されましたし、オーストラリアでも2008年から国内初のナショナル・カリキュラムが開発されました。さらに、ニュージーランドでは2011年から新しいカリキュラムの完全実施が行われ、シンガポールでは2010年に新カリキュラムが発表されました。このような世界各国の動きを見てみると、現在はまさに世界的な公教育の大転換期であると言えるでしょう。

　では、世界各国は自国の教育改革において具体的にどのような公教育の実現を望んでいるのでしょうか。この問いこそが本書を執筆する大きなきっかけとなりました。

　ここで本書の構成を簡単に紹介しておきましょう。本書は大きく四部構成をとっています。第Ⅰ部では近年その重要性が叫ばれている21世紀の社会に必要とされる能力について概観しています。特に、注目を集めているいくつかの

能力モデルについて考察しています。

　第Ⅱ部では、「教育先進国における近年の教育改革の動向と挑戦」と題して、欧米諸国を中心に各国の教育制度について簡単に触れた後、近年のカリキュラム改定とその内容、カリキュラムの中で重視されている習得すべき資質・能力、こうした資質・能力を育成するための学校現場での教育実践の例、先進的な教育実践を支えている環境について概観しています。ここで取り上げた国はイギリス、ドイツ、オーストラリア、ニュージーランド、アメリカ、カナダ、シンガポールの7カ国です。

　続いて、第Ⅲ部では「アジア新興諸国における新しい教育への挑戦」と題して、フィリピン、インドネシア、ベトナム、ミャンマーの4カ国を取り上げ、第Ⅱ部と同じように、教育制度、ナショナル・カリキュラムの内容、そこで重視されている資質・能力、学校現場で実践されている新しい学び、この学びを支えている環境について紹介しています。これら4カ国はいずれも最近、大規模なカリキュラム改革を実施または実施中で、公教育を大きく転換しようとしている国々です。

　そして第Ⅳ部は、「新しい教育に向けた我が国の進路」と題して、まず、我が国におけるこれまでの公教育の考え方の変遷、特に「生きる力」に対する捉え方について振り返っています。そして、最後に読者の皆さんにも我が国の公教育の今後のあり方について考えていただきたいという期待をもって、そのためのヒントとも言うべき、国立教育政策研究所が出している試案を紹介して本書を締めくくっています。以上が本書の全体構成です。

　教育というテーマは、決して研究者や評論家といった一部の専門家のものではありません。読者の皆さんは、少なくとも9年間の義務教育を経験されており、また、お子さんがおられる方々にとっては自分の息子や娘に学校教育を受けさせる義務を有しておられますから、教育は私たちの日常生活の中でとても身近な存在だと言えます。したがって、今まさに変わろうとしている公教育について、これまで以上に興味と関心をもっていただき、未来を担う子どもたちにより充実した学校教育を提供できるように、将来の我が国の公教育のあり方について考えていただきたいと思っています。本書が、そのお役に立てれば光栄です。

21世紀型スキルと諸外国の教育実践―求められる新しい能力育成

目　次

はじめに　　　　　　　　　　　　　　　　　　　　　　　　　　3

第Ⅰ部　21世紀の能力観

第1章　21世紀に求められている新しい能力　　　　　　　　14
　1. 新しい人材像の登場　　　　　　　　　　　　　　　　　14
　2. 新しい人材像・能力観の背景と系譜　　　　　　　　　　15
　3. 新しい人材像・能力観の基本的枠組み　　　　　　　　　17
　　■キー・コンピテンシー（Key Competencies）　　　　　17
　　■PISA型リテラシー（PISA Literacy）　　　　　　　　　21
　　■21世紀型スキル（21st Century Skills）　　　　　　　　22
　　　◇P21による21世紀型スキルの枠組み　　　　　　　　22
　　　◇ATC21Sによる21世紀型スキル　　　　　　　　　　26
　4. 21世紀型スキルを巡る論争　　　　　　　　　　　　　　29

第Ⅱ部　教育先進国における近年の教育改革の動向と挑戦

第2章　イギリスの挑戦―グローバル・シティズンを目指して　　34
　1. イギリス（イングランド）の教育制度　　　　　　　　　34
　2. ナショナル・カリキュラム　　　　　　　　　　　　　　36
　3. 教科学習の中に内包された能力・スキル　　　　　　　　38
　4. 教育実践例：レザーヘッド・トリニティ小学校（Leatherhead
　　 Trinity School）の異文化間交流を通じた教育　　　　　　39
　　■学校概要　　　　　　　　　　　　　　　　　　　　　39
　　■学校カリキュラム　　　　　　　　　　　　　　　　　40
　　■異文化間交流を通じた教育実践　　　　　　　　　　　41
　　■ナショナル・カリキュラムとの関係　　　　　　　　　43
　5. 学びを支える環境　　　　　　　　　　　　　　　　　　44
　　■グローバルな視点をもった学習の推進　　　　　　　　44
　　■全国に広がる教育センター　　　　　　　　　　　　　46
　　■国際NGOによる特色ある教育活動　　　　　　　　　　50

第3章　ドイツの挑戦―持続可能な開発を担う人材育成　　　54
　1. ドイツの教育制度　　　　　　　　　　　　　　　　　　54
　2. 教育スタンダード　　　　　　　　　　　　　　　　　　56

3. コンピテンシー・モデル　　　　　　　　　　　　　　　　58
　　4. ESD推進のための国家プロジェクト　　　　　　　　　　59
　　　　■BLKプログラム21と「未来をつくる力」　　　　　　59
　　　　■トランスファー21と「創造コンピテンシー」　　　　60
　　5. 教育実践例：パスカル・ギムナジウム(Pascal Gymnasium)のESD　62
　　　　■学校概要　　　　　　　　　　　　　　　　　　　　62
　　　　■学校カリキュラム　　　　　　　　　　　　　　　　63
　　　　■ESD授業実践　　　　　　　　　　　　　　　　　　64
　　　　■創造コンピテンシーとの関係　　　　　　　　　　　65
　　6. 学びを支える環境　　　　　　　　　　　　　　　　　　67
　　　　■学校改革とESDの導入　　　　　　　　　　　　　　67
　　　　■教材・ガイドラインの開発とその活用　　　　　　　67
　　　　■コーディネータの育成を目指した研修　　　　　　　67
　　　　■教員養成の改革　　　　　　　　　　　　　　　　　68

第4章　オーストラリアの挑戦―成功した学習者を目指して　　71
　　1. オーストラリアの教育制度　　　　　　　　　　　　　71
　　2. ナショナル・カリキュラム　　　　　　　　　　　　　74
　　3. 汎用的能力(General Capabilities)　　　　　　　　　76
　　4. 教育実践例：ライド小学校(Ryde Public School)の「総合学習」　80
　　　　■学校概要　　　　　　　　　　　　　　　　　　　　80
　　　　■学校カリキュラム　　　　　　　　　　　　　　　　81
　　　　■「総合学習」の授業実践　　　　　　　　　　　　　81
　　　　■ナショナル・カリキュラムとの関係　　　　　　　　85
　　5. 学びを支える環境　　　　　　　　　　　　　　　　　87
　　　　■デモクラシー発見プロジェクト(DDP)　　　　　　　87
　　　　■グローバル教育プロジェクト(GEP)　　　　　　　　88

第5章　ニュージーランドの挑戦―自信に満ちた生涯学習者へ　93
　　1. ニュージーランドの教育制度　　　　　　　　　　　　93
　　2. ナショナル・カリキュラム　　　　　　　　　　　　　95
　　3. キー・コンピテンシー(Key Competencies)　　　　　98
　　4. 教育実践例：クィーン・マーガレット校(Queen Margaret
　　　College Wellington)の「探究の時間」　　　　　　　101
　　　　■学校概要　　　　　　　　　　　　　　　　　　　101
　　　　■学校カリキュラム　　　　　　　　　　　　　　　103
　　　　■「探究の時間」の授業実践　　　　　　　　　　　104

■ナショナル・カリキュラムとの関係　105
　5. 学びを支える環境　107
　　■多文化主義を基本とした教育政策　108
　　■グローバル市民の育成を目指した教育の推進　108
　　■グローバル教育の推進　109
　　■国際NGOによる特色ある教育活動　110

第6章　アメリカの挑戦―競争力を強化するために　115
　1. アメリカの教育制度　115
　2. コモンコア・ステイトスタンダード (Common Core State Standards)　117
　3. 大学及び職場で活躍できる力・21世紀型スキル (College and Career Readiness: CCR, 21st Century Skills)　119
　　■大学及び職場で活躍できる力 (CCR)　119
　　■21世紀型スキル (21st Century Skills)　121
　　■CCSSと21世紀型スキルの統合　122
　4. 教育実践例：アブソン・スクール・オブ・リーダース (Aveson School of Leaders: ASL) のグローバル社会で競争力を発揮できる人材を育てる教育　124
　　■学校概要　124
　　■学校カリキュラム　124
　　■グローバル人材育成のための教育実践　125
　　■CCR及び21世紀型スキルとの関係　127
　5. 学びを支える環境　128
　　■連邦政府によるシティズンシップ教育の推進　128
　　■NGOによるグローバル人材育成のための多様な教育活動　130
　　　◇ネットワークで世界をつなげる－iEARN　131
　　　◇グローバル社会での競争力養成を目指す－ワールド・サヴィー (World Savvy)　133
　　　◇グローバル人材の育成を目指す－アジア・ソサエティ (Asia Society)　135

第7章　カナダの挑戦―多文化社会で生きるバランス感覚を育てる　143
　1. カナダの教育制度　143
　2. カナダ (オンタリオ州) のカリキュラム　146
　3. 学習スキルと労働習慣 (Learning Skills and Work Habits)　148
　4. 学習評価の対象としての能力・スキル　150
　5. その他の能力・スキル　152
　6. 教育実践例：トロント大学オンタリオ教育研究所付属校 (Dr. Eric Jackman Institute of Child Study Laboratory School) の環境教育　154

■学校概要	154
■学校カリキュラム	154
■環境教育の実践	156
■図書室を中心に据えた施設配置	159
■オンタリオ・カリキュラムとの関係	160
7. 学びを支える環境	161
■政府による教育活動支援	162
■NGOによる積極的な教育活動	166
■学習センターによるコミュニティ支援	168

第8章　シンガポールの挑戦―自ら学ぶ学習者の育成　173

1. シンガポールの教育制度　173
2. ナショナル・カリキュラム　176
3. 学力観の転換―「考える学校・学ぶ国家」から「少教多学」まで　177
4. 21世紀型コンピテンシー（21st Century Competencies）　181
5. 教育実践例：南僑(ナンチャオ)小学校（Nan Chiau Primary School）のシームレス・ラーニング　185
   - ■学校概要　185
   - ■学校カリキュラム　185
   - ■シームレス・ラーニングの授業実践　187
   - ■ナショナル・カリキュラムとの関係　188
6. 学びを支える環境　189
   - ■教育ICT政策　189
   - ■フューチャースクールの設置　190
   - ■外部組織からの支援　191

第Ⅲ部　アジア新興諸国における新しい教育への挑戦

第9章　フィリピンの挑戦―価値教育の重視と国際標準の教育を求めて　196

1. フィリピンの教育制度　196
2. ナショナル・カリキュラム　198
3. 大学及び将来の生計のためのレディネス・21世紀型スキル
   （College and Livelihood Readiness, 21st Century Skills）　202
4. 教育実践例：国立ベニグノ・アルダナ中等学校（Benigno V. Aldana National High School: BVANHS）の価値教育　204
   - ■学校概要　204
   - ■学校カリキュラム　205

■価値教育の実践　　　　　　　　　　　　　　　　　　　　205
　　　■ナショナル・カリキュラムとの関係　　　　　　　　　　207
　5．学びを支える環境　　　　　　　　　　　　　　　　　　　207
　　　■地域コミュニティの協力　　　　　　　　　　　　　　　208
　　　■国際的な教育開発の枠組み　　　　　　　　　　　　　　208

第10章　インドネシアの挑戦―人格の形成と道徳観の育成　　211
　1．インドネシアの教育制度　　　　　　　　　　　　　　　　211
　2．ナショナル・カリキュラム　　　　　　　　　　　　　　　213
　3．コンピテンシー・スタンダード (Competency Standards: SKL)　218
　4．教育実践例：バンドン第二中学校 (SMP Negeri 2 Bandung) の
　　　グローバル市民育成に向けた取り組み　　　　　　　　　　219
　　　■学校概要　　　　　　　　　　　　　　　　　　　　　　219
　　　■学校カリキュラム　　　　　　　　　　　　　　　　　　220
　　　■グローバル市民の育成に向けた教育活動　　　　　　　　220
　　　■ナショナル・カリキュラムとの関係　　　　　　　　　　221
　5．学びを支える環境　　　　　　　　　　　　　　　　　　　222
　　　■政府からの財政支援制度　　　　　　　　　　　　　　　222
　　　■授業の質的向上のための地域ベースの協力　　　　　　　223
　　　■外国からの機会提供と連携　　　　　　　　　　　　　　223

第11章　ベトナムの挑戦―愛国心をもった能力ある人材　　　227
　1．ベトナムの教育制度　　　　　　　　　　　　　　　　　　227
　2．ナショナル・カリキュラム　　　　　　　　　　　　　　　229
　3．コンピテンシー (Competencies)　　　　　　　　　　　　　233
　4．教育実践例：イェン・ホア中学校 (Yen Hoa Secondary School) の
　　　グローバル市民育成に向けた取り組み　　　　　　　　　　235
　　　■学校概要　　　　　　　　　　　　　　　　　　　　　　235
　　　■学校カリキュラム　　　　　　　　　　　　　　　　　　236
　　　■グローバル市民の育成に向けた教育活動　　　　　　　　236
　　　■ナショナル・カリキュラムとの関係　　　　　　　　　　237
　5．学びを支える環境　　　　　　　　　　　　　　　　　　　238
　　　■教育訓練省 (MOET) による教授学習アプローチ改革　　　238
　　　■外国からの機会提供と連携　　　　　　　　　　　　　　239

第12章　ミャンマーの挑戦―21世紀を生きるための人材養成　242
　1．ミャンマーの教育制度　　　　　　　　　　　　　　　　　242

2. 現在進行中の一大教育改革　　　　　　　　　　　　　246
　3. ナショナル・カリキュラム　　　　　　　　　　　　248
　4. 21世紀のための新しいカリキュラムの開発　　　　　251
　5. 21世紀の学びのための五大能力 (Five Strengths Targeted for
　　 Learning in the 21st Century)　　　　　　　　　　　253
　6. 教育実践例：ヤンキン教員養成校付属校 (Yankin Education
　　 College Practicing School: YECPS) の児童中心主義の教育　255
　　　■学校概要　　　　　　　　　　　　　　　　　　　255
　　　■学校カリキュラム　　　　　　　　　　　　　　　255
　　　■児童中心主義の教育実践　　　　　　　　　　　　256
　　　■ナショナル・カリキュラムとの関係　　　　　　　257
　7. 学びを支える環境　　　　　　　　　　　　　　　　258
　　　■ジャイカによる小学校でのCCAの展開と普及　　　259
　　　■ユニセフによるチャイルド・フレンドリー・スクール (Child Friendly
　　　　School: CFS) の展開　　　　　　　　　　　　　　260

第Ⅳ部　新しい教育に向けた我が国の進路

第13章　我が国の教育課程と今後の方向性　　　　　266
　1. 我が国の教育課程　　　　　　　　　　　　　　　　266
　2. 「生きる力」と求められる能力　　　　　　　　　　267
　　　■導入当初の「生きる力」(1998年〜)　　　　　　268
　　　■「生きる力」の具体化 (2003年〜)　　　　　　　269
　　　■新しい「生きる力」(2008・2009年〜)　　　　　270
　3. 「21世紀型能力」の試案と今後の方向性　　　　　　272

あとがき　　　　　　　　　　　　　　　　　　　　　　277
参考文献・引用文献　　　　　　　　　　　　　　　　　281

第Ⅰ部
21世紀の能力観

第1章
21世紀に求められている新しい能力

1. 新しい人材像の登場

　近年、我が国ではグローバル社会の中で活躍できる人材育成の必要性が重視され、産官学を含む様々なところから将来的に求められる具体的な人材像やその育成に資する施策などが次々に出されている。この背景には、国内における急速な人口減少と高齢化の進行、経済におけるグルーバル競争の激化、企業の海外進出や人材の流動化が進む一方で、若者の間に海外に興味関心を示さない「内向き志向」などが顕著になりはじめ、このままの状態を放置していては、たちまち日本の国際競争力が低下し、国際社会から取り残されてしまうのではないかという危機感がある。

　我が国においてこれまでに出されてきた新しい人材像としては、「生きる力」（文部科学省、1996年）、「人間力」（内閣府・経済財政諮問会議、2003年）、「就職基礎能力」（厚生労働省、2004年）、「社会人基礎力」（経済産業省、2006年）、「学士力」（文部科学省、2008年）などがある。これらに共通することは、いずれの人材像にも「思考力」、「問題解決力」、「コミュニケーション力」、「主体性」、「協調性」などが含まれているという点である。

　ここで注目すべきことは、これら新しい人材像として重視されている能力が、従来一般的に考えられてきた能力とはかなり異なっているということである。従来、「能力」と言えば、主として知識の量や演算などに代表される知的操作の速度といったスキルを指していたが、新しい能力はその範囲が広くかなり漠然としていると言える。まさに、この点が近年のグローバル社会で求められる能力の特徴でもある。すなわち、複雑化する社会においては従来のような狭い範囲の能力では不十分であり、より広範囲でより高度な能力が要請されるということなのである。

このような新しい人材像及び能力観は、何も我が国だけに限ったことではない。近年、世界の多くの経済先進国で急速にその重要性・必要性が声高に叫ばれるようになってきている。むしろ、我が国はそういった国々の後を追随していると言った方が正確かもしれない。

2. 新しい人材像・能力観の背景と系譜

では、いつ、どのようにして、このような新しい人材像及び能力観が提唱されるようになったのであろうか。この疑問に答えるには、まず、ニュー・パブリック・マネジメント（New Public Management: NPM）という考え方について触れておく必要があろう。

NPMとは、公共部門に民間企業の経営理論や手法を可能な限り取り入れようという新しい公共経営理論のことで、1980年代半ばにイギリスなどを中心に形成され、1990年代以降に先進各国において積極的に導入されるようになった考え方である。NPMの特徴は大きく二つあり、一つ目は、個々の担当者に自らの業務目標を設定させ、その進捗状況や成果を担当者に主体的に管理させる目標管理型システムの導入である。二つ目は従来のようにどれだけ資源を投入したか（インプット：Input）ではなく、インプットの結果としてどれだけ財やサービスが提供されるようになったか（アウトプット：Output）もしくはサービスの受け手に及ぼした効果（アウトカム：Outcome）の重視である。近年、NPMの考え方が教育分野にも急速に入り込んできた結果、単なる知識の量やある種の知的操作の速度といった従来の能力観では、アウトプットやアウトカム、特に後者については十分に納得のいく説明ができなくなってきたという状況がある。

次に、経済協力開発機構（Organization for Economic Cooperation and Development: OECD）の実施するPISAの影響があげられる。PISAは「Programme for International Student Assessment」の略で世界各国の15歳の子どもを対象に、生活上の知識や技能をどの程度身に付けているかを調べる国際的な学習到達度調査である。2000年から開始され、これまで3年毎に実施されてきている。読解力、数学的リテラシー、科学的リテラシーの三分野の調査からなり、それぞれにおける各国の学習到達度が示される。開始当初の参加は43の国と地域であったが、2012

年には65の国と地域にまで拡大している。PISAが参加各国の教育政策に及ぼした影響は極めて大きいと言える。というのも、各国の学習到達度が国別順位として発表されるため、その順位の上がり下がりに各国関係者は敏感に反応するからである。

　我が国では、2003年と2006年の結果で多くの分野において順位を下げたことがマスコミなどに大きく取り上げられた。そして、その原因として2002年度から実施されていた改訂学習指導要領、いわゆる「ゆとり教育」にあるのではないかと問題視されたことは記憶に新しい。後に「脱ゆとり」路線への転換を図ることになった大きな要因の一つである。また、ドイツでも同様のことが起こった。同国では2000年調査の時点ですべての分野においてOECD加盟国中最下位層に位置付けられ、国民に大きな衝撃を与えた。この結果、本来、教育関連の政策や事業に関してはほとんどすべてを州政府に委ねていた連邦政府が自ら積極的に中等教育の教育格差解消に向けた施策を実施したのである。

　PISAが調査しようとしている学力あるいは能力は、知識の量や簡単な知的操作の早さといった従来の能力ではない。与えられた情報をどのように解釈し、活用しながら問題や課題を解決していくかといった、いわゆる「活用力」と呼ばれるべき学力・能力に焦点が当てられている。その結果、新しい能力観や人材像の確立が必要になってきたのである。

　また、近年の経済界からの強力な圧力も看過することはできない。社会において急速な情報化が進み、私たちの働き方は従来とは大きく変わってきている。コンピュータの活用は今や常識であり、インターネットの普及・整備に伴って、私たちの周りには常に膨大な情報のネットワークが存在し、場所や時間に関係なく、必要な時に即座にそれらの情報にアクセスできるようになった。そして、この情報革命は従来の知識を急速に陳腐化してしまい、次々に新しい情報や知識を生み出している。このような状況の中で、ある個人がもっている知識の量はあまり重要な問題ではなくなってきている。むしろ、獲得した情報をどのように解釈し、処理していくかといったことが重視されてくるようになってきている。ここに従来の能力観の崩壊が見られるようになったのである。米デューク大学のデビッドソン教授（Davidson. C. N.）が2011年8月にニューヨークタイムズ紙のインタビューで「2011年度にアメリカの小学校に入学した子どもたちの65％は、大学卒業時に今は存在していない職業に就くだろう」[1]と

いう予測を語っているが、彼の言葉はそういう近未来の状況を的確に示していると思われる。

このように NPM の考え方の教育分野への急速な流入、新しい学力を扱う PISA という国際的に比較可能な学力到達度調査の開始、さらに経済界・産業界における急速な職場や労働の変化などによって、従来の能力観に代わる新しい人材像や能力観が求められるようになったのである。

3. 新しい人材像・能力観の基本的枠組み

我が国における新しい人材像・能力観についてはすでに触れたが、現在これらに関しては、国際的にも様々な機関や組織が検討を行っており、代表的な枠組みがいくつか提案されている。ここでは、その中の代表的な枠組みについて見ておこう。

■キー・コンピテンシー（Key Competencies）
「キー・コンピテンシー」は OECD が実施した「コンピテンシーの定義と選択：その理論的・概念的基礎（Definition and Selection of Competencies: Theoretical and Conceptual Foundations: DeSeCo）」プロジェクト（1997-2003）の中で生み出された能力概念である。DeSeCo では、各国や企業、組織、個人がどのようなコンピテンシーを選択していけばよいのかという問題に明確な回答を与えられるように、成人の能力概念を再整理し、これまで曖昧であったコンピテンシーに明確な定義を与えた[2]。また、その概念定義を行うにあたっては、教育学の専門家だけが恣意的に行うのでなく、学際的な領域の専門家を交えながら OECD に加盟する12カ国の政策担当者との協働によって進められた。その結果、キー・コンピテンシーは教育分野だけでなく、経済や政治、福祉を含めた広い範囲での生活領域に役立つ概念となったと評価されている。

キー・コンピテンシーとして最終的に定義されたのは、①相互作用的に道具を用いる力、②異質な集団で交流する力、③自律的に活動する力、の三つであるが、これらの前提として④思慮深さ（反省性）があげられている。以下、これらの各キー・コンピテンシーについて少し説明をしておこう。

相互作用的に道具を用いる力（Using tools interactively）

グローバルな経済や情報社会においては、コンピュータのような物理的な道具への熟達はもちろん、言語、情報、知識といった相互作用のための社会文化的な道具への熟達が求められる。加えて、人が世界と相互作用する方法を道具がどのように変化させるか、またより大きな目標を達成するためにどのように活用するかを理解することが重要となる。これには三つの具体的な能力が含まれる。

①言語、シンボル、テキストを相互作用的に用いる能力（Use language, symbols and texts interactively）

様々な状況において、話して書くといった言語的なスキルやコンピュータまたは図表を用いるといった数学的なスキルを有効に利用する能力である。これは、社会や職場でよりよく働き、他の人々との効果的な対話に参加するためには必須である。数学的リテラシー（Mathematical literacy）や計算リテラシー（Numeracy）に関連する能力である。

②知識や情報を相互作用的に用いる能力（Use knowledge and information interactively）

情報そのものの性質についてよく考える能力である。何が分かっていないかを認識すること、適切な情報源を特定し、位置付け、アクセスすること、情報の質・適切さ・価値を評価すること、知識と情報を整理することなどを含む能力であり、科学的リテラシー（Scientific literacy）と関連している。

③技術を相互作用的に用いる能力（Use technology interactively）

情報やコミュニケーション技術を単に利用するだけではなく、技術そのものの性質を理解し、その潜在的な可能性について考えるとともに、その可能性を自分たちの状況や目標に関連付けることができる能力である。こうした能力によって、技術への親近感が高まり、その活用の幅が一層大きなものになっていく。

異質な集団で交流する力（Interacting in heterogeneous groups）

社会が断片化、多様化してきている状況のもとで、個人間の人間関係をうまく管理することは個人の利益からも新しい協力関係を作る上でも一層重要に

なってきている。こうした人間関係のような社会資本の構築ができる能力を指す。この能力には三つの具体的な能力が含まれる。

①他者とよい関係を作る能力（Relate well to others）
　他の人々と個人的な関係をもちはじめ、それを維持し、管理する能力である。このためには、他者の立場に立ち、その人の観点から状況を推察する共感性、情動と意欲の状態と他の人の状態を効果的に読み取る力が必要とされる。

②協力しチームで働く能力（Co-operate, work in teams）
　個人単独では対処できないことでも、グループで力を合わせれば対処可能となることがある。協力し、チームとして同一の目標に向かって行動する能力の重要性は増してきている。ここで必要なのは、自分自身の優先順序の中でグループの目標とグループへの関わりとを調整できること、リーダーシップを分かち合い、他者を支援することができることである。

③争いを処理し解決する能力（Manage and resolve conflicts）
　社会で生活する上で、あらゆる場面で要求や利害、目標などが対立し、争いが生じる。これを解決する鍵は、争いを否定しようとするよりも、何かを行うための一つのプロセスとして争いを認識することである。他方のニーズと利害を考慮しながら、両方が利益を得られるような解決策の工夫が求められる。争いの原因と理由の分析力、合意範囲の認識力、問題の再構成能力、要求と目標の優先順位をつける能力などが必要となる。

自律的に活動する力（Acting autonomously）
　個人が自分自身の社会的な関係や自分が果たしている役割と果たしたい役割といった自身を取り巻いている環境に気付き、生活と労働との調整を行いながら、自分自身の生活を意味あるものにして責任をもつ仕方で管理できる能力である。この能力としては以下の三つの具体的な能力が含まれる。

①大きな展望の中で活動する能力（Act within the big picture）
　自分自身の行為や決定を一層広い文脈で理解し、考える力を指す。つまり自

分たちが他のものとどのように関係しているかを考慮できる能力である。自分自身の行為や決定が広い文脈のどこに、どのように当てはまるかを考えることのできる能力と言える。

②人生計画や個人的プロジェクトを設計し実行する能力（Form and conduct life plans and personal projects）

自分の人生をまとまった物語と見なし、バラバラになりがちな人生について変化する環境の中でそこに意味と目的を与えることのできる能力である。この能力を発揮できる前提には、ある意味、楽観的な思考や自分の可能性と実現可能な範囲での堅実な考え方に基づいた将来への展望がなければならない。

③自らの権利、利害、限界やニーズを表明する能力（Defend and assert rights, interests, limits and needs）

多くの権利や要求は法律や契約において擁護されているが、他の人々のものと同じように個人がその権利や要求、利益を知って自ら評価し、積極的に主張して守るのは最終的には個人次第である。したがって、この能力は、高度に制度化された法的な事項から個人的な利害の主張を含む日常的な事例に至るまで、広い状況で重要になってくる。この能力としては、自分の利害関心についての理解力、文書化された規則や原則についての認識力、承認された権利や要求を自分のものとするための根拠についての説明力、解決策の発見力などから構成される。

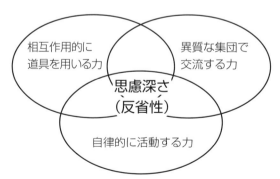

出典：OECD, *The Definition and Selection of Key Competencies: Executive Summary*, 2003, p.5
図1-1　キー・コンピテンシーの概念図

思慮深さ（反省性）(Reflectiveness)

　思慮深さ（反省性）は、キー・コンピテンシーの枠組みの核心部分である。思慮深く考えることは、やや複雑な精神的過程を必要とし、考えの主体が相手の立場に立つことを要求する。自らの経験に他の側面を関連付け、その技術を進化させ、適合させるようにすることにある。こうしたメタ認知能力や批判的な思考力、創造的な能力などを活用することで、思想、感情、社会的関係などを含めながら、経験を一般化し再構成することができるようになる[3]。

■PISA型リテラシー（PISA Literacy）

　PISA型リテラシーとは、前述のキー・コンピテンシーの一つのカテゴリーとして示された「相互作用的に道具を用いる力」の一部を測定可能な程度にまで具体化したものであり、読解リテラシー、数学的リテラシー、科学的リテラシーの三つがあげられている。

読解リテラシー（Reading Literacy）

　読解リテラシーは、「言語、シンボル、テキストを相互作用的に用いる能力」に相当するもので、PISAの定義によれば、自らの目標を達成し、自らの知識と可能性を発達させ、効果的に社会に参加するために書かれたテキストを理解し利用し熟考する能力であるとされている。ここでいう「効果的に社会に参加する」の「参加」には、職場や個人的な生活あるいは社会的、政治的、文化的な生活における個人的願望の充足と、社会的、文化的または政治的関与の二つが含まれる。また、「参加」の程度として、できれば個人の解放やエンパワメントに向けた一歩としての批判的スタンスを含むものと定義されている[4]。

数学的リテラシー（Mathematical Literacy）

　数学的リテラシーは、読解リテラシーと同様に「言語、シンボル、テキストを相互作用的に用いる能力」に相当するもので、別名「数量的思考能力」とも呼ばれている。PISAの定義によれば、数学が世界で果たす役割を見つけて理解し、現在及び将来の個人の生活、職業生活、友人や家族や親族との社会生活、建設的で関心をもった思慮深い市民としての生活において確実な数学的根拠に基づいて判断を行う能力とされている。このような機能志向的な定義は、単な

る技術的側面だけでなく、与えられた目的や目標を達成するために使うことを含むということである[5]。

科学的リテラシー（Scientific Literacy）
科学的リテラシーは、「知識や情報を相互作用的に用いる能力」に相当するものであり、PISAでは自然界及び人間の活動によって起こる自然界の変化について理解し意思決定するために、科学的知識を使用し、課題を明確にしながら証拠に基づく結論を導き出す能力であるとされている。人生のあらゆる分野でうまくやっていくために、個人は知識や情報にアクセスするだけでなく、それらを効果的に思慮深く、責任をもって活用する必要があり、例えば何かを調査したり、評価したりという状況に欠かせないものである[6]。

■ 21世紀型スキル（21st Century Skills）

「21世紀型スキル」という用語は、21世紀を担う人材に必要不可欠な新しい能力という意味で、近年かなり広く用いられるようになった。しかしながら、様々な組織や機関が独自に「21世紀型スキル」という名のもとで新しい能力を定義してきたことから、いろいろな考え方が混在しているという現状がある。代表的なものとしては、米国の「21世紀スキル協同事業（Partnership for 21st Century Skills: P21）」[7]による枠組み、米国北部中央地域教育研究所（North Central Regional Education Laboratory: NCREL）による「enGauge」に示された能力群[8]、米国の非営利組織「International Society for Technology in Education（ISTE）」[9]によるスタンダード、グローバルIT企業が支援する国際団体「Assessment and Teaching of 21st Century Skills（ATC21S）」によるプロジェクトの成果などがある。ここでは、まずP21による枠組みとATC21Sによるプロジェクト成果の二つを見ておこう。

◇ P21による21世紀型スキルの枠組み

P21は、米国の教育界、ビジネス界、コミュニティ、政府等からの多様な関係者の共同のもと、21世紀のレディネスを教育の中心に据えることを目的として2002年に設立された組織である。この設立に際しては、連邦政府が150万ドルを提供し、アップル（Apple）、デル（Dell）、マイクロソフト（Microsoft）、アメリカン・オンライン（American Online: AOL）といった情報技術系企業の参

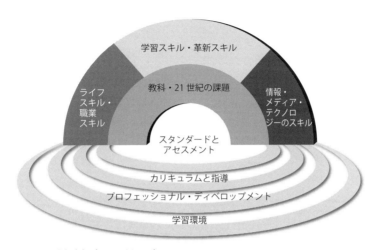

出典：P21のウェブサイト（www.p21.org/）
図1-2　P21による「21世紀型スキル」の基本的枠組み

加のほか、教育界からは全米教育協会（National Education Association: NEA）が加わった。ここで開発された「21世紀型スキル」は、21世紀社会における労働者や市民として成功するのに必要とされる本質的なスキルを定義している。基本的な枠組みは、2002年に発表されたP21の報告書『21世紀の学び（Learning for the 21st Century)』において示されたが、その後、2007年に社会状況の変化や学習理論研究の進展を踏まえて改訂され現在に至っている。

　21世紀型スキルの基本的枠組みは、生徒のアウトカムとして、①教科及び21世紀の課題の習得、②学習スキル・革新スキルの習得、③情報・メディア・テクノロジーに係るスキルの習得、④ライフスキル・職業スキルの習得、という四点があげられている。そして、それを支援するために、㋐スタンダードとアセスメント、㋑カリキュラムと指導、㋒プロフェッショナル・ディベロップメント、㋓学習環境、という四つの支援システムが示されている。以下はそれぞれのスキル及びシステムの概要である。

生徒のアウトカム（Student Outcomes）
①教科及び21世紀の課題（Core Subjects and 21st Century Themes）

　教科には、国語（英語）、読書（または言語芸術）、外国語、芸術、数学、経済学、科学、地理、歴史、公民が含まれる。21世紀の課題は、各教科に含まれるも

のの教科横断的な特徴をもち、(1) グローバルな認識 (Global Awareness)、(2) 金融・経済・ビジネス・起業に関するリテラシー (Financial, Economic, Business and Entrepreneurial Literacy)、(3) 公民に関するリテラシー (Civic Literacy)、(4) 健康に関するリテラシー (Health Literacy)、(5) 環境に関するリテラシー (Environmental Literacy)、が含まれる。

②学習スキル・革新スキル (Learning and Innovation Skills)

このスキルは、ますます複雑化する人生と近年の労働環境に適応できるか否かに関わるスキルであり、(1) 創造性と革新性 (Creativity and Innovation)、(2) 批判的思考と問題解決 (Critical Thinking and Problem Solving)、(3) コミュニケーションと協働 (Communication and Collaboration)、が含まれる。

③情報・メディア・テクノロジーのスキル (Information, Media and Technology Skills)

有能な市民や労働者は一連の機能的かつ批判的な思考スキルをもつ必要があり、(1) 情報に関するリテラシー (Information Literacy)、(2) メディアに関するリテラシー (Media Literacy)、(3) ICT (情報コミュニケーション技術) リテラシー (ICT 〈Information, Communications and Technology〉 Literacy)、が含まれる。

④ライフスキル・職業スキル (Life and Career Skills)

グローバル競争の苛烈な情報社会において、ますます複雑化する人生や労働環境に適応するためには、適正なライフスキルや職業スキルの習得が求められる。それには (1) 柔軟性と適応性 (Flexibility and Adaptability)、(2) 率先力と自主独往 (Initiative and Self-direction)、(3) 社会スキルと異文化スキル (Social and Cross-cultural Skills)、(4) 生産性と透明性 (Productivity and Accountability)、(5) 指導力と責任感 (Leadership and Responsibility)、が含まれる。

21世紀の支援システム (21st Century Support Systems)

㋐スタンダードとアセスメント (Standards and Assessment)

21世紀におけるスタンダードについては、21世紀型スキル及び専門的な知識に焦点を当てながら、各教科及び21世紀の課題に対する理解を深めるため

に、実際のデータや様々なツール、あるいは専門家とのコンタクトを積極的に進めていくことが重要になる。また、スキルや知識の習得のためには、一つの方法だけではなく様々な方法があることを許容する必要がある。21世紀型スキルのアセスメントは、質の高い標準化されたテストによって形成的評価と総括的評価をバランスよく行い、日々の学習の改善に資する有用なフィードバックを行うことが重要である。さらに、21世紀型スキルの習得度を測るためにポートフォリオの開発も積極的に行う必要がある。

㋑カリキュラムと指導（Curriculum and Instruction）
　21世紀型スキルは各教科及び21世紀の課題の両方で指導する必要があり、生徒の学習においてそのための機会を積極的に提供することが大切である。情報技術の活用、探究型や問題解決型のアプローチ、高度な思考スキルなどを融合させた革新的な学習方法が要求される。

㋒プロフェッショナル・ディベロップメント（Professional Development）
　21世紀のプロフェッショナル・ディベロップメントにおいては、いくつかの重要な点がある。教室における授業実践で21世紀型スキル、ツール、教授方法をどのように融合するか、プロジェクト型の学習方法と講義型の教授方法とのバランスを如何にとるか、教科内容の深い理解が問題解決や批判的思考、21世紀型スキルの習得に有用であることを如何に示すか、生徒の学習方法、知的レベル、長所及び欠点などを教師が明確に把握する能力をどのように付けるか、一様ではない生徒を評価するために教師が多様な方法を用いる能力をどのように習得するかなどを十分に考慮して行う必要がある。

㋓学習環境（Learning Environments）
　21世紀の学習環境とは、教育者が協働しよりよい授業実践を共有しながら21世紀型スキルを教室の中で使っていくことができる環境を意味する。また、質の高い学習ツール、テクノロジー、リソースに容易にアクセスできることや、学習において直接的もしくはオンラインベース等で国際的な交流活動が実践できることも重要である。さらに、小集団やチーム、あるいは個々人の学習にとって効果的な21世紀型の建築と内装を備えている必要がある[10]。

◇ ATC21Sによる21世紀型スキル

ATC21Sは、マイクロソフト（Microsoft）、インテル（Intel）、シスコ（Cisco）といった世界的なIT企業とオーストラリアのメルボルン大学（The University of Melbourne）が世界の教育学者や政策立案者に呼びかけて21世紀に必要なスキルとその評価について研究を行うことを目的に2009年から開始されたプロジェクトである。このプロジェクトには世界中から250名もの研究者が参加し、オーストラリア、シンガポール、フィンランド、アメリカ、オランダ、コスタリカの6カ国の協力を得て2012年まで実施された[11]。

ATC21Sプロジェクトで定義された「21世紀型スキル」は次頁の図のように四つの大きなカテゴリーから構成されている。以下、それぞれのカテゴリーに含まれるスキル及び能力群について見ていこう。

思考の方法（Ways of thinking）

知的生産を担う労働者が行う高度な思考に必要とされる能力・スキルである。批判的思考（Critical Thinking）や問題解決能力（Problem Solving）といったよく知られたものから、創造性（Creativity）、革新性（Innovation）、意思決定力（Decision Making）、メタ認知力（Meta-Cognition）など近年重視されてきたものも含まれる。

仕事の方法（Ways of working）

知的生産を行う労働者が仕事をするために利用する能力やスキルである。話し言葉や書き言葉を問わず、母国語と外国語で意思疎通ができるコミュニケーション力（Communication）やチームで業務を遂行していくための協働スキル（Collaboration）が必要とされる。

仕事のツール（Tools for working）

知的生産のための道具として利用する情報通信技術に関する知識や能力である。様々な情報にアクセスし、その価値を評価する情報リテラシー（Information Literacy）と通信技術に精通し、操作できる情報通信技術リテラシー（ICT Literacy）が含まれる。

思考の方法	仕事のツール
・創造性、革新性 ・批判的思考、問題解決、意思決定 ・学び方の学習(メタ認知)	・情報リテラシー ・ICT(情報通信技術)リテラシー
仕事の方法	世界で暮らすための方法
・コミュニケーション ・協働(チームワーク)	・市民性(ローカル及びグローバル) ・生活と職業 ・個人及び社会的責任(文化的認識及びコンピテンシーを含む)

出典：ATC21Sのウェブサイト（www.atc21s.org）
図1-3　ATC21Sによる「21世紀型スキル」の枠組み

世界で暮らすための方法（Ways of living in the world）
　世界のどこに住んでいるかに関わりなく、その国や地域で民主的社会を担う市民として暮らしていくための能力やスキルである。市民性（Citizenship）、生活と職業に関するスキル（Life and Career）、個人及び社会的責任（Personal and Social Responsibility）といった多様な文化の尊重や他者との共生を基盤としながら、地域社会の中で役割を果たしていくための様々な技能が含まれる。

　以上、P21及びATC21Sプロジェクトによる「21世紀型スキル」についてその概要を見てきた。この二つの枠組みは異なった組織、団体によって開発されたものではあるが、かなりの程度類似していることが分かる。ここで敢えて違いをあげるとすると、自主独往（Self-direction）、適応性（Adaptability）、21世紀の課題（21st Century Themes）はP21の枠組みにはあるが、ATC21Sには含まれていない。他方、メタ認知力（Meta-Cognition）はATC21Sに含まれているが、P21にはないといった点である。このことは、P21やATC21S以外の組織や団体によって開発された「21世紀型スキル」の枠組みについても同様のことが言える。参考までに、enGaugeとISTEによる「21世紀型スキル」の枠組みを示すと次頁の表1-1、図1-4のようになる。
　ここで改めて整理しておこう。P21、ATC21S、enGauge、ISTEなどによる多様な21世紀型スキルの枠組みに共通した能力・スキルをあげると、①協調（Collaboration）、②コミュニケーション（Communication）、③ICTリテラシー（ICT

Literacy)、④社会スキル (Social Skills)、⑤市民性 (Citizenship)、⑥創造性 (Creativity)、⑦批判的思考 (Critical Thinking)、⑧問題解決 (Problem Solving)、⑨生産性 (Productivity) の9項目となる。すなわち、こうした九つの能力・スキルは、多様な組織が共通に認識している21世紀の社会に欠かすことのできない能力であると言うことが可能であろう[12]。

表1-1　enGaugeによる「21世紀型スキル」の枠組み

デジタル時代の リテラシー	基礎的リテラシー・科学的リテラシー・技術に関するリテラシー 視覚的なものに関するリテラシー・情報リテラシー 文化的リテラシー・グローバルな認識
創造的思考	適応性・複雑なものを扱う能力 好奇心・創造性・リスクに対する責任 高度な思考・論理的な推論
効果的なコミュニケーション	チーム運営力・協働力・個人間関係構築力 個人及び社会的責任感 対話力
高い生産性	優先順位をつけられる力、計画力、運営力 実社会でのツールの効果的な使用 実用的で質の高い製品
情報技術	社会における影響

出典：NCREL, *NCREL's enGauge: 21st Century Skills – Digital Literacies for a Digital Age,* 2002.

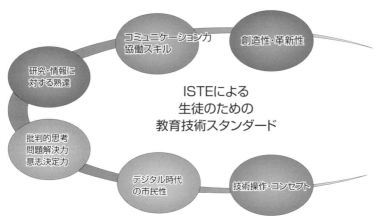

出典：ISTEのウェブサイト（http://isteemergingtech.wordpress.com/about-21st-century-skills-and-emerging-technologies/）
図1-4　ISTEによる「21世紀型スキル」の枠組み

4. 21世紀型スキルを巡る論争

　先に見たように、2000年代に入ってから様々な組織や機関によってグローバル社会を生き抜くための新しい能力やスキルが「21世紀型スキル」という名のもとで開発されてきた。こうしたモデルで示される新しい能力やスキルは、ある意味において重要であることは十分に理解できるものの、そこで示された能力やスキルについては近年大きな論争があることも確かである。ここでは、その論争について少し触れておこう。
　P21やATC21Sによる「21世紀型スキル」に対して大きな疑問を投げかけている団体としては、コモン・コア（Common Core）[13]などをはじめ多数見られる。彼らの主張は、一つに「21世紀型スキル」として定義された能力やスキルは教授学習活動にとって重要であることは認めるものの、こうした能力やスキルを教科内容と切り離して教えることはできないばかりか、正確な知識理解を欠いている場合、こうした能力やスキルを活用することもできないということである。
　二つ目に、「21世紀型スキル」は産業界や経済界から声高に叫ばれてきたものであり、そこには知識基盤型経済にとって有用な労働力人材の育成ということが大前提となっており、本来教育が目指すべき人間として調和のとれた能力の発達という視点が軽視されているということである。
　さらに三つ目として、「21世紀型スキル」の重視はすべての子どもたちが将来的に知識集約的な労働者になることが念頭に置かれているが、実際には先進国においてさえ必ずしもそうなるとは言えず、ましてや開発途上国では非現実的である。つまり、「21世紀型スキル」を提唱する人々は世界の大多数の若年人口が開発途上国に居住しているという事実を無視していると言うのである。こうした三つの理由から「21世紀型スキル」のみをそのまま鵜呑みにすることはできないと主張されているのである。
　他方、キー・コンピテンシーを提唱したOECD内にも、P21やATC21Sによる「21世紀型スキル」がICTスキルを過度に重視しているとして疑問を投げかける意見もある。P21やATC21SモデルはICT関連機器を自由に使いこなせる技術（ICT Functional Skills）やそれに加えて高度な思考を含めた技術（ICT Skills for Learning）をICTリテラシーとして、その中心に据えている。しかし、ICTリテラシーが必須条件でなければならない理由はないと言うのである。実

はOECDでも、こうした立場から独自の21世紀型スキル（21st Century Skills and Competences）の枠組みを提案しており、それは、情報、コミュニケーション、倫理的・社会的インパクトの三つから構成されている[14]。以下に、その内容について少し触れておこう。

情報（Information）
①ソースとしての情報：情報の収集・選択・評価・組織化（Information as source: searching, selecting, evaluating and organizing information）
②商品としての情報：情報の再構成と形作り及び独自のアイデア〈知識〉の創造（Information as product: the restructuring and modelling of information and the development of own ideas〈Knowledge〉）

コミュニケーション（Communication）
③効果的なコミュニケーション（Effective communication）
④協働と直接的相互作用（Collaboration and virtual interaction）

倫理的・社会的インパクト（Ethics and Social Impact）
⑤社会的責任（Social responsibility）
⑥社会的インパクト（Social impact）

OECDのこの立場は様々な報告書にも受け継がれており、例えば、『OECD Skills Outlook 2013: First Results from the Survey of Adult Skills』[15]においては、リテラシー（Literacy）、ニュメラシー（Numeracy）、情報技術社会における問題解決力（Problem solving in technology-rich environments）といった三つのスキルが将来的に必要とされるものであると言及されている。当然のことながら、ここにはICTリテラシーは直接的には含まれていない。

〈注〉
1) 山内祐平「10年後の教室」PC online's weekly、2012年を参照。（http://pc.nikkeibp.co.jp/article/column/20120508/1048402/）
2) 「コンピテンシー」概念は、古くはホワイト（White, 1959）の「有能性への動機付け（Competence Motivation）」やチョムスキー（Chomsky, 1965）の「生成文法における言語能力

（Linguistic Competence）」などに見られるが、ここで述べる「新しい人材像・能力観」という視点から見た場合、ハーバード大学の心理学者であり、同時に人材マネジメントを主業務とするマクバー社（McBer Ltd.）の創設者でもあるデイビット・マクレランド（McClelland, D.）の論文「Testing for competence rather than for "intelligence"」（1973年）がその土台になると考えられる。このコンピテンシー概念は、後にスペンサー夫妻（Spencer, L.M. & Spencer, S. M.）やリチャード・ボヤティズ（Boyatzis, R.E.）に引き継がれ、企業におけるコンピテンシー・マネジメント理論として発展した（松下佳代「〈新しい能力〉概念と教育」、『〈新しい能力〉は教育を変えるか』ミネルヴァ書房、2010年、p.11-14を参照）。

3）ライチェン、D. S.（立田慶裕監訳）『キー・コンピテンシー−国際標準の学力をめざして』、明石書店、2006年、p.200-218を参照。
4）OECD, *Measuring student knowledge and skills*, 1999, p.20-21 を参照。
5）OECD、前掲書、p.21を参照。
6）OECD、前掲書、p.12を参照。
7）P21は、2015年3月にワシントンD.C.で開かれた「21世紀の学びを考える会議」において、今後同組織の活動範囲を拡大していくことを宣言し、それにともない組織名称を「21世紀学びの協同事業（Partnership for 21st Century Learning: P21）」に変更した。
8）米国連邦教育省（US Department of Education）は全国に地域教育研究所を設立しており、NCRELはイリノイ州に立地するそのうちの一つである。「enGauge」はNCRELが立ち上げたウェブサイトを通じた情報ネットワークである。
9）ISTEはワシントンDCに本部を置く米国の非営利組織である。基礎教育での教授・学習活動の中に情報技術を効果的に活用していくための支援を行っている。
10）P21, *P21 Framework Definitions,* 2009 を参照。
11）ATC21Sプロジェクトには、米州開発銀行（Inter-American Development Bank: IADB）、国際教育到達度評価学会（International Association for the Evaluation of Educational Achievement: IEA）、OECD、UNESCO、世界銀行なども参加した。
12）様々な組織や団体によって開発された「21世紀型スキル」の比較分析研究として、ヴート（Voogt, J.）氏及びロビン（Robin, N.P.）氏による2012年に実施された研究調査がある。ここでは、本文にあげた四つに加え、OECD、EU、NAEP、UNESCOを加えた八組織・団体のモデルを比較している。
13）コモン・コア（Common Core）は、2007年に設立された米国ワシントンDCに本部を置く非営利法人である。同組織は、どのような環境においてもすべての生徒に多様で豊かな学習内容を提供する教育実践の普及を目的に、教育政策への提案、調査研究の実施、学習教材の開発などを行い、米国の公立学校に対して包括的な教育支援を行っている。
14）OECD, *21st century skills and competences for new millennium learners in OECD countries*, EDU working paper No.41, 2009, p.7-11 を参照。
15）OECDのウェブサイトを参照。（http://skills.oecd.org/skillsoutlook.html）

第II部

教育先進国における近年の教育改革の動向と挑戦

第2章

イギリスの挑戦
―グローバル・シティズンを目指して―

　イギリスは正式には、グレートブリテン及び北アイルランド連合王国（United Kingdom of Great Britain and Northern Ireland）と呼ばれ、イングランド（England）、スコットランド（Scotland）、ウェールズ（Wales）、北アイルランド（Northern Ireland）から構成される連合国家である。各地域は、教育をはじめとする内政において強い独立権をもっているため、地域によって異なった教育制度がとられているが、本章では同国の全人口の80％以上を占めるイングランドを取り上げることにする。

1. イギリス（イングランド）の教育制度

　同国の義務教育は5歳から15歳までの11年間で、初等教育が6年間、中等教育が5年間となっている。初等教育は一般にプライマリー・スクール（Primary School）と呼ばれる学校で行われ、教育課程は最初の2年間（Key Stage 1: KS 1）[1]とその後の4年間（Key Stage 2: KS 2）の二つに分けられている。多くのプライマリー・スクールではKS 1とKS 2を継続して行うが、なかには前半をインファント・スクール（Infant School）、後半をジュニア・スクール（Junior School）として別々の学校で行う地域もある（プライマリー・スクールについては以下「小学校」と呼ぶ）。

　中等教育は選抜試験のないコンプリヘンシブ・スクール（Comprehensive School）で行われるのが一般的であるが、これ以外にもかつての伝統を引き継ぐ選抜制のグラマー・スクール（Grammar School）、モダン・スクール（Modern School）や一部で入学年齢や修学年限の異なるファースト・スクール（First School）、ミドル・スクール（Middle School）、アッパー・スクール（Upper School）がある。

　義務教育である5年間の中等教育課程を修了した生徒が上級学校へ進学する

ために学ぶ2年間の課程をシックスフォーム（Sixth Form）と呼ぶ。中等学校に併設され中等教育に組み込まれているものと、独立した学校として設置されているものとがあり、後者をシックスフォームカレッジ（Sixth Form College）と呼んでいる。

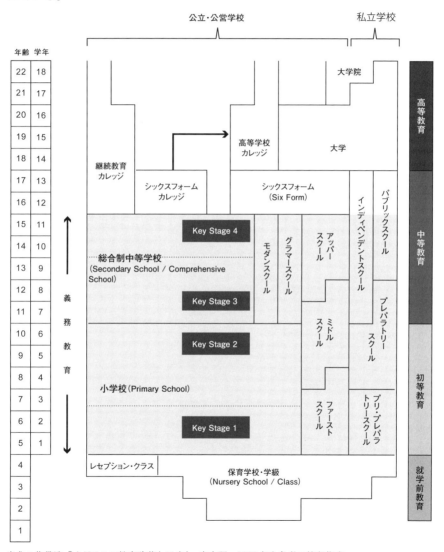

出典：佐貫浩『イギリスの教育改革と日本』、高文研、2002年を参考に筆者作成
図2-1　イギリス（イングランド）の学校系統図

他方、義務教育終了後に職業教育を中心に多様な課程を提供するのが継続教育（Further Education）である。この教育機関を継続教育カレッジと呼んでいる。ここではフルタイムとパートタイムの課程があり、一定の職業経験を積んだ後にパートタイムで学ぶ学生もいる。継続教育は一般的には中等教育レベルと見なされているが、高等教育レベルを提供する機関もある。義務教育の最終学年（Key Stage 4: KS 4）で行われるGCSE（General Certificate of Secondary Education）試験の結果は、その後の進路を選択する際の基本的な資格となる。

高等教育機関には大学と高等教育カレッジがあり、後者は美術、音楽、演劇などを専門的に学ぶ機関で学位が取得できる。学位取得のための修業年限は3年が基本であるが、各種の専門資格を取るための短期コースも準備されている。他方、大学進学を目指す生徒はシックスフォームの1年次修了時にASレベル試験（Advanced Supplementary Level Examination）を、2年次修了時にAレベル試験（Advanced Level Examination）を受けることとなり、その成績をもとに進学先の大学が決定される。

なお、初等・中等教育学校には公費や国庫補助を受けずに運営されているインディペンデント・スクール（Independent School）というものもあり、イートン校をはじめとする有名なパブリック・スクール（Public School）やプレパラトリー・スクール（Preparatory School）などが含まれる。

2. ナショナル・カリキュラム

イングランドでは1988年以来ナショナル・カリキュラムが導入されている。これは、当時のサッチャー（Thatcher, M.）政権が1970代後半から表面化してきた「イギリス病」と呼ばれる経済停滞や社会活力の低下を克服し、「自由経済・強い国家」を構築するための社会改革の一環として実施されたものである。もともとイングランドでは最良のカリキュラムは学校において決定されるという考え方が根付いており、カリキュラムをはじめとした教育活動全般については中央政府の介入はほとんどなく、各学校に大きな裁量が与えられていた。しかしながら、ナショナル・カリキュラムの導入によって初めて中央政府が介入することになり、履修すべき教科とその内容が規定された。また、各キー・ステージの修了時に児童生徒の学習到達度を測るナショナル・テストが義務付けられ

るようになった。

　ただし、最良のカリキュラムは学校において決定されるという伝統的な思想は強く維持されていたこともあって、ナショナル・カリキュラムは学校カリキュラムの50％程度を規定するにとどまり、それ以外は各学校の裁量に任されている²。また、近年のナショナル・カリキュラムは、1988年制定のナショナル・カリキュラムに比べ、改定のたびにその記述が汎用的になる傾向が見られる。

　現行のナショナル・カリキュラムは2014年9月から施行されており、目的として、子どもたちが教養ある市民（Educated Citizens）となるために必要な本質的な知識を提供する

出典：英国政府のウェブサイト（www.gov.uk/nationalcurriculum）
ナショナル・カリキュラム

ものであると述べられている。また、ナショナル・カリキュラムは子どもたちの教育のほんの一要素にしか過ぎず、教員が授業を構成していく上で必要な核となる知識（Core Knowledge）の概要を示すものであると定義されている³。

　これまでのナショナル・カリキュラムでは習得すべきスキルが重視され、例えば、「コミュニケーション（Communication）」、「計算力（Numeracy）」、「情報技術（Information and Communication Technology）」、「個人的スキル（Personal Skills）」、「問題解決（Problem Solving）」、「現代外国語（Modern Foreign Languages）」（以上は1989年当時のコア・スキル〈Core Skills〉）や「コミュニケーション（Communication）」、「数学の活用（Application of Number）」、「情報技術（Information Communication Technology）」、「他者との協働（Working with Others）」、「自分の学習と成績の向上（Improving own Learning and Performance）」、「問題解決（Problem Solving）」、「思考スキル（Thinking Skill）」（以上は前カリキュラムにおけるキー・スキル〈Key Skills〉）といった一連のスキルが学習を通して習得すべきものとされていた。

　しかしながら、現行ナショナル・カリキュラムではその様相は大きく変化した。ここでは、スキルや能力の重要性は維持されながらも、教科の学習内容をより重視する方針がとられたのである。特に、「英語」、「算数・数学」、「理科」を主要教科（Core Subjects）として、学習されるべき内容がキー・ステージ及び

学年ごとに詳細に記載されるようになった。他方、これら三教科以外は基礎教科（Foundation Subjects）とされ、その記載については学習の目的（Purpose of Study）、目標（Aims）、到達目標（Attainment Targets）、教科内容（Subject Content）がそれぞれ簡潔に記載されるにとどまっている[4]。

この大きな転換の背景には、既存の知識自体を重視する伝統的な考え方に再度光を当てると同時に、知識は常に流動的で可変的なものであるという前提のもとで既存の知識よりも転移可能なスキルや能力に焦点を当てるべきであるとする近年の考え方を再検討するという二つの考え方があった。ここには、伝統的な考え方と新しい考え方の両者をバランスよく取り入れようとする姿勢が見られる[5]。

現行ナショナル・カリキュラムでは次頁の表に示したようにキー・ステージごとに必須教科が定められている。

3. 教科学習の中に内包された能力・スキル

上述のように、現行ナショナル・カリキュラムは教科内容を重視して策定されている。特に、英語、算数・数学、理科についてはその傾向は極めて強く、育成すべき能力やスキルは教科学習の際の目標の中に記載されている。例えば、英語では読解力や書く力、算数・数学では数学的な論理的思考、問題解決能力、理科では科学的知識や概念についての理解力、科学の特性や過程、方法についての理解力、科学の活用や応用についての知識力、などである。

また、「話し言葉（Spoken Language）」と「コンピュータ（Computing）」が重視されていることも現行ナショナル・カリキュラムの特徴である。前者については、従来それほど強調されていなかったが、話し言葉の発達は認知発達や学習到達度と大きく関係しているとして、今回のカリキュラムで初めて注目、重視されるようになった[6]。後者については、従来の「情報通信技術（ICT）」という教科が廃止され、新教科として設定されたものである。デジタル・システムの機能、設計、プログラム言語など、情報やコンピュータの基本的原理を学ぶという、いわばコンピュータ科学の基本を初等学校から中等学校までを通して学ぶというものである。これまでの「情報通信技術」が情報機器の活用を中心としていたことに比べると大きな違いがある。この背景には、イギリスがこれまで世界

表2-1 ナショナル・カリキュラムに規定された必須教科

	キー・ステージ1	キー・ステージ2	キー・ステージ3	キー・ステージ4
年齢	5-7	7-11	11-14	14-16
学年	1-2	3-6	7-9	10-11
主要教科（Core Subjects）				
英語（English）	✔	✔	✔	✔
算数・数学（Mathematics）	✔	✔	✔	✔
理科（Science）	✔	✔	✔	✔
基礎教科（Foundation Subjects）				
芸術・デザイン（Arts and design）	✔	✔	✔	
市民科（Citizenship）			✔	✔
コンピュータ（Computing）	✔	✔	✔	✔
デザイン・テクノロジー（Design and technology）	✔	✔	✔	
言語（Languages）		✔	✔	
地理（Geography）	✔	✔	✔	
歴史（History）	✔	✔	✔	
音楽（Music）	✔	✔	✔	
体育（Physical education）	✔	✔	✔	✔

注：表中の「✔」は必須教科であることを示す
出典：Department for Education, *The national curriculum in England: Framework document*, 2013、p.7 を参考に筆者作成

的優位を誇ってきたビデオゲームや特撮産業に陰りが見え出した原因が学校教育におけるICT教育がコンピュータ科学やプログラミングのスキルを軽視してきたことにあると考えられたことがある[7]。

4. 教育実践例：レザーヘッド・トリニティ小学校（Leatherhead Trinity School）の異文化間交流を通じた教育

■学校概要

　レザーヘッド・トリニティ小学校は、ロンドンの南西30kmに位置するサリー（Surrey）地区レザーヘッド（Leatherhead）にある4歳児から11歳児を対象とした公立小学校である。生徒数は408名、教職員数は69名と規模も大きい。同校

は2006年に近隣の三つの学校が統合されて新たに開校された学校であり、施設自体は新しい。児童の民族構成については、およそ8割が英国系白人であるが、残りは多様な民族出身者が混在している。これは、この地区が英語を母国語としない外国からの移住者、低所得者層、及び貧困家庭が少なくないという社会的

レザーヘッド・トリニティ小学校

状況を反映している。したがって、英語や算数の学力は決して高いとは言えず、なかには基礎力を欠く児童も見られる。特別支援の必要な児童は29名おり地区の平均より高い[8]。

■学校カリキュラム

　レザーヘッド・トリニティ小学校では、ナショナル・カリキュラムでも強調されているように、英語や算数といった主要教科に力を入れていることは言うまでもない。しかしながら、上述のように同校には英語を母国語としない家庭出身の児童が少なくなく、こうした児童は言語的な困難から学習内容が十分に理解できず、そのため徐々に自分自身に対する自信をなくし、それが低学力層の拡大につながっていた。

　こうした状況を改善するために、校長をはじめ、教職員は様々な努力を続けており、その一つに異文化への理解を深めることを目的としたグローバルな内容を含む教育実践がある。例えば、「今月の外国語（Language of the Month）」や「グローバル・コミュニティ週間（Global Community Week）」などを設定し、毎月異なった外国語による簡単な挨拶を学習したり、毎週異なった国の文化や習慣についての知識を深めていくなどの教育活動を行っている。こうした活動は、「トピック学習」、「PSHE[9]」、「サークルタイム（ゴールデンタイム）」といった時間を使ったり、教科横断的に実践されたりしている。

　表2-2は同校の第6学年の週時間割である。これを見て分かることは、教科

表2-2 第6学年の週時間割

	月	火	水	木	金
08:55-09:05	出席点呼				
09:05-09:20	朝会				
09:20-10:20	体育	算数	算数	算数	算数
10:20-10:35	休憩				
10:35-11:35	仏語	英語	英語	英語	英語
11:35-11:55	ガイディッド・リーディング				
11:55-12:05	ハンドライティング				
12:05-13:00	昼食				
13:00-13:05	出席点呼				
13:05-15:00	算数	トピック学習	宗教教育／美術	トピック学習	サークルタイム ゴールデンタイム
	英語	体育		PSHE	ICT
15:00-15:20	物語		物語	物語	物語

出典：レザーヘッド・トリニティ小学校訪問時に入手（2012年9月）

学習として設定されているのは、わずかに英語、算数、体育、ICTといった4教科で、あとはトピック学習、サークルタイム（ゴールデンタイム）、PSHEといった合科的な学習が行われていることであり、必ずしもナショナル・カリキュラムで設定された教科に従っているわけではないということである。先にも述べたように、ナショナル・カリキュラムは学校カリキュラム全体の50％程度を規定するに過ぎないからである。

また、各教科の時間は一コマ60分、合科学習は一コマあるいは二コマ連続（115分）という比較的長い授業時間に設定されていることも分かる。我が国の一コマ45分で次々に異なった教科を学習していく状況と比べて、同校の学習はいくつかの主要教科を除いて、できる限り合科学習という形で時間をかけて一つひとつの学習活動が行われていることが分かる。

■異文化間交流を通じた教育実践

レザーヘッド・トリニティ小学校の様々な教育活動のなかでも、特に注目すべきものとして、アフリカのウガンダにある小学校との教育交流活動がある。これは、同校とウガンダのママ・ケーブ小学校（Mama Cave School）との間でパー

同校 Alison Walsh校長とママ・ケーブ小学校との交流活動の成果

トナーシップ協定を結び、お互いの国及び学校の情報を交換したり、同じ学習テーマに基づいて共同プロジェクトを実施し、その結果を共有するといった活動である。こうした活動を通じて、児童はもちろん、教職員に対してもグローバルなものの見方・考え方を育成し、同時に教授・学習に対する興味・関心を高めて、全体的な学力向上を目指そうとしている。

交流活動はすでに5年以上続いており、これまでに両校の教員がお互いを実際に訪問したり、「リサイクル」という学習テーマで両校の児童が共同研究を行い、その結果を取り纏めるなど、様々な交流活動を積極的に行ってきた[10]。同校の成果は、内外から認知・賞賛されており、ブリティッシュ・カウンシル（British Council）から「国際学校賞（International School Award）」を受けている。

なお、同校には異文化間交流を推進するために専門的な訓練を受けた国際交

国際交流コーディネータのCaroline Smith先生と授業を受ける児童たち

流コーディネータが配置されており、彼女を中心に様々な異文化間交流活動が実施されている。

■**ナショナル・カリキュラムとの関係**
　さて、ここで同校が積極的に推進している異文化間交流を通じた授業実践と同国ナショナル・カリキュラムの関係性、つまり、ナショナル・カリキュラムの中でどのように位置付けられ、求められる能力とどのように関連しているかということについて見ておこう。
　同校において、異文化間交流を通じた授業実践が開始された主な理由の一つに、同地区には英語を母国語としない外国からの移住者や低所得者層が少なくなく、こうした家庭出身の児童は概して学習への興味関心が低いという社会的状況があった。この負の状況をなんとか克服するために異文化間交流による学習活動が始まった。しかし、この学習活動は同校が直面している負の社会的状況を克服するだけでなく、それ以上により大きな学習成果をもたらしてきた。
　この学習活動は、まずウガンダという、児童はもちろん教職員にとってもあまり馴染みのない見知らぬ国の学校との交流である。当然のことながら、児童は事前にウガンダという国や人々について、また文化や伝統について自ら調査し、ある程度の基本的な知識をもつ必要がある。そして、遠いアフリカの学校とICTを介してコミュニケーションをとるにしても、いつコミュニケーションを図るのか、その際何を話し合うのか、どのような手順で議論を進めていくか、といったことをきっちりと計画しなければならない。そして、実際の交流の際には、分かりやすい的確な言葉使いでコミュニケーションを図る必要がある。
　さらに、同校はウガンダの小学校と「リサイクル」を学習テーマにした共同研究を行っている。当然、児童はリサイクルについてのイギリス国内の状況を知っておく必要があり、これは児童一人ひとりが学習課題として取り組まなければならないことである。さらに、学習が進めば、ウガンダにおけるリサイクルと共通した点、明らかに異なった点などが判明してくるであろう。特に、異なった点を発見した時にその相違点についてどのような態度をとるかは非常に重要な点である。
　このように同校の異文化間交流を通じた教育実践は、同国のナショナル・カリキュラムが目指す「教養ある市民」になるために必要な能力、すなわち、他

者とのコミュニケーションや共同作業、自ら調べたり、学ぶことの重要性についての認識、計画を立て運営していく力や物事に対して深く考える力、さらに世界の視点に立って思考・判断する能力などを育成していると言えよう。こうした人材こそが21世紀の社会にうまく適応でき活躍できる市民（global citizens）と呼ばれ必要とされるのである。

5. 学びを支える環境

　これまでイギリスの学校教育で重視されている能力や資質を明らかにするために現行ナショナル・カリキュラムを見てきた。また、国内で行われている具体的な教育実践の例としてレザーヘッド・トリニティ小学校における異文化間交流を通じた教育実践を概観してきた。同国では、こうした新しい学びが多くの学校で積極的に進められている。この状況を可能にしているのが、新しい学びを支える環境であろう。ここでは、イギリス政府によるグローバルな視点をもった学習の推進、全国に広がっている教育センターの存在、国際NGOによる独自の教育活動の展開、という三つについて見ていきたい。

■グローバルな視点をもった学習の推進

　イギリス政府は、教育の質を上げ、将来の社会にとって有用な人材の育成を目指して、近年、グローバルな視点をもった学習を積極的に推進している。具体的には、ガイドラインの開発、ウェブサイトの開設、プログラムの推進などが代表的なものである。以下、それぞれの活動について概観していこう。

①ガイドラインの開発

　イギリス政府は、2005年に『学校カリキュラムにおけるグローバルな視点の開発（Developing the Global Dimension in the School Curriculum）』という26ページからなる小冊子を発行した。この冊子は各学校においてグローバルな視点を取り入れた教育実践を積極的に推進していくことを目的に、国際開発省（Department for International Development: DfID）を中心に、資格カリキュラム機構（Qualifications and Curriculum Authority: QCA）（当時）やブリティッシュ・カウンシルなどの協力によって開発されたものである。

この冊子にはグローバルな視点をもった学習に必要な八つの鍵概念が示されており、それらを各キー・ステージにおいてどのように学習に取り入れていけばよいか、教科ごとに解説されている。八つの鍵概念とは、①グローバル市民（Global citizenship）、②紛争解決（Conflict resolution）、③多様性（Diversity）、④人権（Human rights）、⑤相互依存（Interdependence）、⑥社会的正義（Social justice）、⑦持続可能な開発（Sustainable development）、⑧価値観及び認識（Values and perceptions）、である[11]。

　例えば、キー・ステージ３及び４の数学では「数学や代数、ものの形や空間、さらに測定したり、データ処理したりすることを通じて、この技術進歩の時代にどのように数学が社会の中で使われているかを学ぶ。これによって、数学を世界の人々との間の一つのコミュニケーション言語として使用することができ、国際貿易や貿易不均衡などのグローバルな課題を理解する際に数学的知識を使うことができる」と説明されている[12]。

『学校カリキュラムにおけるグローバルな視点の開発』

②ウェブサイトの開設

　イギリス政府は「Global Dimension」と呼ばれるウェブサイトを開発し、教育関係者に広くグローバルな視点をもった学習を行うために必要な情報や教材を提供している。このサイトは Think Global という NGO が DfID からの委託を受けて開発したもので、教科別、年齢別、テーマ別といった具合に教育関係者、特に学校現場の教師にとって使いやすいように配列や構成に工夫が凝らされている。Think Global の職員によれば、

出典：http://global.dimension.org.uk
ウェブサイト「Global Dimension」

「Global Dimension」へのアクセスは毎月1万人・回にのぼるということであった。また、Think Globalによって実施された最近の調査では、92％のユーザーが「非常に有用」あるいは「有用」と回答をしており、94％のユーザーがこのサイトを「他人に薦めたい」と回答しているとのことであった[13]。

③世界の教室をつなぐ

ブリティッシュ・カウンシルは、DfIDからの資金支援を受けて2012年より「教室をつなぐ（Connecting Classrooms）」と呼ばれる教育プログラムを開始した。同プログラムは、イギリス国内の学校と海外の学校との間にパートナーシップ協定を結び、お互いにカリキュラムを共有、理解した上で、情報交換やコミュニケーションを通じて、お互いに相手国の文化や環境について学んでいくという活動である。このプログラムに参加した学校には、必要に応じて継続的なプロフェッショナル・ディベロップメント研修が提供されたり、大きな成果をあげた学校には表彰や認定の機会が与えられるなど、実施主体となる学校教員や児童生徒の動機付けのための様々な工夫が凝らされている。

■全国に広がる教育センター

現在、イギリス国内には数多くの開発教育センター（Development Education Centre: DEC）と呼ばれる組織がある。この組織は、もともと開発NGOらが開発教育の普及を目的に、1970年代に政府の開発教育基金（Development Education Fund: DEF）を活用して国内の主要都市であるバーミンガムやエディンバラ、リーズ、マンチェスターに設立したのが始まりで、その後全国に広がっていったものである。

各地のDECは、様々な学習プログラムや研修・ワークショップの実施、資料室の提供、授業実践に関する相談や支援、アドバイス、授業アイデアの提供などを行っている。ほとんどのDECが独自のウェブサイトを開設しており、そのサイトを通じて資料や情報の提供、あるいは授業実践についての相談にのるほか、実際にDEC事務所を訪れてコンサルティング・サービスを受けることもできる。

ここでは一例としてロンドンにあるHECグローバル学習センター（HEC Global Learning Centre）を見てみよう。この組織は、1970年代に地域の教員に研

修機会や資料を提供するために設立された
タワーハムレット（Tower Hamlet）地区の「教
員センター（Teacher Centre）」を前身として
いる。当時の教員センターはそれぞれの専
門性及び得意分野によって、地理センター
や歴史センターと呼ばれていたが、ここは
人文科学を専門にしていたため、人文科学
センター（Humanities Education Centre：HEC）
と呼ばれるようになった。同センターの名
称の頭にHECとあるのはそのためである。
その後、現センター長によって開発教育を
中心としたDECへと発展した。

HECグローバル学習センター

　同センターのあるタワーハムレット地区
はロンドンの東の端に位置しており、バングラデシュからの移民が多く、その
割合は全住民の60％を占める。したがって、社会的・文化的にも他の地域と
は異なった環境を形成している。この点から同センターが人文科学や開発教育
の中心として情報や知識を発信していくことはとても意義のあることと考えら
れている。同センターの主な活動としては、初中等学校への各種資料提供、教
員を対象としたグローバル学習についての研修、教材の出版、各種プロジェク
トの運営などがある。

①資料提供

　同センターには、初中等学校におけるグ
ローバル学習のための各種の教材が収集さ
れており、必要に応じて貸し出される。ま
た、タワーハムレット地区の図書館が同セ
ンター内にあり、そこに集められた一万冊
以上もの図書の閲覧や貸し出しサービスも
行っている。

センター内の図書館

②グローバル学習の研修提供

グローバル学習に関する教員及び教育関係者を対象に各種研修を行っている。現在、実施されているものとしては「Animation around the world」というグローバルな課題についてのアニメーション教材を創作する一日ワークショップ、「Enquiry based learning in the classroom including introduction to P4C」という子ども哲学に基づいた探究型学習の実践技術を紹介する一日研修、「The World 2014」と呼ばれる2014年から施行の新ナショナル・カリキュラムをどのように実践していくかを話し合う討論会などである[14]。

③教材の出版

グローバル学習に関連する各種教材の出版を行っている。これまで出版されたものとしては、『Bangladeshi Children in Our Schools』、『Story Worlds』、『We Live in the East End』、『Play on the Line』などがある。

④各種プロジェクトの運営

児童生徒及び地域の若者を対象としたグローバルな課題に関連した各種プログラムを立案、実施している。例えば、「Story Tents」と呼ばれるプロジェクトは参加者があるテーマ、例えば「ベンガル」といったテーマに基づいて布や紙を用いてテントを作るというものである。側面や屋根にはテーマに沿った絵やストーリーが創造的に描かれ、それを作成する過程はもちろん、完成品からベンガル人についての知識やその文化・風習について学べるように工夫されている。また、「East End Talking」と呼ばれるウェブサイト上での学習プログラムでは、ロンドン East End 地区の名所旧跡や歴史について学べると同時に、子どもたち自身の経験や意見を共有できるようになっており、双方向型学習を可能にしている。

同センターは、こうした活動を行う上で、ロンドン大学開発教育研究センター（The Development Education Research Centre (DERC), The Institute of Education (IOE), University of London）[15]などとも密接に連携しながら活動を行っている。

なお、次頁の図はイギリスにおける教育センターの名称とその所在地を示したものである。現在、全国には48組織がある。

①スコットランド
・モントゴメリー開発教育センター
・グローバル教育センター
・ハイランド・ワン・ワールド・グループ
・ワン・ワールド・センター
・スコットランド開発教育センター
・西スコットランド開発センター

②（イングランド）北東部
・クリティカルリンク
・北東部ワン・ワールド・ネットワーク
・ティーズ渓谷ワン・ワールド・センター

③（イングランド）北西部
・チェッシャー・グローバル学習センター
・カンブリア開発教育センター
・マージーサイド・グローバル教育リソースセンター
・開発教育プロジェクト
・グローバル・リンク
・ランカシャー開発教育センター
・リバプール・ワールドセンター
・マン島ワン・ワールド・センター

④（イングランド）ヨークシャー・ハンバー
・ハル開発教育センター
・ヨーク・グローバル教育センター
・クラーベン開発教育センター
・南ヨークシャー開発教育センター
・リーズ開発教育センター

⑤（イングランド）イースト・ミッドランド
・ダービー・グローバル教育
・レスター・マサヤ・リンク・グループ
・MUNDIグローバル教育センター（ノッチンガム）

⑥（イングランド）ウエスト・ミッドランド
・ヘレフォードシャー・ウスターシャー開発教育センター（BEACONS）
・ブリッジ・メイキング・グローバル・コネクション（シュロップシャー）
・グローバル学習（TIDE）

⑦ウェールズ
・ワールド・エデュケーション・センター
・ケイト・アンドレオ
・ポーイス環境開発教育センター
・スモール・ワールド・シアター

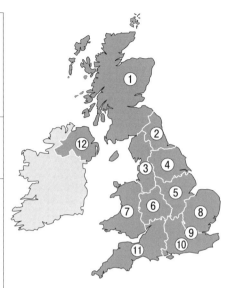

⑧（イングランド）東部
・エセックス開発教育（DEEL）
・ノーフォーク開発のための教育とアクション（NEAD）

⑨ロンドン
・HECグローバル学習センター

⑩（イングランド）南東部
・ケント・ワイダー・ワールド
・ブライトン平和環境センター
・グローバル認識センター（ハンプシャー）
・グローバル教育（ミルトン・キーンズ）
・エッジトレーニング
・国際連帯センター（RISC）
・世界教育開発グループ（カンタベリー）

⑪（イングランド）南西部
・ドーセット開発教育（DEED）
・デヴォン開発教育グローバルセンター
・ウィルトシャー・グローバル教育センター
・サマセット・グローバル開発教育センター（GLADE）
・コーンウォール開発教育協会

⑫北アイルランド
・グローバル教育センター

出典：Think Global, OXFAM UK, Global Classrooms などからの情報をもとに筆者作成

図2-2　イギリスの教育センター（48組織）〈2012年9月時点〉

■国際NGOによる特色ある教育活動

　イギリスには数多くの国際的なNGOが存在し、その中には特色ある教育活動を積極的に推進している組織が見られる。ここでは同国を代表するオックスファム（OXFAM UK）とクリスチャン・エイド（Christian Aid）が行っている教育活動を見ていこう。

①オックスファム[16]

　オックスファムは、グローバル・シティズンシップ教育（Education for Global Citizenship: EGC）を積極的に推進している。オックスファムによれば、EGCとは昨今の複雑化するグローバル社会において子どもたちの批判的思考力（Critical Thinking）を開発する教育であり、他者の意見に耳を傾け、その人の視点を尊重するという基本的な姿勢のなかで、子どもたちが自分自身の価値観や考えを形成し、それを自信をもって発信していける人材の育成を目指すものであると考えられている。またEGCでは、話し合い、ディベート、ロールプレイ、探究活動など多様な参加型学習手法を用いて授業を進めていくことが必要とされている。

出典：OXFAM UK ウェブサイト
(www.oxfam.org.uk/)
オックスファムの開発した
EGCのガイドブック

EGC普及のために、オックスファムでは「グローバル・シティズンシップ・カリキュラム（Curriculum for Global Citizenship）」を策定するとともに、そのガイドブックを作成し各学校へ配布している。これまでにおよそ1,000部が発行、配布されているだけでなく、ウェブサイトから無料でダウンロードでき、その頻度は年間1,000回にのぼっているということであった[17]。

②クリスチャン・エイド[18]

　クリスチャン・エイドはイギリス政府が推進しているグローバルな視点をもった学習（Global Dimension）を踏まえて、それを学校教育の中に導入していくための様々な教授資料や学習教材をウェブサイト上で提供している。ウェブサイト内には、学習計画、参照すべき情報、学習ゲーム、ホワイトボード用資

第2章　イギリスの挑戦　51

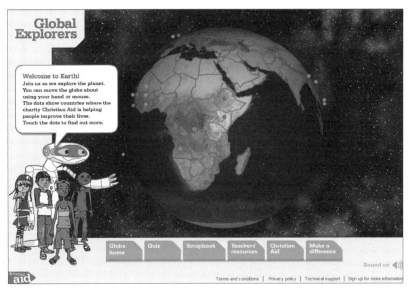

出典：Christian Aid ウェブサイト（http://learn.christianaid.org.uk/globalexplorerswhiteboard/index.html）
初等教育用教材「Global Explorers」

料などが含まれており、教員はそれをダウンロードして、印刷・コピーすればそのまま授業で活用できるように工夫されている。クリスチャン・エイドの職員によれば、毎月平均3,000回のダウンロードがあるということである[19]。

　なかでも、初等教育用の教材として提供されている「Global Explorers」と中等教育用の教材である「Just living? GCSC Resource」は現場教員から高い評価を受けている。前者は、地球上の興味ある地点をクリックするとその地域の詳しい情報が示されると同時に、その地域の状況をビデオで見ることもでき、子どもたちが世界中で起こっているグローバルな課題を視覚的に理解することを可能にしている。クリスチャン・エイドにはビデオ・ユニットと呼ばれる部署があり、ここには世界各地における映像が所蔵されている。こうした組織内の長年の情報蓄積がこのような興味深い教材の開発を可能にしている。

　以上、イギリス（イングランド）の教育制度、ナショナル・カリキュラム、求められる能力、レザーヘッド・トリニティ小学校での教育実践例、新しい学びを支えている教育環境について概観してきた。

2014年9月から施行されている新しいナショナル・カリキュラムでは、これまでのようにコア・スキルやキー・スキルとして能力そのものを取り出して強調するよりも、教科学習の中に内包された能力として、各教科内容の学習において必要とされる能力やスキルが重視されていた。例えば、数学的で論理的な思考や科学的なものの見方・考え方などである。また、すべての教科学習に共通するものとして、他者とのコミュニケーションや自ら調べたり、計画を立てて学習していくことといった自己管理能力なども効果的に教科学習を進めていく上で重要な能力とされていた。さらに、ナショナル・カリキュラムが目指す「教養ある市民」となるためにはグローバルな視点をもち、ものごとをより広い視点から見たり、多様な考え方を認めたりする能力も総合的に必要とされていた。

こうした状況のもと、本章で取り上げたレザーヘッド・トリニティ小学校の異文化間交流を通じた教育実践は一つの好例であり、同国内ではこうした新しい学びの活動は決して少なくない学校で実践されているということである。この理由としてあげられるのが、同国の教育を取り巻く社会的に恵まれた環境であると考えられる。政府によるガイドライン開発、ウェブサイト開発などを含めた教育政策面からの支援、全国津々浦々に点在する教育センターによる教育支援及びアドバイザリー業務、さらに国際NGOによって積極的に推進されている独自でユニークな教育活動などがその代表的な例である。1990年代後半からの労働党政権時代と比べると、近年はこうした環境整備に少し陰りが見えてきたとは言うものの、同国がもつ開発教育、グローバル教育、ワールド・スタディーズといった（古くて）新しい学びの長い実践経験とその豊富な知見の蓄積が、21世紀の新しい学びの実現に大きく貢献していることは疑う余地がない。

〈注〉
1) 基礎教育課程は全部で四つのキー・ステージ（Key Stage: KS）に分けられている。KS 1は5〜6歳（小学校1及び2年生）、KS 2は7〜10歳（小学校3〜6年生）、KS 3は11〜13歳（中等学校7〜9年生）、KS 4は14〜15歳（中等学校10及び11年生）に相当する。
2) ケンブリッジ・アセスメント（Cambridge Assessment）の評価研究開発局局長兼同国のカリキュラム改定委員会座長であるティム・オーツ（Tim Oates）氏へのインタビューによる（2012年9月）。

3）Department for Education, *The national curriculum in England: key stages 1 and 2 framework document*, 2013, p.6 を参照。
4）Department for Education, *The national curriculum in England: Key stages 1 and 2 framework document*, 2013 では、「英語」が86ページ、「算数・数学」が45ページ、「理科」が32ページにわたって詳細な記載がある。他方、その他の教科については3～6ページ程度の記載にとどまっている。
5）これは、マイケル・ヤング（Young, Michel, 2010）によって指摘されており、2011年に出された「ナショナル・カリキュラムの枠組み（The Framework for the National Curriculum - A report by the Expert Panel for the National Curriculum Review）」においても明確に記載されている。
6）新井浅浩「教育課程の編成に関する基礎的研究　国際研究班報告書（イギリス）」、『教育課程の編成に関する基礎的研究　報告書6　諸外国の教育課程と資質・能力－重視する資質・能力に焦点を当てて』、国立教育政策研究所、2013年、p.33-36 を参照。
7）新井浅浩、前掲書、p.36 を参照。
8）生徒数、教職員数などの数値は、OFSTED（The Office for Standards in Education, Children's Service and Skills）による2013年同校の学校調査報告書を参照した。
9）「Personal, Social and Health Education」の略で、法的拘束力をもたない教科とされている。そのため、この教科の設置及び実施においては各学校の裁量に任されている。
10）同校訪問（2012年9月）時点の情報である。同校におけるウガンダの小学校との交流活動は「アフリカ・リバイバル（African Revival）」と呼ばれるチャリティ団体を通じて開始されたものである。なお、同様の教育活動を推進しているプログラムとして、英国国際開発省（Department for International Development: DfID）とブリティッシュ・カウンシルの共同で実施している「教室をつなぐ（Connecting Classrooms）」（後述）があり、同校校長によれば、「教室をつなぐ」プログラムでは、交流活動に係る費用が提供されるため、同プログラムへの申請を準備中だということであった。
11）DfID, *Developing the Global Dimension in the School Curriculum*, 2005, p.5 及び p.12-13 を参照。
12）DfID、前掲書、p.14 を参照。
13）Think Global 訪問時のインタビューによる（2012年9月）。
14）HECグローバル学習センター訪問時のインタビューによる（2012年9月）。
15）DERCは開発教育を専門的に研究し、その成果を発信していく研究機関として2006年にDfIDにより設立された組織である。
16）OXFAMは、第二次世界大戦中に同盟国に支配されたギリシャの食糧不足と飢餓を救うために、1942年にThe Oxford Committee for Famine Reliefとして設立された団体がその母体となっている。今日まで世界の貧困解消を目指し、主に途上国を中心に支援活動を続けてきた国際NGOである。現在、世界92カ国で様々な支援活動を行っている。
17）オックスファム訪問時のインタビューによる（2012年9月）。
18）クリスチャン・エイドは、第二次世界大戦後にヨーロッパの復興を目的に、イギリスとアイルランドの教会指導者が中心となって設立したChristian Reconstruction in Europeが母体であり、現在は、世界の貧困解消を目的にアフリカやアジア、中東地域、ラテンアメリカなど世界各地で支援活動を行っている。
19）クリスチャン・エイド訪問時のインタビューによる（2012年9月）。

第3章
ドイツの挑戦
―持続可能な開発を担う人材育成―

　ドイツは正式名をドイツ連邦共和国と呼び、16の連邦州から構成されている。そのうちベルリン(Berlin)とハンブルク(Hamburg)は都市州と呼ばれている。同国では地方分権化が進んでおり、各州の自治権がかなり強い。教育に関しても従来から連邦政府よりも州政府の権限が強かったが、2007年の新憲法によって州政府の権限はさらに強化されることになった。現在、教育政策の決定権限はすべて各州にあり、連邦政府にはほとんどない。ただし、各州間の教育政策などを調整する各州文部大臣会議(KMK)が設置されてはいる。しかしながら、具体的な教育政策は各州で独自に行われていることから、教育制度や教育課程は州によってかなり違いが見られる。

　また、同国は1990年10月に東西ドイツの統一を実現したが、この統一は東ドイツ(5州)の西ドイツ(11州)への編入という形で実施されたことによって、教育制度は旧西ドイツの制度が従来通り維持され、旧東ドイツは西ドイツの制度をモデルとして再編が行われた。

1. ドイツの教育制度

　一般的に、初等教育は基礎学校(Grundschule)において4年間行われる(一部の州では6年間)[1]。各州とも法令により、当該年の6月30日までに満6歳に達している子どもは、新学年の開始(8月1日)から基礎学校に入学できる[2]。その後、児童生徒の能力・適性に応じて、基幹学校(Hauptschule)、実科学校(Realschule)、ギムナジウム(Gymnasium)に進む。基幹学校は5年制で、主として卒業後に就職して職業訓練を受ける者が進む学校である。実科学校は6年制で、主として卒業後に職業学校に進む者や中級の職につく者が進む学校である。一方、ギムナジウムは8年制もしくは9年制[3]で、主として大学進学者のための学校であ

る。その他、総合制学校（Gesamtschule）と呼ばれるものがあるが、若干の州を除き、学校数、生徒数とも少ない。このように前期中等教育の最初の段階で将来の進路による選択がなされることは同国の教育制度の大きな特徴であると言える。ただ、わずか9～10歳で早期選別を行うことによる不合理も指摘され

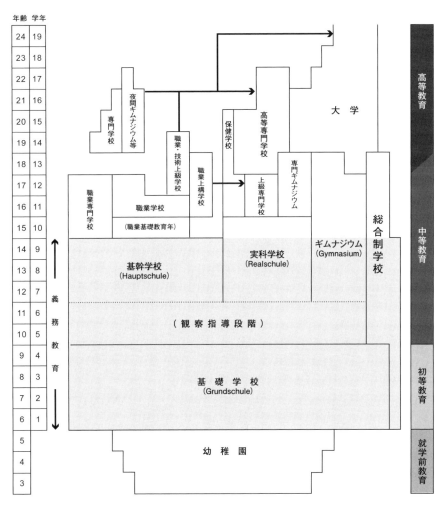

出典：田中達也「ドイツにおける教育改革の現状－ハンブルク市を中心に－」、『佛教大学教育学部学会紀要 第9号』、2010年、及び文部科学省『諸外国の教育動向2007年度版』明石書店、2008年を参考に筆者作成

図3-1　ドイツの学校系統図

ており、これを緩和する目的で、前期中等教育の最初の2年間を観察指導段階（Orientierungstufe）としている。

後期中等段階においては、職業学校をはじめ、職業専門学校、職業上構学校、上級専門学校、専門ギムナジウムなど多様な職業教育学校が設けられている。また、専門学校や夜間ギムナジウムといった機関も準備されている。

高等教育は大学と高等専門学校から構成されている。前者には総合大学をはじめ、教育大学、神学大学、芸術大学などがあり、標準的な修了年限は4年半となっている。一方、高等専門学校の修了年限は4年以下である。また、近年、国際的に通用度の高い学士・修士の学位取得課程（修了年限はそれぞれ3年と2年）も大学や高等専門学校の中に設置されている。

なお、前述のように、ドイツ統一後、旧東ドイツ各州は旧西ドイツ地域の制度に合わせる方向で学校制度の再編を進めたこともあって、多くの州ではギムナジウムのほかに基幹学校と実科学校を合わせた学校種を導入した。この学校の呼称は州によって異なり、例えば、ザクセン州では「中間学校（Mittelschule）」、チューリンゲン州では「通常学校（Regelschule）」、ザールラント州では「拡大実科学校（Erweiterte Realschule）」、ブレーメン州とザクセン・アンハルト州では「中等学校（Sekundarschule）」、ハンブルク州では「統合型基幹・実科学校（Integrierte Haupt und Realschule）」と呼ばれている。ここでは、5年で基幹学校修了証、6年で実科学校修了証が授与される。

2. 教育スタンダード

同国は州によって異なったカリキュラムを導入してはいるが、全州統一的な教育課程基準である「教育スタンダード（Bildungsstandard）」と呼ばれるものが存在する。先に触れたように、これは2000年に実施されたPISAの結果が公表されたことによって同国の学力不振が明らかとなり、いわゆる「PISAショック」としてドイツ社会に衝撃を与えたことが大きく影響している。「PISAショック」に対する政策的対応として、異例にも連邦政府が積極的に動き、KMKを中心にして2002年から「教育スタンダード」の開発、導入が行われたのである[4]。

教育スタンダードの導入は、従来から行われてきた教科内容や授業時数、アセスメントの方法などのインプットを規定・管理する方法から学習成果などの

アウトプットを管理する手法への転換を意味する。つまり、教育スタンダードは各学校の教育的活動を共通の目標に向かわせ、児童生徒の学習成果の把握と評価のための基盤作りを促す役割をもつのである。教育スタンダードの中身としてKMKは、各教科の包括的な基本原理、一定期間内に到達されるべき教科関連的なコンピテンシー、体系的学習とネットワーク的学習による累積的コンピテンシーの獲得、要求される領域の枠での期待される成果、各教科の中核領域、中間的要求レベル（規定スタンダード）、課題例による具体的イメージ、という七つの基準を示している[5]。

また、KMKによれば、教育スタンダードが十分に機能するためには、専門性（教科領域との関連）、焦点化（教科の中核領域への限定）、累積性（一定期間に形成されるコンピテンシー）、全員への義務化（最低レベルの提示）、多様性（学習展開を理解可能にするために到達すべきコンピテンシーの水準だけでなく、その上下の水準についても示されていること）、分かりやすさ、実現可能なものであること、といった七つの要件を満たす学校カリキュラムの開発が必要になると指摘されている[6]。

さらに、KMKは1973年に「学校の共通する一般的教育目標」を決議しており、教育スタンダードのもとでもこれは依然として有効であると考えられている。一般的教育目標とは、①知識、技能、能力を伝えること、②自立した冷静な判断、自己責任を伴う行為、独創的な活動ができるようになること、③自由と民主主義の精神を育てること、④寛容さや他者を尊重すること、他者の確信に敬意を払う気持ちを育てること、⑤国際間の協調精神に融和的な態度を喚起すること、⑥倫理観、文化的・社会的価値を理解すること、⑦社会的行動や政治責任への素地を育むこと、⑧社会における権利と義務を認識すること、⑨労働社会の諸条件に目を向けさせること、の九つを指し、学校教育の任務と考えられている「人格の発達」を支える包括的なものとなっている[7]。

なお、教育スタンダードは各州がカリキュラムで定めるすべての教科目について開発されているわけではない。基礎学校については「独語」、「算数」、基幹学校では「独語」、「数学」、「第一外国語（英語または仏語）」、前期中等教育段階では「独語」、「数学」、「第一外国語（英語または仏語）」、「生物」、「化学」、「物理」、ギムナジウム修了段階では、「独語」、「数学」、「第一外国語（英語もしくは仏語）」に関して「教育スタンダード」が開発されている。

3. コンピテンシー・モデル

コンピテンシー（Kompetenz）について、ヴァイネルト（Franz E. Weinert）[8]によれば、所定の問題を解決するために個々人が自由自在に操作できる習得可能な認知的能力と技能であるとともに、多種多様な状況における問題解決を効果的かつ十分に自覚して当たる認知能力及び技能と結合する動機や意欲及び社会性と定義されており、その背後には、個々人の知識、能力、理解、技能、行為、経験、意欲などがあり、それらが互いに網状になって共振し合っていると述べられている。そしてドイツにおいて求められる学力は、以下の四つのコンピテンシーから構成されると考えられている[9]。

①事象コンピテンシー（Sachkompetenz）
例：知識などを指す
②方法コンピテンシー（Methodenkompetenz）
例：学習スキル・技能などを指す
③自己コンピテンシー（Selbstkompetenz）
例：自己実現のためのスキルなどを指す
④社会コンピテンシー（Sozialkompetenz）
例：社会的な責任感や連帯感などを指す

これら四つのコンピテンシーは、下図のように、知識と学習技能を縦軸、自

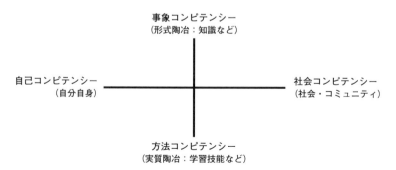

出典：原田信之編著『確かな学力と豊かな学力』、ミネルヴァ書房、2007年、p.98を参照
図3-2　ドイツの現代社会における学力モデル

己と社会を横軸とした二次元平面に表すことができ、これらのコンピテンシーをバランスよく発達させることが重要である。そして、これこそがドイツにおいて求められている学力モデルであると理解することができる。

4. ESD推進のための国家プロジェクト

　教育スタンダードとは別に、もう一つドイツの教育に大きな影響を与えているものがある。それは「持続可能な開発のための教育（Education for Sustainable Development: ESD）」推進のための一大国家プロジェクトである。ESDは2002年に開催された「持続可能な開発に関する世界首脳会議（ヨハネスブルク・サミット）」で提案され、同年の国連総会において決議されたことを契機に、一躍国際的な重要課題として認識されるようになった教育活動である[10]。持続可能な社会造りの担い手を育成することを目指す教育活動であり、具体的には、人格の発達や自立心、判断力、責任感などの人間性を育むと同時に、他者との関係性、社会との関係性、自然環境との関係性を認識しつつ、それらとの関わりや繋がりを尊重できる個人を育むことに力点を置くものである。その方法として、環境教育、国際理解教育、人権教育などの持続可能な開発に関わる諸問題に対応する個別分野の取り組みではなく、様々な分野を多様な方法を用いてつなげながら総合的に取り組んでいくことが重要であるとされている。

　ドイツでは、ESDを促進していくため、連邦・諸州教育計画研究助成委員会（BLK）が中心になって「BLKプログラム21」（1999-2004年）が開始された。このプログラム開始の背景には「PISAショック」があったと言われており、ESDを通して読解力、自然科学能力、数学的能力を全国の中等学校の生徒に習得させたいと考えられたのである。同プログラムにはザクセン州を除く全国15州から200校の参加があり[11]、予算は連邦政府と州が半分ずつを負担し、全体で1,300万ユーロが費やされた。ベルリン自由大学のデ・ハーン（Gerhard de Haan）教授が主導して事務局を立ち上げ、参加州代表による運営委員会も設置された。

■BLKプログラム21と「未来をつくる力」

　BLKプログラム21は、アジェンダ21（Agenda 21）[12]とOECDのキー・コンピテンシーの二つの概念をもとに策定された。具体的には、アジェンダ21の

エッセンスを取り出して、キー・コンピテンシーと合体させながら学校教育への応用を図ったと考えられる。特に重視されたのは「持続可能性＝環境論争の破壊的シナリオを乗り越えるための近代化のシナリオ」という視点であり、これは持続可能な行動を生徒に教えるのではなく、生徒が自ら判断し持続可能性という意味において革新的に行動できるようになることを意味するものであった。本プログラムでは56のワークショップ教材の開発と教員及び指導者養成の研修が実施された。

同プログラムでは、生徒が習得すべき能力として大きく以下の八つの部分的な能力があげられ、「未来をつくる力」と呼ばれている。

①将来のシナリオと構想における先を見通した思考と知識
②問題解決と工夫において教科間の枠を超えて取り組む力
③ネットワーク力と計画力
④文化の違いを越えた意思の疎通と協力
⑤相手の立場に立って考える力、相手を思いやる力
⑥意思疎通能力と協調性
⑦自己や他者を動機付けられる力
⑧個人の思想や文化的な理想に対して謙虚に熟慮する力[13]

2004年に出された同プログラムの成果報告書によれば、プログラムの実施によって、参加校では自然科学分野の教科での応用志向の授業構築、ESDコンセプトによるカリキュラムの改善などが実現したと同時に、これらの学校では反省性や評価・価値判断能力といった、これまでドイツの教育で欠落していたPISA型リテラシーの形成に着手しつつあるということである[14]。ただし、課題も残されており、主要なものとしては、参加校が一部に限られていたこと、中等学校のみの参加であったこと、一部の声としてPISA型リテラシーの向上につながったかどうかは不明確であるという批判も出されていることなどが指摘されている。

■トランスファー21と「創造コンピテンシー」

トランスファー21（Transfer 21）は、BLKプログラム21終了後の2004年から

2008年までの4年間にわたり、各州の一般学校教育にESDを制度的に導入することを目的に実施された継続プログラムである。繰り返しになるが、ドイツは州の自治権が強いために、同プログラムが連邦政府によって支援されているにも関わらず参加の有無は州の決定に委ねられていた。結果として、バーデン・ヴェルテンベルク州とザクセン州の参加はかなわず、参加州は14にとどまった[15]。同プログラムの実施に係る予算は1,000万ユーロが計上され、プログラム21と同様、連邦政府と参加州が半分ずつ負担した。

同プログラムは、ドイツにおける当時の学校改革と軌を一にしていた。同国では2003年からそれまで主流であった半日制学校から全日制学校への移行が進められ、午後も教育活動が行われるようになっており、この午後の時間を利用してESDの授業を実践することが提唱されたのである[16]。同プログラムの影響は多大で、トランスファー21の枠組みをもとに学校教育法やカリキュラムの改定を実施したり、教育スタンダードの開発を行った州もある。また、これまで教科に分かれていたものを積極的に統合した州もある。

同プログラムでは、OECDの掲げる三つのキー・コンピテンシーをドイツ的文脈で捉え直した「創造コンピテンシー（Gestaltungskompetenz）」という新たな概念を提唱し、教育を通じて育成すべきものとされた。ここでは、BLKプログラム21で言及された「未来をつくる力」を再構築し、以下のような三つのカテゴリーに分けられた10のコンピテンシーから構成された[17]。

専門的・手法的能力
①世界へ目を向け、新しい視点を組み入れて知識を構築する力
②先を見越して考え、行動する力
③横断的な知識を得て、行動する力

社会的能力
④他者と共に計画し、行動できる力
⑤決定プロセスに関わることができる力
⑥積極的になれるよう他者の意欲を高められる力

自己の能力
⑦自己と他者の理想像を照らし合わせることができる力
⑧自分で計画し、行動できる力
⑨不利な人や貧しい人、弱者、抑圧された人に対して思いやる気持ちや連帯感を示すことができる力
⑩積極的になれるよう自己の意欲を高められる力

上記の専門的・手法的能力はOECDキー・コンピテンシーの「相互作用的に道具を用いる力」、社会的能力は「異質な集団で交流する力」、自己の能力は「自律的に活動する力」に相当すると考えられる。またこの創造コンピテンシーは、KMKの教育スタンダードとも密接に関係しており、同国のコンピテンシー・モデルをより具体的に説明したものであるとも理解できる。

トランスファー21にもBLKプログラム21と同様に「PISAショック」を受けて、中等教育の教育格差解消を図ろうという意図があったために北部の経済的に豊かでない地域の学校が多く参加した。半日制から全日制に移行した学校の午後のプログラムとして取り入れた学校も多い。2006年のPISA調査で、科学的リテラシーについては成績が向上し、ESDの効果であったと言われている。2008年で同プログラムは終了しているが、現在もトランスファー21のウェブサイト[18]は年間30万回のヒット数があり、かなりの人々がESDに関心をもち、同ウェブサイトにアクセスしていることが分かる。

Transfer 21のガイドライン

5. 教育実践例：パスカル・ギムナジウム（Pascal Gymnasium）のESD

■学校概要
　パスカル・ギムナジウムは、ノルトライン・ヴェストファーレン州の州都デュッセルドルフ市から北へ30 kmほどのところにある小さな町の公立の中等

学校（第5〜12学年）であるが、生徒数1,150名、教職員数100名と規模は比較的大きい。同校は、都市部の学校とは異なり、かなり大きな敷地を有し、校内に野生の草花や木々の生い茂った森がある。同校はドイツ連邦政府が推進しているESDの推進校で、2008年から教員と生徒が協

パスカル・ギムナジウム

力しながら、各教科の授業実践において持続可能な開発の視点を取り入れることはもちろんのこと、様々な持続可能な開発に関係した教育活動を積極的に行っている[19]。

■学校カリキュラム

　パスカル・ギムナジウムの学校カリキュラムは、基本的にノルトライン・ヴェストファーレン州の定める州カリキュラムに沿っている。ただし、同校はESDの推進校として、UNESCOが奨励する平和、民主主義、人権、環境保全という四つのテーマを中心に持続可能な開発に関する様々な教育活動をカリキュラムの中に取り入れている。一例をあげると、「将来における学校」をテーマにした教育活動がある。これは、将来的な資源の問題について考えたり、環境保全について学習するなど、将来的によりよい学校を創造するために、一人ひとりが今自分たちでできることを積極的に実践していこうというものである。

　また別の例として養蜂活動がある。同校の敷地の端には一見手入れがあまり行き届いていないように見える草むらと森がある。しかし、実は自然のままの状態を維持するために敢えて手を入れていないのである。そこには天然の様々な草花が密生しており、多くの昆虫や小動物の生息を可能にしている。その一角に2012年8月からボランティアの生徒たちが中心となって開始された小さな養蜂場がある。幸運にも近隣に養蜂の専門家がおられたことから、その専門家の支援を得て養蜂活動を行うとともに、蜂の生態についても学習している。

■ESD授業実践

```
学年：     第12学年
生徒数：   17名
教師：     ESDコーディネータ[20]
教科：     地理
単元：     地球はどこまで耐えられるか？
```

　教室には、生徒たちが四つのグループに分かれて座っている。まず、個々の生徒一人ひとりが一日に消費するものの量を視覚的に示した紙（前時からの宿題）が張り出され、生徒はそこから読み取れることを互いに出し合った。ある生徒は、「僕たちはあまりにも多くのものを毎日無意識のうちに使っている」と回答。さらに別の生徒は「人によってものの消費量は多少異なっている。多い人もいれば、少ない人もいる」と回答。

　次に、それぞれのグループは、「エネルギー」、「食物」、「交通機関」、「消費」という異なった四つのテーマの中から一つを選び、その課題についての配布資料を参考に自分自身の意見を纏めていくという学習活動に入った。最初、生徒たちは配布された資料を読み、重要と思われる箇所に下線を引いたり、ノートに書き出したりしながら、与えられたテーマについての自分の考えを纏めていた。しばらくすると、自然と隣の生徒や向かいに座っている生徒、あるいはグループのメンバーと意見交換を始め、それが徐々に活発なグループ討議に発展していった。授業の中では、「グループで話し合いなさい」、「意見交換をしなさい」といった指示は出されてはいないが、各自の意見がある程度固まったところで、自然とグループの中で話し合いに進んでいくというのは同校の生徒たちの自然な学習態度であり、また同時に日頃の教育の成果というべきであろう。

　グループでの意見交換がある程度進んだところで、クラス全体での話し合いに移った。教師は生徒たちに各自の意見をクラスみんなで共有するように促すと、生徒が次々と教室の前に出て堂々と自分の意見を発表していく。例えば、「世界には大量にエネルギーを消費している国とほとんど消費していない国があり、その差は非常に大きい。エネルギーの大量消費国は、ほとんどエネルギーを消費していない国の100倍以上のエネルギーを一瞬のうちに消費してしまっている」、「水産資源を大量にとり過ぎて、資源が枯渇しかかっている。そのた

め養殖によって限られた資源を維持していこうとしているが、それには限界もある」といった意見が出された。

　ある程度、意見が出たところで、教師は各グループに「どうすれば資源を保存していくことができるか。私たちができることは何か、についてグループで話し合いなさい。そして、結論をすでに配布してあるいろいろな大きさの『足』の型紙に書きなさい。『足』の大きさは消費量の大小を表します」と指示を出した。生徒たちはすぐに話し合いを始め、しばらくして、数多くのことが書き込まれた様々な大きさの「足」ができた。

　最後に、教師は各グループに結果を発表するように促した。どのグループも物怖じすることなく堂々と自分たちの意見を発表していく。その発表に教師は注意深く耳を傾け、発表後には必ず、彼らに向かって一つ、二つ質問をする。例えば、「食料」について「これからは地元産のものをできるだけ食べるようにしたい」と発表したグループに対しては、「なぜ、地元産のものを食べればよいの？」という具合である。生徒たちはこうした教師の鋭い質問に対しても、何の躊躇もなく、すらすらと答えていく。これは、各自の中で内容がきっちりと理解され、またグループの話し合いでも十分にお互いの理解が共有された証拠であろう。

■創造コンピテンシーとの関係

　パスカル・ギムナジウムにおける上記の授業実践は、「エネルギー」、「食物」、「交通機関」、「消費」という異なった四つの課題について、配布された資料を活用しながら、そこに書かれた内容を理解するとともに、生徒自身のこれまでの体験や経験を総動員しながら、再度これらについて知っている知識を再構成していくことを目指している。知識の再構成の過程において、新しい様々な視点から課題を見ていく能力が要求される。グローバルな視点、教科横断的な視点、自分自身の問題として捉え直す視点などである。ここには、創造コンピテンシーを構成する一つのカテゴリーである「専門的・手法的能力」の習得が問われていると言えよう。

　また、この授業実践ではいわゆる協働学習（Collaborative Learning）が中心的な学習アプローチとなっている。まず、資料の読解を通して課題についての自分自身の考え方をある程度構築した後、自然な流れとしてグループ内の生徒たち

パスカル・ギムナジウムでの「地球はどこまで耐えられるか?」をテーマとしたESD授業風景

との意見交換に入っていく。そこでは、他の生徒の意見に耳を傾け、自分自身の考え方と比較しながら、自分自身の考え方の良い点、改善の必要な点などを検討していく。そして、最終的に自分自身の新しい考え方を再構築していく。同時にそれをグループの統一意見としていくために他の生徒の意見と調整を重ねていく。ここで要求されている能力は、創造コンピテンシーの「自己の能力」であり「社会的能力」であると言えよう。

　この授業実践は、ESDの推進のための特別な研修を受けたコーディネータによって実施されただけあって、ESDを通して習得が求められる創造コンピテンシーを強く意識して構成された授業であると考えられる。このことから、創造コンピテンシーの三つのカテゴリーである「専門的・手法的能力」、「社会的能力」、「自己の能力」がこの授業実践を通じてバランスよく習得できるように工夫されていると言える。

6. 学びを支える環境

　ドイツの学校教育におけるESDの積極的な導入は連邦政府による二つの国家プロジェクトが大きな役割を果たした。BLKプログラム21とトランスファー21である。これらのプロジェクトではESDを学校現場に導入・普及するために様々な試みが行われた。以下、その主な試みについて見ていこう。

■学校改革とESDの導入
　すでに触れたように、ESDのプロジェクト（BLKプログラム21）が開始されて間もない2000年前半は、ちょうど同国の学校制度改革の時期でもあった。従来は半日制が大半であった学校を全日制に改革していこうというもので、それに伴う学習時間の増加部分においてESDを積極的に導入し、実践していくことが奨励された。ESDは教科の枠を超えた学際的な知を習得するものという考えのもとで、参加型学習を取り入れた活動的な学習の展開が期待されたのである。

■教材・ガイドラインの開発とその活用
　BLKプログラム21では56種類の教材及びガイドラインが開発され、それに続くトランスファー21では、それらの教材を学校に配布するとともに、より使いやすいものとするための作業が行われた。例えば、BLKプログラム21の時点では中等学校を対象としていたため、教材は中等学校用に開発されていたが、トランスファー21ではこれらを基礎学校でも使用できるように内容の改訂を行っている。また、州の教育行政担当者と密接な関係を築き、学校制度が異なる状況でも円滑にESDが導入され、教材が効果的に使われるよう幾度にもわたる協議と周到な準備が進められた。さらに、ドイツ子ども青少年財団など学校外のパートナーとの協働も進め、ESD推進のために積極的にお互いの情報共有を図った。

■コーディネータの育成を目指した研修
　新しい教育実践を効果的に行うためには、現職教員の理解や能力は欠かすことができない。BLKプログラム21ではESDコーディネータの養成を目的に、

主として中等学校の現職教員を対象に研修を実施してきた。トランスファー21ではそれを学校外パートナーにまで拡大し「マルチプリケータ研修プログラム」と題して15カ月間、10回の宿泊を伴う大型の研修が実施され、数多くの優秀なコーディネータ（マルチプリケータ）が育成された。

■教員養成の改革

ESDのさらなる普及のためには、現職教員を対象とした研修のみならず、将来的に教員になるであろう学生の教育も重要になってくる。トランスファー21ではESDを教員養成の教育課程にもきっちりと位置付けていくために、各州の大学における教職課程や教員養成センターと協同作業を行い、基本文書の作成が行われた。

以上、ドイツの教育制度及び教育スタンダード、コンピテンシー・モデル、さらにESD推進のための国家プロジェクトとパスカル・ギムナジウムの教育実践例、この新しい学びを支えている環境について概観した。

同国は、憲法において教育の地方分権が明確に記されており、連邦政府にはそれについての権限がない。唯一、KMKと呼ばれる各州の文部大臣による連絡調整会が設置されており、必要な場合にはそこで各州間で教育政策の調整を行うこととされている。しかしながら、2000年のPISA結果によって同国の学力不振が公になったこと（「PISAショック」）を受けて、各州統一的な「教育スタンダード」が開発され導入されるようになった。ただ、このスタンダードは大枠を規定するものにとどまっており、まだまだ各州、各学校にカリキュラム開発の大きな裁量権が与えられていると言える。

こうした状況の中で、特に注目すべきものとしてBLKプログラム21とトランスファー21というESDを促進するための国家プロジェクトをあげることができる。ESDは「持続可能な開発のための教育」として21世紀の社会において必要な教育実践であると国際的に認知されている。この新しい教育を積極的に学校教育に導入することで同国の教育の質を全体的に向上させていこうと連邦政府をあげて取り組んでいるプロジェクトである。各州に教育の自治権を与えている同国において連邦政府自らが主導して教育プロジェクトを行っていくというのは例外中の例外と言っても過言ではない。それだけPISAショックが大

きかったと容易に推測できる。この二つのプロジェクトを通して「未来をつくる力」や「創造コンピテンシー」といった能力リストが開発された。これはまさに近年、世界各国が重要視している新しい資質・能力に相当するものであると言えよう。

　本章で取り上げたパスカル・ギムナジウムは同プロジェクトを受けてESDを積極的に推進している多くの学校の中の一つである。同校で行われた「地球はどこまで耐えられるか？」と題された地理の授業実践では、広い視野をもって新しい視点から知識を構築する能力や他者とうまく協働できる能力、自己の意欲を高める能力など「創造コンピテンシー」に含まれる専門的・手法的能力、社会的能力、自己の能力をうまく引き出し、発揮できるように構成された授業であった。

　こうした新しい学びを実現するような教育実践が同国の中等学校を中心に全国各地で行われているということである。このような教育活動を支えているのが、上記のプロジェクトで力を入れて行われた各種ガイドラインや教材の開発、現職教員を対象にした研修とESDコーディネータの育成に他ならない。そして、このプロジェクトと同時期に実施された学校改革も新しい学びの導入に正の効果を発揮したと言える。トランスファー21が終了した現在、これから同国の学校教育及び教育実践がどのように進んでいくのか、今後も引き続き進捗を追っていく必要があろう。

〈注〉
1) ベルリンとブランデンブルグ州においては6年制となっている。
2) その年の7月1日から12月31日までに満6歳に達する子どものうち、親の申請に基づき、身体的・精神的に就学に適すると認められる場合は入学を許可される。逆に、満6歳に達していても、心身の発達上就学に適さないと判断された子どもは、基礎学校に併設された学校幼稚園（Kindergarten）や予備学年（Vorklasse）に入ることになる。
3) もともとギムナジウムは9年制であったが、現在、8年制に移行しつつある。
4) 「教育スタンダード」の開発・導入はすべての教育段階・学校種別で一斉に行われたのではなく、2002年の基礎学校のいくつかの教科目から始まり、2013年のギムナジウムまで10年以上かけて行われた。
5) 原田信之編著『確かな学力と豊かな学力』、ミネルヴァ書房、2007年、p.95を参照。
6) 原田信之、前掲書、p.96を参照。
7) 原田信之、前掲書、p.96を参照。
8) ドイツ人教育研究者で現在、米国カリフォルニア工科大学（California Institute of Technology）

教授。彼はドイツのマックス・プランク研究所（Max Planck Institute for Psychological Research）の研究者であった1999年当時、OECDのDeSeCoプロジェクトにおけるコンピテンシーの概念について論文を執筆している。Weinert, F. E., *Definition and Selection of Competencies: Concepts of Competence*, OFS BFS UST, NCES and OECD, 1999.
9) 原田信之、前掲書、p.98を参照。
10) ヨハネスブルク・サミットで「持続可能な開発のための教育の10年」を提案したのは、我が国（小泉政権時代）であり、この提案が第57回国連総会において満場一致で採択された。
11) デ・ハーン教授によれば、ザクセン州の不参加は、BLKプログラム21が開始された当時、州政府内の政権交代があり、政府内が混乱していたためであるということであった（2012年9月のインタビューによる）。
12) 1992年、ブラジルのリオ・デ・ジャネイロ市で開催された地球サミット（「環境と開発に関する国際連合会議」）で採択された21世紀に向けて持続可能な開発を実現するために各国及び関係国際機関が実行すべき行動計画。
13) 櫛田敏宏、稲吉宣夫『平成20年度愛知県職員海外派遣事業報告－生物多様性を中心とした環境教育を含むESDの推進』、2008年、p.101-102より引用。
14) 高雄綾子、佐藤真久「ドイツにおける学校ESD推進策とコンピテンシー育成の関係－Transfer 21プログラム参加校と，全日制学校およびPISA結果の検証から」、『「持続可能な開発のための教育（ESD）」の国際的動向に関する調査研究（平成21年度横浜市業務委託調査）』、東京都市大学環境情報学部、2009年、p.78を参照。
15) デ・ハーン教授によれば、ザクセン州はBLKプログラム21に参加していなかったので、継続プログラムであるTransfer 21には参加できなかった。他方、バーデン・ヴェルテンベルク州は、当時の同州の文部大臣であったシャーヴァン（Annette Schavan）氏による連邦政府と州の責任分担の明確化が論争を呼び、結局連邦政府主導のTransfer 21には参加しないことになった（2012年9月のインタビューによる）。
16) もともとドイツの学校教育は教科学習中心に構成され、それ以外の活動はあまり行われてこなかった。しかし、これまで様々な州において学校を児童生徒にとって生活の場と言える空間として充実させていこうとする学校改革構想が提唱されていた。古くは1980年代ノルトライン・ヴェストファーレン州及びバーデン・ヴェルテンベルク州において、1990年代に入るとベルリン州で「生活世界としての学校」という新しい教育実践構想が提唱された。こうした背景もあって、2003年には連邦教育学術省（BMBF）が「学校と保育の未来」投資プログラムを実施し、全日制学校への移行を進めた。
17) 高雄綾子、佐藤真久、前掲書、p.79及びTransfer 21, *Zukunft gestalten lernen: Ganztagsschule lebensnah gestalten durch Bildung für eine nachhaltige Entwicklung*, 2007（独語文献）を参照。
18) Transfer 21のウェブサイトを参照。（www.institutfutur.de/transfer-21/daten/materialien/T21_ganztag2.pdf）
19) 同校訪問（2012年9月）時点の情報。
20) 同校には、ESDコーディネータと呼ばれるESDについての特別な研修を受けた教員がいる。こうした教員が中心となって、授業実践の支援を行い、ESDの普及・推進に努めている。

第4章

オーストラリアの挑戦
―成功した学習者を目指して―

　オーストラリアは正式名をオーストラリア連邦（Commonwealth of Australia）といい、オセアニアに位置する連邦立憲君主制国家である。国土はオーストラリア大陸とタスマニア島及びその他小さな島々から構成され、その面積は約768万km²と世界第6位の大きさを誇る。同国の行政区分は、ニューサウスウェールズ州（New South Wales）、ビクトリア州（Victoria）、クイーンズランド州（Queensland）、西オーストラリア州（West Australia）、南オーストラリア州（South Australia）、タスマニア州（Tasmania）の六州と北部地方（Northern Territory）及び首都キャンベラ（Canberra）を含む首都特別地域（Australian Capital Territory: ACT）の二地域に区分され、それぞれの地域の地方自治が非常に強い。また、同国はヨーロッパ系の白人が80％以上と多くを占めてはいるが、その他にアジア系や先住民族のアボリジニなどが約20％を占めるなど、多民族国家となっている。

1. オーストラリアの教育制度

　オーストラリアは連邦制を採用しており、憲法では教育に関する事項は各州の責任とされている。このため、初等中等教育も基本的には各州政府の管轄のもとで行われており、カリキュラムはもちろん、義務教育年限や中等教育開始学年などの学校教育制度も各州により異なっている。しかしながら、1980年代後半に連邦及び各州教育大臣の合意により「国家教育指針」（ホバート宣言〈The Hobart Declaration on Schooling〉）[1]が採択されて以来、国家としての統一は強化されつつある。特に、1990年代後半以降の全国学力調査の推進は、国家レベルで比較可能な教育成果の把握と公正な評価の実施を目的に、カリキュラムの統一化あるいは共通化をもたらすと同時に、教育制度や学習内容の統一化及び共通化も推し進めてきた。こうした状況のもと、各州では義務教育修了年齢が延

長されてきた。また、2008年からはナショナル・カリキュラムの開発が進められ、2013年より段階的に実施に移されている[2]。

　オーストラリアでは一般に、初等教育は Year 1（6歳）から Year 6（11歳）までの6年間、中等教育は Year 7（12歳）から Year 12（17歳）までの6年間であるが、そのうち Year 10（15歳）までが前期中等教育（中学校）、それ以降が後期中等教育（高等学校）となっている。義務教育は5歳もしくは6歳から Year 10（15歳）までの10〜11年間である。ただし、州によって若干の違いが見られ、例えば Year 7 までを初等教育にしている州もある。

　中等学校修了後、直接大学進学を希望する場合は、後期中等教育の2年間に日本の大学の一般教養課程に相当する科目を履修し、統一資格試験を受けなければならない。この試験も州によって異なり、例えば、ニューサウスウェールズ州では HSC（Higher School Certificate）と呼ばれるのに対して、ビクトリア州では VCE（Victorian Certificate of Education）、クイーンズランド州では SC（Senior Certificate）というように名称も異なっている。

　また同国では、高等職業教育（専門学校、Vocational Education and Training: VET）が充実しており、TAFE（Technical and Future Education）や私立の VET カレッジなど多数存在している。大学は、現在39の公立大学と二つの私立大学がある。

　各州の学校教育課程基準（カリキュラム・フレームワーク）は、主にカリキュラム開発及び評価・資格付与を担う州政府組織により開発・策定されてきた。州により名称は異なるが、例えばビクトリア州では、ビクトリア州カリキュラム・評価機関（Victorian Curriculum and Assessment Authority：VCAA）、ニューサウスウェールズ州ではニューサウスウェールズ州教育委員会（Board of Studies NSW）がそれに該当する。一般的に州教育省（Department of Education）が州立学校の運営及び教育のみに責任をもつのに対し、これらの機関は州内のすべての学校を対象にサービスを提供している。

　ところが、先に触れたように、カリキュラム開発においては近年大きな政策転換が起こっている。2008年4月、当時発足したばかりのラッド（Rudd, K.）労働党政権により、かねてより懸案事項とされてきたナショナル・カリキュラムの開発を目的としたナショナル・カリキュラム委員会（The National Curriculum Board：NCB）が設立されたのである。そして2009年5月には、オーストラリア・カリキュラム評価報告機構（The Australian Curriculum, Assessment and Reporting Authority：

ACARA）と呼ばれる全く新しい組織が創設され、NCBの役割を引き継ぐことになった。オーストラリアでは憲法規定により、教育に関する権限は州政府にあることはすでに述べた。このため、連邦政府から独立した別機関を創設すること

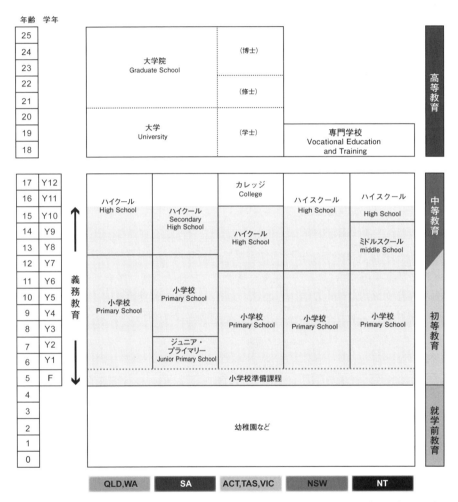

注1：QLD（クイーンズランド州）、WA（西オーストラリア州）、SA（南オーストラリア州）、NT（北部準州）、NSW（ニューサウスウェールズ州）、ACT（首都直轄区）、VIC（ビクトリア州）、TAS（タスマニア州）
注2：「F」は「Foundation」の略
出典：ウェブサイト「オーストラリアの教育制度」（http://www.wca-au.com/education.htm）を参考に筆者作成
図4-1　オーストラリアの学校系統図

により、連邦レベルで開発・策定されたナショナル・カリキュラムを各州で実施する体制の構築が図られたと考えることができる。

現在 ACARA は主として、①特定の学習領域の就学前から12年生までのナショナル・カリキュラムの開発、②児童生徒の教育成果を測定するためのナショナル・カリキュラムに沿った国家評価プログラムの実施、③国家レベルでの評価データ収集とその報告、を担っている。

2. ナショナル・カリキュラム

先述のように、オーストラリアでは教育に関する権限は州政府にあると憲法に規定されてきたため、これまでは各州において独自のカリキュラムが開発、施行されてきた。しかしながら、2008年から同国初のナショナル・カリキュラム（小学校準備段階〈Foundation〉から Year 10 まで）の開発が始まり、新設された連邦政府機関である ACARA がその役割を担うようになった。この背景には、2008年に出された新たな国家教育指針「メルボルン宣言（Melbourne Declaration on Educational Goals for Young Australians）」の影響がある。ここには、オーストラリアの学校教育は公平性と卓越性を促進すること、オーストラリアのすべての若者は成功した学習者、自信に満ちた創造的な個人、かつ活動的で教養のある市民となることが明確に掲げられている。そして、これを達成するために従来の教育の改革、特にナショナル・カリキュラムの開発が必要であると考えられたのである。

ナショナル・カリキュラムの開発は段階的に進められた。第一段階（2008-2010年）として「英語」、「算数・数学」、「科学」、「歴史」の四領域、第二段階（2010-2012年）として「地理」、「英語以外の言語」、「芸術」の三領域、第三段階（2011-2013年）として「保健体育」、「技術」、「デザインと技術」、「経済・ビジネス」、「公民科とシティズンシップ」のナショナル・カリキュラムが開発された。

連邦政府はすでにナショナル・カリキュラムの導入を推進してはいるが、前述のように同国では各州が強い権限をもっているため、その導入については各州内で慎重に協議しながら時期や方法などを決定することになっている[3]。

同国のナショナル・カリキュラムの構造としては、①英語や算数・数学、科学などの学習領域（教科）（Discipline-based Learning Areas）、②21世紀を生き抜く上で必要なスキルとしての汎用的能力（General Capabilities）、③学習領域横断的

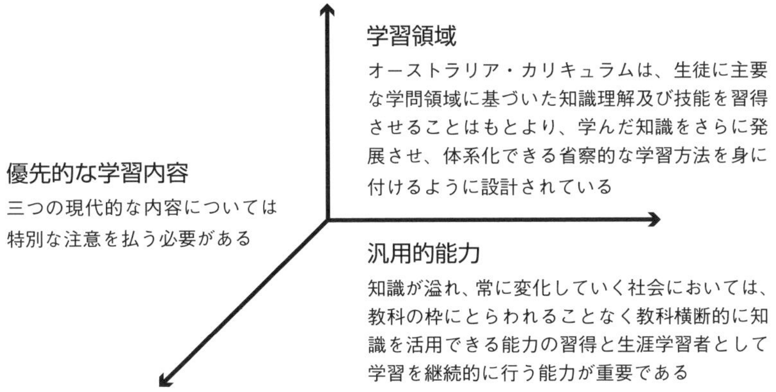

学習領域

オーストラリア・カリキュラムは、生徒に主要な学問領域に基づいた知識理解及び技能を習得させることはもとより、学んだ知識をさらに発展させ、体系化できる省察的な学習方法を身に付けるように設計されている

優先的な学習内容

三つの現代的な内容については特別な注意を払う必要がある

汎用的能力

知識が溢れ、常に変化していく社会においては、教科の枠にとらわれることなく教科横断的に知識を活用できる能力の習得と生涯学習者として学習を継続的に行う能力が重要である

出典：ACARA 訪問時（2012 年 3 月）の入手資料
図4-2　オーストラリアのナショナル・カリキュラムの三次元構造

な優先的な学習内容（Cross-Curriculum Priorities）の三要素から構成され、それらが上図のように三次元で示されている。

学習領域（Discipline-based Learning Areas）

学習領域には、①英語（English）、②算数・数学（Mathematics）、③科学（Science）、④人文・社会科学（Humanities and Social Science）、⑤芸術（The Arts）、⑥技術（Technologies）、⑦保健体育（Health and Physical Education）、⑧言語（Language）、⑨ワークスタディ（Work Studies）、が含まれる。

また、人文・社会科学には、歴史（History）、地理（Geography）、経済・ビジネス（Economics and Business）、公民科とシティズンシップ（Civics and Citizenship）、芸術には、舞踊（Dance）、演劇（Drama）、メディア芸術（Media Arts）、音楽（Music）、ビジュアルアート（Visual Arts）、技術には、デジタル技術（Digital Technologies）、デザインと技術（Design and Technologies）、言語には、中国語、仏語、インドネシア語、イタリア語が含まれる。

汎用的能力（General Capabilities）

汎用的能力は後に詳述するが、①リテラシー、②ニュメラシー、③ICT技能、④批判的・創造的思考力、⑤倫理的理解、⑥異文化間理解、⑦個人及び社会的能力、の七つの能力が含まれる。

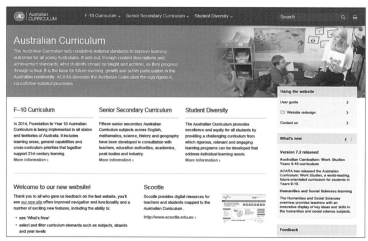

出典:Australian Curriculum ウェブサイト(www.australiancurriculum.edu.au/)
三次元構造のナショナル・カリキュラム

学習領域横断的な優先的な学習内容(Cross-curriculum priorities)

学習領域横断的な優先的学習内容には、①アボリジニ及びトレス海峡諸島の歴史と文化(Aboriginal and Torres Strait Islander histories and cultures)、②アジアとオーストラリアの結びつき(Asia and Australia's engagement with Asia)、③持続発展性(Sustainability)、の三つが含まれる。

この三次元構造は、同国ナショナル・カリキュラムが紙媒体ではなく、ウェブサイトで提供されていることによって、複雑な情報を非常に分かりやすく提供することに成功している。例えば、学習領域の「科学」をクリックすれば、科学の学年別カリキュラムの詳細はもちろん、学年別及びシラバス別にどのような汎用的能力の養成がなされるべきであるか、優先的な学習内容の中のどの内容がどのような形で扱われるべきであるかといったクロスチェックが一目で可能となるのである。

3. 汎用的能力(General Capabilities)

同国のナショナル・カリキュラムでは、21世紀の新しい時代に求められる能力を「汎用的能力(General Capabilities)」と名付けており、先に見たような「キー・

表4-1 ナショナル・カリキュラムで設定された教科目

	初等[*1]	前期中等[*1]	後期中等
年齢	5-11	12-15	16-17
学年	F-6	7-10	11-12
英語（English）	✔	✔	
必須英語（Essential English）			✔
外国語及び方言としての英語 （English as an Additional Language or Dialect）			✔
英文学（Literature）			✔
算数・数学（Mathematics）	✔	✔	
必須数学（Essential Mathematics）			✔
一般数学（General Mathematics）			✔
数学的思考（Mathematical Methods）			✔
特別数学（Specialist Mathematics）			✔
科学（Science）	✔	✔	
生物（Biology）			✔
化学（Chemistry）			✔
地球と環境科学（Earth and Environmental Science）			✔
物理（Physics）			✔
歴史（History）	✔	✔	
古代史（Ancient History）			✔
現代史（Modern History）			✔
地理（Geography）	✔	✔	✔
経済・ビジネス（Economics and Business）	✔[*2]	✔	
公民科とシティズンシップ（Civics and Citizenship）	✔[*3]	✔	
舞踊（Dance）			
演劇（Drama）			
メディア芸術（Media Arts）	✔	✔	
音楽（Music）			
ビジュアルアート（Visual Arts）			
デジタル技術（Digital Technologies）	✔	✔	
デザインと技術（Design and Technologies）	✔	✔	
保健体育（Health and Physical Education）	✔	✔	
中国語（Chinese）[*4]			
フランス語（French）[*4]			
インドネシア語（Indonesian）[*4]			
イタリア語（Italy）[*4]			
ワークスタディ（Work Studies）		✔[*5]	

注：表中の「✔」はナショナル・カリキュラムで設定された教科目であることを示す
＊1：教育段階の区分は州によって多少異なる
＊2：Year 5 より開始される
＊3：Year 3 より開始される
＊4：ナショナル・カリキュラムでは特に履修学年は定められていない
＊5：Year 9 及び Year 10 において設定されている
出典：Australian Curriculum ウェブサイト（www.australiancurriculum.edu.au/）を参考に筆者作成

コンピテンシー」や「21世紀型スキル」のように新しい能力というニュアンスにはやや乏しい。この点についてACARA関係者は「一般にリテラシーやニュメラシー、批判的・創造的思考力、ならびに個人及び社会的能力と呼ばれるスキルは、21世紀になる前から重要だったことが明白だからである。もちろん、21世紀というテクノロジーの豊かな環境では、それらの状態は違ったものかもしれないが…」と説明している[4]。「汎用的能力」は以下の七つから構成されている[5]。

①リテラシー（Literacy）
　言葉を理解するために必要な知識やスキルを習得し、そうした知識やスキルを、個人の学習においてはもちろん、学校内外でのコミュニケーションや効果的な社会参加のために積極的に使っていくことで児童生徒はリテラシーを身に付けていく。リテラシーには、聞くこと、読むこと、鑑賞すること、話すこと、書くこと、さらに、音声教材や映像教材、印刷物を作成すること、多様な文脈において異なった目的で言葉を使ったり、修正したりすることなどが含まれる。

②ニュメラシー（Numeracy）
　学校や日常生活の中で積極的に数学を使えるように、そのために必要な知識やスキルを習得していくことを通じて児童生徒はニュメラシーを身に付けていく。ニュメラシーには、社会において数学が果たす役割の認識と理解、目的をもって数学的知識やスキルを活用できる能力などが含まれる。

③ICT技能（ICT Capability）
　情報や知識を収集したり、創造したり、あるいは伝達したり、また学校での教科学習や日常生活の中で直面する問題や課題を解決するために、ICTの効果的で適切な活用の仕方を学ぶことを通して、児童生徒はICT技能を身に付けていく。ICT技能には、多様なデジタル技術の活用方法についての理解、新しい技術が開発された時にその技術に自分自身を適応させていく能力、デジタル環境において予想されるリスクを最小限に抑える能力などが含まれる。

④批判的・創造的思考力（Critical and Creative Thinking）
　知識を生み出し、その生み出した知識を評価したり、ある種の概念や観念の

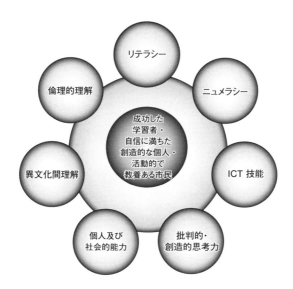

出典：Australian Curriculum のウェブサイトより引用（www.australiancurriculum.edu.au/generalcapabilities/overview/general-capabilities-in-the-australian-curriculum）
図4-3　汎用的能力の概念図

もつ意味を明らかにしたり、ある事象の可能性を推し量ったり、代替案を考えたり、問題を解決することなどを通して、児童生徒は批判的・創造的思考力を身に付けていく。批判的・創造的思考力は、学校での各教科学習や日常生活の中において、ある物事に対して理由付けをしたり、正しい論理を構成したり、様々な工夫をしたり、新しい構想を練ったり、何かを刷新するなど、広い視野をもってかつ深い思考が要求される活動にとって不可欠な能力である。

⑤倫理的理解（Ethical Understanding）
　倫理的な概念や価値観、あるいはあるものの特性について探究や鑑定を行ったり、推理力が如何に倫理的判断を行う際に役立つかということについての理解を通して、児童生徒は倫理的理解の能力を身に付けていく。倫理的理解の能力とは、個人が確固とした見解をもったり、倫理的な見通しを構築できることであり、こうなることで対立や不確実なことに対してうまく対処できるようになるばかりか、個人の価値観や行動が他者に及ぼす影響についても認識できるようになる。

⑥異文化間理解 (Intercultural Understanding)

　自分自身が属する文化や言語及び信条はもちろん、他者のそれらについても尊敬し享受することを学ぶ中で、児童生徒は異文化間理解の能力を身に付けていく。また児童生徒は、個人や集団のアイデンティティ、さらには自国への帰属意識が如何にして形成されたのか、そして変わりゆく文化の本質についても理解できるようになる。異文化間理解は、多様な文化間における類似点及び相違点についての理解を通して、他者との関係を構築し、お互いを尊重する気持ちを育てることに大いに役立つ。それ故、異文化間理解は21世紀の多様で複雑化する世界の中で他者と共存していくための本質的な能力であると考えられ、この能力を習得することで、地域に根ざしながらも地球的な視野を備えた責任ある地球市民になることが可能となる。

⑦個人及び社会的能力 (Personal and Social Capability)

　自分自身及び他者についてよりよく理解したり、人間関係をうまく築いたり、人生を楽しく過ごしたり、仕事や勉強をより効果的に行えるように努力する中で、児童生徒は個人及び社会的能力を身に付けていく。個人及び社会的能力には、自分の感情についての理解とコントロール、他人に対する共感の気持ち、人間関係についての理解とよりよい関係の構築、責任ある決定、チームでの協働、困難な局面に対する適切で前向きな対処、リーダーシップ能力などが含まれる。

4. 教育実践例：ライド小学校 (Ryde Public School) の「総合学習」

■学校概要

　ライド小学校は、シドニー北部の住宅街ライド地区に立地する小規模な小学校である。同校は140年の歴史をもっており、正門を入ってすぐの校舎（次頁写真）は歴史的建造物として認定されている。同校はF〜Year 6までの教育を担っている公立の小学校である。生徒数は400名弱、教職員数は27名である[6]。シドニー市内の他の学校と同様、在籍する生徒の民族性は多様であり、中国系、東南アジア系、インド系の生徒がかなり多く、英語を母国語としない生徒もおり、英語特訓 (English as a Second Language: ESL) クラスなども開設している。

■学校カリキュラム

ライド小学校では、英語、算数、理科、芸術、音楽、演劇、体育などのほか、中国語、図書館学習、コンピュータなどの特色ある学習時間が設定されている。また同校には、優秀な児童を対象としたクラスがあり、Opportunity Class（OC）と呼ばれている。このクラスには「総合学習（Connected Outcomes Groups: COGS）」と呼ばれる授業が週二回設定されている。ニューサウスウェールズ州教育省によれば、これは「社会と環境（Human Society and Its Environment: HSIE）」、「理科と技術（Science and Technology）」、「芸術（Creative Arts）」、「保健体育（Personal Development, Health and Physical Education: PDHPE）」の四教科を統合したものであり、教科の枠組みを超えた総合的・包括的な視野からそこで求められている児童生徒の能力やスキルを発展させていこうというものである[7]。以下では、同校の Year 5 及び Year 6 の OC の週時間割を示すとともに、同クラスで実施されている「総合学習」の授業実践を見ていこう。

ライド小学校

同校の5、6年生において教科として設定されているのは、英語、算数、理科、芸術、体育、言語（中国語）の六つで、これらの一コマは60分である。加えて、総合学習が週二回あり、一回は85分、もう一回は45分で設定されている。教科以外としては、読書や図書館学習といった、いわゆるリテラシーに関する学習活動がほぼ毎日行われている。

■「総合学習」の授業実践

```
学年：　　Years 5~6 の合同 OC クラス
生徒数：　50 名
教師：　　2 名（Year 5 及び Year 6 の担当教師）
教科：　　総合学習（COGS）
単元：　　世界各国の様々な政府
```

表4-2 Year 5及び Year 6の OC クラスの週時間割

	月曜日		火曜日		水曜日		木曜日		金曜日	
	Year5	Year6	Year5	Year6	Year5	Year6	Year5	Year6	Year5	Year6
8:55	英語	算数	輪読		コンピュータ	算数	清掃・読書		聖書	
9:35							作文	算数	読書	
10:00	算数	英語	算数		算数	コンピュータ	算数	作文	生徒集会（偶数週）音楽（奇数週）	
									演劇	算数
11:00	休み時間									
11:30	清掃・読書		清掃・読書		クイズ		図書館学習	PD/H	算数	演劇
11:45	Web & Blog チェック									
12:10	中国語	芸術	総合学習		図書館学習（偶数週）読書（奇数週）	図書館学習（奇数週）読書（偶数週）	中国語（奇数週）音楽（偶数週）	中国語（偶数週）音楽（奇数週）		
12:30									学校対抗体育	
13:10	クラスでの食事									
13:20	昼食									
14:00	芸術	中国語	体育	体育	読書		中国語（偶数週）理科（奇数週）	中国語（奇数週）理科（偶数週）	体育	
14:15										
14:30					総合学習					

出典：ライド小学校訪問の際に入手（2012年3月）

　教師は、児童を5～6名からなるグループに分け、それぞれのグループに課題、参考資料を含むファイルを配布し、各グループがその資料を参照しながら、教室内にあるパソコンや資料集を用いて、世界各国の政府について調べていくというプロジェクト学習を実践していた。

　課題は、オーストラリア、日本、カナダ、アメリカ、イギリス、ニュージーランドの6カ国について、それぞれ①政府形態（立憲君主制、連邦制など）、②政府の構造（二院制、一院制など）、③議会の首長選出方法、④選挙権が与えられる年齢、⑤法律の作られ方、などについて各グループで調べるというものである。調べた後、事前に配布された白地図にそれぞれの国を色で示し、調べた内容を順番にノートに書くという指示が与えられている。

　85分間の授業中、児童は各々の仕方で学習に取り組んでいた。教室に配置されたパソコンに向かって情報収集をしている児童、グループで床に座り込んで話し合っている児童、スマートボードを操作して調べものをしている児童、教室の四方の壁に張られているポスターを見ながら課題の解答を見つけ出そう

世界各国の様々な政府

あなたはグループでオーストラリア政府と下に指示した国々の政府の違いについて調べなさい。このプリントには、各種ホームページの情報が書かれているので、調べる際に役立てなさい。調べ終わったら、ノートに答えを書き、表題をつけなさい。その後、他のグループと次の事項についてお互いに情報交換しなさい。

あなたが調べなければならないのは、

a）どのような形態の政府を組織していますか？　民主制、君主制、連邦制など
b）政府はどのように組織されていますか？　我が国は上院と下院から構成されていますが…
c）議会の委員長はどのように選ばれますか？
d）市民は何歳から選挙権がありますか？
e）どのように法律はつくられますか？
f）議会はどのように招集されますか？　それは毎日開催されますか？
g）議会のシンボルや特別な儀式はありますか？　それは何ですか？
h）これらの国の大使館はキャンベラのどこにありますか？　これらの国に我が国の大使館はありますか？
i）我が国とあなたが調べた国はどのような関係がありますか？　具体的には、輸入品、輸出品旅行、貿易など

世界地図の中に下のすべての国を分かりやすく示し、ノートに貼りなさい。

日本
http://web-japan.org/kidsweb/explore/govermenrt/
http://www.japan-guide.com/e/e2136.html

カナダ
http://www.japan-guide.com/e/e2136.html
http://www.canada.gc.ca/home.ttml

アメリカ合衆国
http://usa.usembassy.de/government.htm
http://kids.goiv/

イギリス
http://www.visitbritain.com/en/About-Britain/Government
http://www.woodlands-junior.kent.sch.uk/customs/questions/government.html

ニュージーランド
http://www.move2nz.com/nz-government.aspx

配布プリント

している児童などが教室のあちこちに見られる。

　ここで少し教室環境について触れておこう。本授業実践が行われている空間には50名もの児童がいる。しかし、教室の中は非常にゆったりとしている。これは教室がかなり大きく造られているということである。また、教室の中に

は様々な資料や書籍、ポスター、雑誌、パソコン、プリンターなどが配置されており、児童は自由にそれらを使うことが許されている。こうした教室環境によって、児童の主体的な学習が支えられていると言えよう。

さて、本授業に話を戻そう。パソコンを使って熱心に情報収集していた児童は見つけ出した事項を次々にメモしていた。その後再度グループで集まり、メモした事項をそれぞれが発表し、その他の児童は発表に熱心に耳を傾けていた。

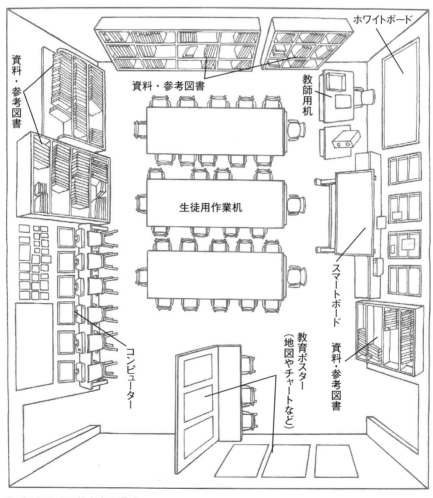

学びを促進する教室内の環境

なかには発表された事項について、もう少し詳細に教えてほしいと要求を出す児童もいて、グループの中でかなり集中した話し合いが繰り広げられていた。

教師は最初に指示を出した後は、各児童の自主的な学習に任せており、児童に「教える」といった態度は全く見られない。時折、児童が教師のところに質問に来るが、その時には丁寧に児童の質問に耳を傾け、解決策についてヒントを与えるにとどめている。

ほとんどの児童は各自で積極的に学習活動を遂行しているが、なかには、友達と雑談をしたりして、それほど積極的に学びに取り組んでいない児童も少数ながら見られた。それでも教師がそれらの児童に対して注意することはほとんどない。学びの過程については、あくまでも児童自身の意思を尊重するという姿勢であろうか。各自の学びの責任はその児童自身にあるということを自覚させるためなのかもしれない。

■ナショナル・カリキュラムとの関係

同校OCクラスのこの授業実践は85分と比較的長い時間の中で行われる、いわゆる我が国で言うところの「調べ学習」に相当するものと考えられる。ただし、注目すべき点は、各児童が明確な目的意識をもって積極的に探究的な学習活動を行っていること、その学習活動を支えるための道具として各種図書や資料、コンピュータ、スマートボードなどがすぐ間近にあり、各児童がそれらを躊躇なく使いこなしていることなどにある。このことは、日頃からの学習するための訓練の賜物であると思われる。週時間割に組み込まれている「図書館学習」や「コンピュータ」などの学習はこうした訓練の一部として効果を上げているのであろう。

さて、同校の「世界各国の様々な政府」をテーマとした授業実践は「総合学習」という合科教育の中で実施されているが、内容的にはナショナル・カリキュラムの中で3年生(Year 3)から10年生(Year 10)を対象に履修が定められている教科「公民科とシティズンシップ」、特に「政府と民主主義(Government and Democracy)」に相当するものと考えられる。ナショナル・カリキュラムでは、当該テーマの学習において、リテラシー、批判的・創造的思考力、個人及び社会的能力、倫理的理解という四つの汎用的能力の育成が目指されている。

そこで、授業実践を振り返ってみると、世界各国の政府についての情報収集

ライド小学校 OC クラスでの「世界各国の様々な政府」をテーマとした総合学習の授業実践の様子

と情報整理という点に関してリテラシー及び批判的・創造的思考力が必要とされ、グループで効果的に学習を進め、課題に対して適切な解答を導き出していくという点で個人及び社会的能力が問われ、また他人の意見や主張を尊重し耳を傾けると同時に、その中で疑問に感じた点は明確に表明していくという点で倫理的理解力及び批判的思考力の育成が目指されていると言える。さらに、教師が課題を与えた後には児童が質問でもしてこない限りは、児童の自主的な学習に任せているという点も個人及び社会的能力の向上を考えてのことであろう。加えて四つの汎用的能力以外に、本時の学習課題には自国の政府だけでなく、日本、カナダ、アメリカ、イギリス、ニュージーランドといった国々も含まれていることから異文化間理解を促すことも考慮されていると考えられる。また、コンピュータやスマートボードなどを学習ツールとして積極的に児童に活用させることで ICT 技能の向上も意図しているとも言える。すなわち、この授業実践は、ナショナル・カリキュラムに明記された習得が求められる汎用的能力のほとんどを網羅できるように計画されていると言えるのではないだろうか。

5. 学びを支える環境

　同国においては、グローバル社会でよりよく生きてゆく市民を育成するために様々な支援が行われている。ここでは、特に連邦政府が積極的に推進してきた「デモクラシー発見プロジェクト（Discovering Democracy Project: DDP）」と「グローバル教育プロジェクト（Global Education Project: GEP）」という二つの国家的教育プロジェクトについて見ていこう[8]。

■デモクラシー発見プロジェクト（DDP）

　同プロジェクトはナショナル・カリキュラムで新設された「公民科とシティズンシップ」の円滑な導入と実施を目的に、その導入に先立って1998年より開始された教育プロジェクトである。「公民科とシティズンシップ」は、オーストラリアの民主主義や公正な社会、持続可能な未来を築くために教養と責任感のある市民を育成することなどを目的として設置された教科で、ローカルからグローバルまでの幅広い視点から思考し行動できる能力の習得をはじめ、オーストラリアがもつ多文化性及び周辺地域を含む異文化について理解することをその主な内容としている[9]。

　同プロジェクトでは、学校現場の授業実践ですぐに活用できる非常に有用な数多くの教材開発が行われた。一例をあげると、『民主主義の発見キット（Discovering Democracy Kits）』（1998年）、『民主主義の発見：オーストラリアの政府と法律についての手引書（Discovering Democracy: A Guide to Government and Law in Australia）』（1998年）、『一つの運命：連邦の話（One Destiny! The Federation Story）』（2001年）、『調査を通じた民主主義の発見（Discovering Democracy through Research）』（2000年）、『オーストラリアの民主主義：歴史短編（Australia's Democracy: A Short History）』（2002年）といったテキスト教材をはじめ、CD-ROM教材「民主主義の話（Stories of Democracy）」（1998年）や「国会での仕事（Parliament@Work）」

「民主主義の発見キット」

(1998年)などがある。なかでも、小学校中学年から中学校中学年までを対象とした『オーストラリアの読者：民主主義の発見（Australians Readers: Discovering Democracy Middle Primary, Upper Primary, Lower Secondary and Middle Secondary）』（1999年）や小学校低学年を対象とした『オーストラリアのすべての人々：民主主義の発見（Australians All! Discovering Democracy Australian Readers Lower Primary）』（2001年）は全国の多くの学校で活用されている。

上記教材のほかに、連邦政府はシティズンシップ教育ウェブサイトの開設も行った。これは、カリキュラム・コーポレーション（現エデュケーション・サービス・オーストラリア〈Education Service Australia: ESA〉）と呼ばれる政府系企業によって制作され、運営されている。このウェブサイトには、「シティズンシップの教育とは何か？」といった基本的な内容から、シティズンシップ教育で取り扱う内容、それに関する詳細な情報はもちろんのこと、具体的な授業実践で活用できる資料や教材プリントまで提供されている。

出典：www.civicsandcitizenship.edu.au/cce/cce_home,9068.html
シティズンシップ教育ウェブサイト

■グローバル教育プロジェクト（GEP）

同プロジェクトはグローバル教育（Global Education）の推進を目的にオーストラリア国際開発庁（AusAID）の主導によって1994年に開始された。同プロジェ

クトによれば、グローバル教育とは、時間と場所を問わず持続可能な未来に向けて統合された人間社会（つまりグローバル社会）という視点とお互いに連携し合っている社会という二つの視点、自己アイデンティティの確立、文化的多様性の受容、社会的公正と人権、平和構築とそのために必要な行動、ということを中心的な学習内容としており、これによって自己達成感、地域における連帯感、他人を思いやる気持ちといった価値観や態度を育成することを目的とした教育である、と定義されている[10]。

グローバル教育を全国の学校現場において導入・普及していくために、連邦政府は各州（あるいは直轄区）にGEP担当機関を設置し、その機関が中心となって、各州の学校現場に適した教材や資料の開発、現職教員を対象にしたワークショップやセミナーを開催している。GEP担当機関は、主に各州にある開発教育推進センター[11]や大学、各種教育関係組織などの中から選定されている。

また、GEPではグローバル教育に関連した各種教材の開発も積極的に行っている。上述のように、教材開発は各州担当機関でも行われているが、連邦政府としてもグローバル教育のガイドラインをはじめ、全国の学校現場で活用できる教材・資料の開発を積極的に行っている。特に、グローバル教育の基本的な枠組みを示したガイドライン『グローバル・パースペクティブ：オーストラリアの学校のためのグローバル教育に関する声明(Global Perspectives: A Statement on Global Education for Australian Schools)』(2002年)やその改訂版である『グローバル・パースペクティブ：オーストラリアの学校におけるグローバル教育の枠組み(Global Perspectives: A Framework for Global Education in Australian Schools)』(2008年)、単元事例集『グローバル・パースペクティブ・シリーズ』などは代表的な教材である。

このほか、GEPでは「グローバル教育ウェブサイト(Global Education Website)」と呼ばれる情報サイトも開設している。この情報サイトは初等及び中等学校を対象としたもので、グローバル教育を学校現場で実践する際に参考となる様々な情報や資料が満載されている。これは1997年に開設、その後2012年2月にデザイン

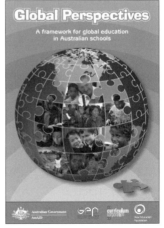

『グローバル・パースペクティブ』

が一新された。こちらの制作及び運営もESAによって行われている。

以上、オーストラリアの教育制度、ナショナル・カリキュラムとそこで重視されている汎用的能力、ライド小学校での「総合学習」における新しい学びの実践とこうした学びを支える教育環境について概観してきた。

オーストラリアもイギリスやドイツと同様に、教育の権限は各州に移譲されており連邦政府はこれまではとんど関わってこなかっ

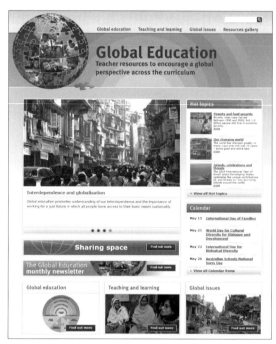

出典：www.globaleducation.edu.au/
グローバル教育ウェブサイト

た。しかしながら、1989年のホバート宣言以降、徐々にではあるが教育の全国共通化が強化されつつあり、2008年のメルボルン宣言の後、同国初のナショナル・カリキュラムの開発が始まった。2015年現在、同カリキュラムは完成しており、順次、現行の州カリキュラムに代えて全国での施行を目指している。

この新しいカリキュラムの大きな特徴は、一つに21世紀の社会に求められる資質・能力として汎用的能力が定義されたこと、二つ目にこの汎用的能力に加えて、学習領域と学習領域横断的な優先的な学習内容の三つの要素を三次元で構成し、その関係性をウェブサイト上でのカリキュラム提供という形態により分かりやすく提示したことがあげられる。前者の汎用的能力には、批判的・創造的思考力、異文化間理解、ICT技能など七つの代表的な能力が含まれ、これらの能力はアメリカのP21が開発した「21世紀型スキル」に相通じるものがあると考えられる。

ライド小学校における「総合学習」の枠組みの中で行われた授業「世界各国

の様々な政府」は各児童がグループで調べ学習を行うというプロジェクト学習の形態をとり、ナショナル・カリキュラムで重視された汎用的能力の育成についてよく検討された授業実践でありかつ新しい学びの実践の典型的な例であると言える。こうした新しい学びは、決して多いとは言えないものの、様々な学校において実践されているということである。そして、このような教育実践を支えているのが、本章であげた DDP や GEP といった政府主導による教育プロジェクトである。前者は教育省、後者は元オーストラリア国際開発庁が中心となって実施された。いずれのプロジェクトにおいても、シティズンシップ教育やグローバル教育という新しい学習を普及させるために、多様な教材が開発され、授業に使える様々なアイデアや方法を専用ウェブサイトから自由にダウンロードすることを可能にするなど、学校現場の教員が少しでも新しい学びの実践に興味関心をもって、それを実行に移してくれるような工夫がなされた。また、大学や地方にある開発教育推進センターなどと有効に連携することで新しい学びの啓蒙や普及を効果的に行ってきた。

オーストラリア初のナショナル・カリキュラムは、まだ一部での施行にとどまっており、全国普及にはまだしばらく時間がかかると思われるが、今後、ナショナル・カリキュラム導入という初めての試みが同国内においてどのような影響を及ぼし、21世紀に必要とされる新しい学びの実践がどうなっていくのか、今後も引き続きフォローしていく必要があろう。

〈注〉

1) ホバート宣言は同国初の国家教育指針であり1989年に採択された。この中には、ナショナル・カリキュラムや入学年齢の統一の必要性といった内容が盛り込まれた。また、この宣言ではグローバルな視点からの教育の重要性が強調された。ホバート宣言の後、アデレード宣言 (The Adelaide Declaration on National Goals for Schooling in the Twenty-First Century, 1999) やメルボルン宣言 (Melbourne Declaration on Educational Goals for Young Australians, 2008) などが出されている。
2) 青木麻衣子「オーストラリアの教育課程」、『教育課程の編成に関する基礎的研究 報告書6 諸外国の教育課程の資質・能力－重視する資質・能力に焦点を当てて』、国立教育政策研究所、2013年、p.107を参照。
3) 各州当該機関ではナショナル・カリキュラムの「実施計画」が作成されている。この計画によれば、キャンベラ直轄区などは2017年までにナショナル・カリキュラムを完全実施する予定である。他方、ニューサウスウェールズ州やビクトリア州などでは州独自のカリキュラムの改定版 (ナショナル・カリキュラムの内容を考慮したもの) を使うなど、その導入に

おいては多様である。（www.acara.edu.au/verve/_resources/State_and_Territory_F-10_Australian_Curriculum_Implementation_Timelines_August_2014.pdf）
4) ACARA訪問時の関係者へのインタビューによる（2012年3月）。
5) 汎用的能力（general capabilities）の七つの能力についての詳細はACARAウェブサイトのAustralian Curriculumのgeneral capabilitiesを参考。（www.australiancurriculum.edu.au/generalcapabilities/overview/general-capabilities-in-the-australian-curriculum）
6) 同校訪問（2012年3月）時点の情報。
7) Connected Outcomes Groupsは、ニューサウスウェールズ州における独特の取り組みであり、州による具体的なカリキュラム及びシラバスが開発されている。他州においてもこれに類似した総合学習の実践が行われているということであるが、例えば、ビクトリア州では総合学習としての枠組みはあるが、具体的なカリキュラムやシラバスは開発されていないということであった。なお、この情報は同校訪問（2012年3月）時点のものである。
8) 前者は教育雇用職場関係省（Department of Education, Employment and Workplace Relation: DEEWR）、後者はオーストラリア国際開発庁（Australian Council for Overseas Aid: AusAID）の主導によって実施されたものである。なお現在では、DEEWRは再編され、教育訓練省（Department of Education and Training: DET）となった。また、AusAIDは外務貿易省（Department of Foreign Affairs and Trade: DFAT）の一下部組織となっている。
9) Australian Education Systems Officials Committee, "*Statement of Learning for Civics and Citizenship,*" Curriculum Corporation, 2006, p.2 を参照。
10) AusAID, *Global Perspectives: A Framework for global education in Australian schools*, Curriculum Corporation, 2008のp.2-7を参照。
11) 開発教育推進センターは、1972年発足のホイットラム（Edward Gough Whitlam）政権のもとで開発教育が積極的に推進されたことによって各州に設立されたものである。古い順に、Ideas Centre（ニューサウスウェールズ州、1973年、〈ただし、1994年資金難のため閉鎖〉）、One World Centre（西オーストラリア州、1985年）、Tasmanian Development Education Centre（タスマニア州、1985年、〈2003年にTasmanian Centre for Global Learningと改称〉）、Global Learning Centre（クイーンズランド州、1986年）、South Australian Development Education Centre（南オーストラリア州、1990年、〈1992年にGlobal Education Centreと改称〉）の五つのセンターがある。オーストラリア首都特別地域、ビクトリア州、北部準州にはない。

第5章

ニュージーランドの挑戦
―自信に満ちた生涯学習者へ―

　ニュージーランドは南西太平洋のポリネシアに位置する立憲君主制国家である。国土は、北島と南島の二つの主要な島と多くの小さな島々から構成されており、面積はおよそ27万km²である。北島には首都ウェリントン (Wellington) のほか、同国最大の都市であるオークランド (Auckland) があり、商業や経済の中心地となっている。

　歴史的には、1769年にイギリス人のジェームズ・クック (James Cook) が島全体及び周辺地域の調査を行って以来、イギリスをはじめとするヨーロッパ人の移住が始まった。1840年にはイギリス人と先住民族のマオリとの間にワイタンギ条約 (Treaty of Waitangi)[1] が結ばれ、イギリス直轄植民地となった。こうした歴史的な経緯もあって、同国の民族構成はヨーロッパ系の白人がおよそ70％を占めるものの、次いでマオリが15％と多く、そのほかにはアジア系、太平洋諸島人が見られ、多民族国家となっている。なお、同国の公用語は、英語とマオリ語とされ、イギリス系白人とマオリの二大文化を核とした多文化性、多文化主義があらゆる面において浸透している。

1. ニュージーランドの教育制度

　ニュージーランドの教育制度は、基本的に幼児教育、初等教育、中等教育、高等教育の四つに分けられる。多文化社会である同国では、幼児教育は言語や文化の違いを学ぶ大切な場とされているため、幼稚園、保育園、プレイセンター、プレイグループなど多様な施設が存在する。

　初等教育はYear 1からYear 8の8年間であるが、地域によってはプライマリー・スクール (Primary School) が6年間という場合もある。その場合にはインターミディエイト・スクール (Intermediate School) というYear 7とYear 8だけの

学校で継続した教育を受けることになる。ニュージーランドのユニークな点は、6歳の誕生日から小学校に通うという点[2]であり、我が国のように小学校の入学時期が一律に定められていないことである。これは、幼少期においてはわず

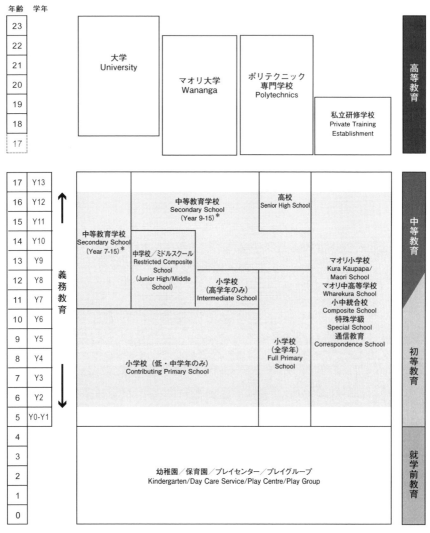

注＊：通常は Year 13 で修了するが、一部の生徒においては Year 15 まで学習を継続する場合がある
出典：ニュージーランド教育省（MOE）へのインタビューにより筆者作成
図5-1　ニュージーランドの学校系統図

か数カ月でも成長や発達という面において個人間に大きな差が見られるため、6歳の誕生日になった時点で初等教育を開始するというスタート地点での平等を重視しようという考え方に基づいている。

　初等教育を修了した児童は、引き続き中等教育であるセカンダリー・スクール（Secondary School）に進学する。セカンダリー・スクールはYear 9からYear 13までの5年間であるが、そのうちYear 12までが義務教育となっており、すべての子どもが享受する権利をもっている。ただし、進学先によっては、セカンダリー・スクールを早く卒業することも可能である。例えば、NCEA（National Certificate of Educational Achievement）[3]と呼ばれる学力判定試験のレベル1（Year 11修了レベル）、レベル2（Year 12修了レベル）を取得すれば、ポリテクニック専門学校へ進学できることから、Year 12でセカンダリー・スクールを終える生徒も少なくない。他方、大学への進学希望の場合にはYear 13で取得するNCEAレベル3が必要である。

　ニュージーランドには一般的に公立の学校が多く、初等教育及び中等教育、すなわちYear 1からYear 13までの13年間はニュージーランド国民や永住権保持者であればすべて無料で享受することができる。ただし、私立学校では授業料が徴収される。

　高等教育は、大学をはじめ、ポリテクニック専門学校、マオリ大学などの機関で行われている。現在、ニュージーランド国内には、総合大学8校、教育大学4校、ポリテクニック専門学校21校、マオリ大学3校がある[4]。八つの総合大学はすべて国立であり、それぞれが特化した専門分野をもっている。

2. ナショナル・カリキュラム

　ニュージーランドでは、教育省（Ministry of Education）によってナショナル・カリキュラムが策定されている。現行のナショナル・カリキュラムは1993年に策定された「ニュージーランド・カリキュラム・フレームワーク（The New Zealand Curriculum Framework）」が15年を経て改定され、2007年に「ニュージーランド・カリキュラム（The New Zealand Curriculum: NZC）」として完成したものである。このニュージーランド・カリキュラムは段階的に導入され、2011年には完全施行に至っている。また、このカリキュラムの大きな特徴として、英

語版だけではなく、マオリ語版「テ・マラウタンガ・オ・アオテアロア(Te Marautanga o Aotearoa)」(2011年)も策定されていることである[5]。

これは、同国が歴史的に国家建設の過程においてワイタンギ条約をはじめとして、先住民マオリの存在が重要な意味をもち、イギリス系白人(現

出典:教育省より入手(2011年3月)
NZC(左)とマオリ語版「Te Marautanga o Aotearoa」(右)

地では「パケハ〈Pakeha〉」と呼ばれている)とマオリの二大文化を核とした多文化性、多文化主義が同国のあらゆる面で浸透していることに関係している。

NZCは大きく、「ビジョン」、「原理」、「価値」、「キー・コンピテンシー」、「学習領域」の五つの要素から構成されている。以下、それぞれの項目における内容を見ていこう。

ビジョン(Vision)

ビジョンは、①自信(Confident)、②関係性(Connected)、③積極的な参加(Actively Involved)、④生涯を通じての学習者(Lifelong Learners)、の四つが述べられているが、一見して分かるように、かなり抽象的な表現にとどめられている。これは、各学校がNZCを解釈する際に、それぞれの学校の児童生徒やコミュニティ特有のニーズ、関心及び状況を踏まえて最も適した学校カリキュラムを再構成できるようにという配慮からである。

原理(Principles)

原理には、①高い期待(High Expectation)、②ワイタンギ条約(Treaty of Waitangi)、③文化的多様性(Cultural Diversity)、④インクルージョン(Inclusion)、⑤学ぶことの学習(Learning to Learn)、⑥コミュニティ参加(Community Engagement)、⑦一貫性(Coherence)、⑧未来志向(Future Focus)、の八つが述べられている。NZCをもとに

表5-1　ナショナル・カリキュラムに設定された教科目

		初等教育	中等教育	
年齢 学年		5-12 1-8	13-14 9-10	15-17 11-13
英語（English）		✔	✔	✔
言語の学習（Learning Languages）		✔	✔	✔
数学と統計（Mathematics and Statistics）		✔	✔	✔
科学（Science）				
	科学的思考（Nature of Science）	✔	✔	✔*1
	生物（Living World）			
	地球と宇宙（Planet Earth and Beyond）			
	物理（Physical World）			
	化学（Material World）			
社会科学（Social Sciences）				
	社会とコミュニティ（Identity, Culture and Organization）	✔	✔	✔
	地形と環境（Place and Environment）			
	歴史（Continuity and Change）			
	経済（Economic World）			
テクノロジー（Technology）		✔	✔	✔
芸術（The Arts）				
	舞踊（Dance）	✔	✔*2	✔*3
	演劇（Drama）			
	音楽（Music - Sound Arts）			
	ビジュアルアート（Visual Arts）			
保健体育（Health and Physical Education）				
	保健教育（Health Education）	✔	✔	✔
	体育（Physical Education）			
	家庭（Home Economics）			

注：表中の「✔」は必須教科目であることを示す
＊1：一科目以上を選択
＊2：二科目以上を選択
＊3：一科目以上を選択
出典：Ministry of Education, *The New Zealand Curriculum*, 2007, p.16-33 を参考に筆者作成

作成されたすべての学校カリキュラムは、これら八つの原理と整合性がなければならないとされ、実際の教育実践の際には様々な学習状況において観察可能でなければならないと考えられている。

価値（Values）

価値には、①卓越性（Excellence）、②革新・探究・好奇心（Innovation, Inquiry and Curiosity）、③多様性（Diversity）、④公正（Equity）、⑤コミュニティと参加

(Community and Participation)、⑥生態的持続可能性(Ecological Sustainability)、⑦誠実(Integrity)、⑧尊敬(Respect)、の八つが含まれる。

キー・コンピテンシー（Key Competencies）

キー・コンピテンシーについては後述するが、①思考力(Thinking)、②言語・シンボル・テキストの活用力(Using languages, symbols and texts)、③自己管理力(Managing self)、④他者との関係の構築力(Relating to others)、⑤参加・貢献(Participating and contributing)、の五つから構成されている。

学習領域（Learning areas）

学習領域は、①英語(English)、②芸術(The Arts)、③保健体育(Health and Physical Education)、④言語の学習(Learning Languages)、⑤数学と統計(Mathematics and Statistics)、⑥科学(Science)、⑦社会科学(Social Sciences)、⑧テクノロジー(Technology)、の八領域から構成されている。

3. キー・コンピテンシー（Key Competencies）

NZCにおいて、キー・コンピテンシーは「コンピテンシーの発達はそれ自体が目標であると同時に、他の目標を達成するための手段でもある。成功する学習者はコンピテンシーを利用できるその他あらゆるリソースを組み合わせて活用する。そうしたリソースには、個人の目標、他者、コミュニティの知識と価値、文化ツール（言語、記号及びテキスト）、ならびに様々な学習領域に見られる知識とスキルなどがある」と定義されている[6]。

先に触れたように、NZCで示されたキー・コンピテンシーは、①思考力、②言語・シンボル・テキストの活用力、③自己管理力、④他者との関係の構築力、⑤参加・貢献、の五つからなる。実は、同国初のナショナル・カリキュラム（1993年）では、「必須スキル(Essential Skills)」としてコミュニケーション(Communication)、ニュメラシー（Numeracy）、情報処理(Information)、問題解決(Problem-Solving)、自己管理と課題設定(Self-Management and Competitive)、社会性と協働(Social and Co-operative)、身体(Physical)、労働と学習(Work and Study)の八つが示されており、これが2007年の改定によって現行の五つのキー・コンピテンシーになったとい

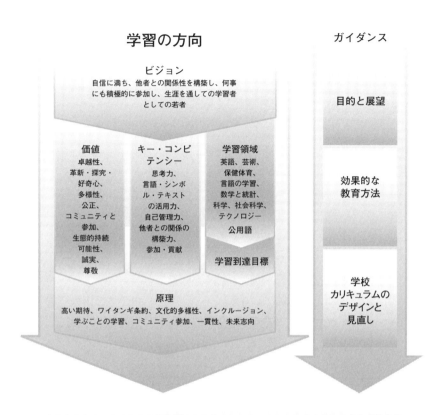

出典：Ministry of Education, *The New Zealand Curriculum*, 2007, p.7 をもとに作成
図5-2　NZCの構造の概念図

う経緯がある[7]。

　この変更にはOECDが開発したキー・コンピテンシーの影響が非常に大きい。OECDのものと多少用語が異なっているのは、より分かりやすくするために日常的に使われている言葉で言い換えられたためである[8]。NZCの五つのキー・コンピテンシーは以下のように説明されている[9]。

①**思考力**（Thinking）
　情報、経験、概念などを取捨選択し、意味付けるための創造的で批判的かつメタ認知的な能力であり、理解力の発達や意思決定、行動の選択、知識の形成

などの際に応用される能力である。特に、知的好奇心はこの能力の中心となる部分であると考えられている。思考力を獲得した児童生徒は、問題解決力を有し、自らの知識を求め、活用し、形成することができるからである。また、自らの学習を省察し、知識や洞察力を引き出し、問いを投げかけ、仮説や課題に取り組むことも可能となる。

②言語・シンボル・テキストの活用力（Using languages, symbols and texts）

言語・シンボル・テキストを用いて意味の形成を行い、知識をコード化することができる能力である。言語やシンボルは情報や経験、考えなどを表現、伝達したりするための重要なシステムである。人々は言語やシンボルを用いることによってあらゆる種類のテキストを作り出すことができる。この能力を獲得した児童生徒は、一連の文脈の中で単語、数字、イメージ、動き、メタファー、テクノロジーを適切に解釈、活用することが可能となり、言語・シンボル・テキストの選択がどのように私たちの理解や会話の際の相手の反応に影響されるかを認識できるようになる。そして、情報にアクセスし、他者とコミュニケーションをとるために自信をもってICTを活用することができるようになる。

③自己管理力（Managing self）

自己管理力は、自己動機付け、「自分にもできる」という気持ち、有能な学習者として自分自身を認識するなどといった内容と密接に関連しており、言い換えれば、内面的な自己評価力と考えられる。この能力を獲得した児童生徒は、自ら計画したり、様々なアイデアを創造できるだけでなく、責任感をもって困難に打ち勝つことができる。また、高い目標をもって、それを達成するために計画を立て、行動を起こし、その行動を自ら管理できるようになる。難しい課題に挑戦するための戦略を知っており、いつ他者を導き、いつ他者に従い、どのように個人として行動すればよいかをよく理解している。

④他者との関係の構築力（Relating to others）

多様な文脈の中で、様々な種類の人々と効果的に交流できる能力であり、他者の言うことに真摯に耳を傾ける能力、異なった視点を理解する能力、交渉力、考えを共有する能力などが含まれる。この能力を獲得した児童生徒は、新しい

学びを容易に受け入れ、今までとは異なった状況における新しい役割を比較的簡単に果たすことができる。自分から発した言葉や行動が他者にどのような影響を及ぼすか、どのような時に比較可能か、またどのような時に協働するのが適切かをよく理解しており、効果的な協働のために新しい方法や考え方を見つけることができる。

⑤参加・貢献 (Participating and contributing)

家族やマオリの拡大家族を意味するファウナ (Whānau)、学校、興味や価値観を共有する集団などをはじめとする各種コミュニティに積極的に関われる能力である。ここで言うコミュニティとはローカルなものから、国家的なもの、グローバルなものまでを指す。この能力には、集団の一員として自分の所属する集団に対して適切に貢献できる能力、他者と連携する能力、集団の中で他者のために機会を創造する能力などが含まれる。この能力を獲得した児童生徒は、強い集団への所属意識をもつと同時に、新しい集団に対しても自信をもって参加することができる。また、権利、役割、責任のバランスの重要性、社会的・文化的・物理的・経済的環境の質と持続可能性への貢献の重要性についても理解できる。

なお、OECDのDeSeCoプロジェクトとNZCにおけるキー・コンピテンシーを比較してみると次頁の表5-2に示したようになる。NZCではOECDの開発したキー・コンピテンシーの中から、特に同国の状況を考慮して重要であると考えられる五つに絞り込んだと考えられる。

4. 教育実践例：クィーン・マーガレット校 (Queen Margaret College Wellington) の「探究の時間」

■学校概要

クィーン・マーガレット校は、初等から中等まで一貫教育 (Years 1~13) を行う私立の女子校である。生徒数は600名強、教職員数は60名程度と規模は小さいが長い歴史をもつ伝統校である。ウェリントン市内の静観な地区に位置し、正門を入ってすぐのところに見える校舎は木造で、内部に入ると独特の木の温

表5-2　OECDとNZCにおけるキー・コンピテンシーの比較

OECDのキー・コンピテンシー	NZCのキー・コンピテンシー
相互作用的に道具を用いる力	
言語、シンボル、テキストを相互作用的に用いる能力	言語・シンボル・テキストの活用力
知識や情報を相互作用的に用いる能力	
技術を相互作用的に用いる能力	
異質な集団で交流する力	
他者とよい関係を作る能力	他者との関係の構築力
協力しチームで働く力	参加・貢献
争いを処理し解決する能力	
自律的に活動する力	
大きな展望の中で活動する能力	
人生計画や個人的プロジェクトを設計し実行する能力	自己管理力
自らの権利、利害、限界やニーズを表明する能力	
思慮深さ	思考力

出典：筆者作成

かみが感じられる。教室は細い通路や少し傾斜した廊下のところどころにあり、それぞれの教室の内装や設備は様々である。どの教室も一律同じ形、大きさである我が国の学校とは全く違う独特の雰囲気が感じられる。狭い廊下には、児童生徒の作品と思われる絵画や創作物が飾られているが、教室の中に入るとその数はさらに増し、壁や天井まで様々な児童生徒の創作物で満たされている。

私立学校であることから学費は高く、裕福な家庭の子どもが中心で、父兄の教育熱も概して高い。児童生徒の民族構成は、パケハ（ヨーロッパ系ニュージーランド人）が80％と圧倒的大多数を占めているが、そのほかマオリ（7%）、インド系（5%）、中国系（4%）もわずかながら見られる[10]。

クィーン・マーガレット校

■学校カリキュラム

　クィーン・マーガレット校は、国際バカロレア (International Baccalaureate: IB) の認定校として、スイスの財団法人である国際バカロレア機構 (Organisation du Baccalaureate International) の定めるカリキュラム及び同国のナショナル・カリキュラムで要求されている内容、特にキー・コンピテンシーを取り入れた学校カリキュラムを開発し、教育実践を行っている。また、国際バカロレア及び同国ナショナル・カリキュラムでは、グローバルな市民育成が重要な一つの柱になっていることから、同校の教員はそのことを十分に考慮しながら授業計画を立て、創造的な教育活動を行っている。同校の初等教育は、英語、算数、英語以外の言語、芸術、体育及びその他の活動などから構成されている。その他の活動には「探究の時間」や図書館学習などが含まれる。中等教育ではもう少し細かく各教科に分かれている。

　下に示したものは Year 4 及び Year 5 の週時間割である。多くの授業は一コマ 40 〜 50 分で設定されているが、月曜日と木曜日の算数の時間、同じく月曜日の「探究の時間」はそれぞれ 100 分、75 分と一コマにかなり長い時間が割かれている。特に「探究の時間」では、興味深い様々な学習プログラムが計画・実施されている。通常、一つの学習プログラムは 8 〜 10 週間程度継続される。

表5-3　Year 4・Year 5の週時間割

時間	月	火	水	木	金
08:30-08:40	体操	体操	体操	集会・体操	体操
08:40-09:20	英語	英語	英語		宿題提出 書取テスト
				英語	英語
09:20-10:10	読書(伝記)	読書(伝記)	読書(伝記)	読書(伝記)	読書
10:10-10:40	休み時間				
10:40-11:35	算数	算数	算数	算数	読書(伝記)
11:35-12:00		体育	フランス語		筆記
12:00-12:20			合唱		算数
12:20-13:45	昼食				
13:45-14:35	探究の時間	芸術	音楽 4/5年協同学習	体育	フランス語
14:35-15:00		競技会 プログラム	筆記	競技会 プログラム	図書館学習

出典：クィーン・マーガレット校訪問の際に入手（2012 年 3 月）

■「探究の時間」の授業実践

学年： Year 5
生徒数： 25名
教師： 担当教師
教科： 探究の時間
単元： 教育を受ける権利

ここで紹介する授業実践は全体で8週間かけて行う学習プログラムの一コマである。教師は、『Listen to the Wind』と題された絵本を読み聞かせる。この本は、ある一人の若者が村の人々と協力してパキスタンの僻地に学校を建てるという実話をもとにした物語である。教師はゆっくりと、しかし一語一語はっきりと正確に発音しながら、感情を込めて読み進める。児童は教師を取り囲むように床に座って、教師の朗読に熱心に耳を澄ませる。朗読の途中で、教師は「パキスタンってどこにあるの？」とか、「僻地ってどんなところ？」と児童の理解を確かめている。

ひと通り物語を読み終えたところで、教師は画用紙に書かれた二つの質問について、グループでブレーンストーミングをするように指示を出した。一つは「学校で学ぶためには何が大切か？」という問いであり、もう一つは「学校は何を提供しなければならないか？」というものである。グループに分かれた児童たちは教室の思い思いの場所を占領し、熱心に議論をしている。例えば、あるグループでは、前者の問いに対しては「先生」、「校舎」、「教室」といった物理的なものを中心にあげ、反対に、後者の問いに対しては、「自信」、「能力」、「技術」などの習得すべき能力と思われるものが多く出されていた。ある程度グループ内で意見が出揃ったところで、異なったグループ間で意見交換するようにとの指示が出された。

その後、教師は幾枚かの写真を配りながら、「では、教育にとって重要であると思うものから順にランクをつけなさい。またその理由も考えてください」と指示を与える。配布された写真は、「ペン」、「コンピュータ」、「両親」、「宗教」、「携帯電話」、「インターネット」、「玩具」、「食

絵本『Listen to the World』

べ物」、「水」、「薬」、「本」などをはじめとして、様々なものが含まれている。各々のグループでは、それぞれの考えに基づいてランク付けを行いながら、その理由についても考え、意見を出し合っている。すべてのグループがランク付けを終えた後、各グループからそれぞれのランク付けについて発表が行われた。

■ナショナル・カリキュラムとの関係
　「探究の時間」に行われた「教育を受ける権利」と題された授業実践は精巧に作られた学習プログラムであると考えられる。先に紹介した内容はほんの一コマではあるが、学習にとっていくつかの重要な点を提起してくれる。まず、授業中に出された三つの課題「学校で学ぶためには何が大切か？」、「学校は何を提供しなければならないか？」、「教育にとって重要であると思うもの…」は基本的に問うている内容は同じであるにも関わらず、考える視点を変えることで見事に異なった課題であるかのように提示されている。「学校で学ぶ…」では児童自身の視点から考えることを求めており、「学校は何を提供…」では親や大人たち、言い換えれば、第三者の視点から考えることを要求している。そして最後の「教育にとって…」では哲学的な視点から考えることを要求していると考えることができる。児童自身も含め、身近な人々の視点から教育を考えることから始まり、それを哲学的な視点にまでもっていこうというのである。まさに、児童に教育という活動について多様な視点から深く考えさせる学習プログラムと言えよう。
　次に、物語の読み聞かせという口頭での言語を媒介にして児童の学校や教育といったものに対するイメージを十分に膨らませてから、児童自身の言葉を用いてそのイメージを記述していくという学習活動が取り入れられている点を指摘することができる。これは、キー・コンピテンシーの「言語・シンボル・テキストの活用力」を養成する活動であると同時に、ある状況を意識し、それについて分析を加えていくというグローバル学習[11]が推し進めている学習活動とも合致するものであると言える。
　三つ目として、ほとんどの学習活動がグループで行われているが、一つのグループの児童数はわずか3〜4名であり、児童個々人の意見や考えがグループの意見として十分に反映されるように、逆に言えば、グループの意見の中に個々人の意見が埋没していかないように工夫されているという点も大きな特徴

クィーン・マーガレット校での「探究の時間」の授業実践の様子

である。キー・コンピテンシーの「他者との関係の構築力」はもちろん、「自分にもできる」といった気持ちをもたせることで積極的に学習活動に関わりながらアイデアを創造し、自分の考えやアイデアに対して責任をもつといった「自己管理力」の養成も考慮されていると言えよう。

　四つ目として、読み聞かせの教材がパキスタンの僻地を舞台にしており、ニュージーランドとは全く異なった文化や習慣をもった地域を題材としている。したがって、学習においては児童自身を取り巻く環境とは異なった状況をイメージすることが求められる。これは一つの異文化理解であり、その意味でも自分自身の文化的視点とは違う視点、言い換えれば、グローバルな視点に立ってものごとを考え、理解しようとする態度の育成も考慮されていると考えることができる。

　最後に、教室の環境をあげておかなければならない。これはナショナル・カリキュラムと直接的な関係はないものの、そこで求められている資質や能力を養成していく上では重要なものと考えられる。学校概要の項でも少し触れたように、同校の教室は一つひとつの造りが異なり、私たちがイメージする「学校」というより、むしろ大きな「家」という印象が強い。同授業実践が行われた「部屋」も流し台が設置されていたり、電子レンジが備えてあったりと、まるで大きな「居間」といった雰囲気を感じさせる。児童は自分たちの空間を自由に使っ

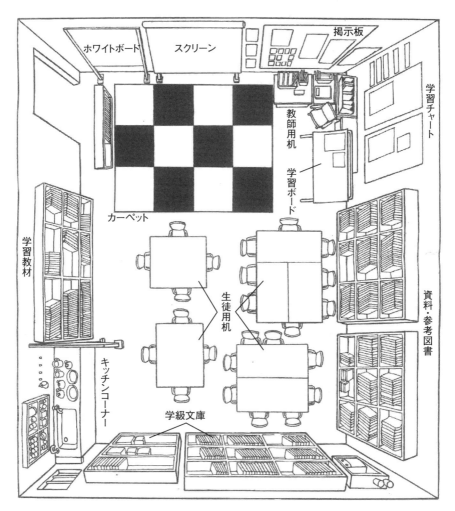

学びを促進する教室内の環境

て学習活動を行っているのである。学習に必要な教具や教材はすぐ手近にあって、自由に活用することが許されている。

5. 学びを支える環境

　先述のように、ニュージーランドはヨーロッパ系白人とマオリの二大文化を

核とした多民族国家である。そのため、同国政府は従来からこうした多文化という政治的、文化的な環境に適合した教育政策を進めてきた。また、近年のグローバル社会の浸透に対応するためにグローバル市民の育成を目指した教育政策も進められている。ここでは、政府による主要な教育政策とNGOによる独自の活動について見ていこう。

■多文化主義を基本とした教育政策

同国政府は多文化教育に力を入れている。歴史的に見て、パケハとマオリという二大文化を中心とした教育制度が整備されてきたことは同国の大きな特徴である。こうした二文化主義から多文化主義へと正式に移行したのは、1980年の「調和のとれた多文化主義的社会」の宣言以降であるが、テ・コハンガ・レオといったマオリ語に親しませることを目的とした幼児教室の設立（1982年）、クラ・カウパパ・マオリと呼ばれるマオリ学校の設立（1985年）などを契機に、マオリ文化へのアクセスが教育制度の中で実現されている。さらに、普通学校においてもマオリ語やマオリ芸術の時間が組み込まれており、如何に政府が教科目の学習を通じてマオリの伝統を次の世代の子どもたちに理解させ、引き継いでいくことに力を注いでいるかがうかがい知れる。そして、このことは異文化、多分化教育を促進していく上での大きな原動力となっている。

■グローバル市民の育成を目指した教育の推進

同国政府は、グローバル社会でよりよく生きていける次世代の若者の育成を目指しており、これはナショナル・カリキュラムにも十分に反映されている。この基本的な教育方針の線上に、学校現場におけるシティズンシップ教育の実践があり、教育省はこの種の教育活動を積極的に推進している。しかしながら、現行ナショナル・カリキュラムには「シティズンシップ教育」という学習領域はない。教育省によれば、シティズンシップ教育は教科「社会科学」を中心に教科横断的に実践されることとしている[12]。

教育省では、学校現場でのシティズンシップ教育の普及・推進のために様々な教員用教材を開発している。そ

『グローバル・コミュニティの一員』

の中でも、『社会科における概念理解の構築（Building Conceptual Understandings in the Social Sciences）』シリーズは、シティズンシップ教育の目的から始まり、具体的な実践例までも含む包括的な枠組みを提示してくれる教材として、学校現場の教員の羅針盤のような役割を果たしている。このシリーズには現在、『社会的探究へのアプローチ（Approaches to Social Inquiry）』、『社会への帰属と参加（Belonging and Participating in Society）』、『グローバル・コミュニティの一員（Being Part of Global Communities）』の三冊が出されており、各学校に無料配布されている[13]。

■グローバル教育の推進

　同国では1990年代から開発教育（Development Education）が政府によって積極的に支援されてきた。この契機となったのは1992年にOECDの開発援助委員会（Development Assistance Committee: DAC）が開発教育の重要性を謳ったことに遡る。当時、同国のNGOらがこれまで個別にもっていた資料室やそこに所蔵されていた図書などを集約して開発リソースセンター（Development Resource Centre: DRC）を設立したこともあり[14]、政府は同センターへの資金的支援を行った。その後、DRCは14年もの長きにわたり資金援助を受けることになり、これをもとに、学校教員や一般市民に対して様々な開発途上国についての資料提供や研修実施、さらには各種イベントの開催などを積極的に行うようになった。こうした資金援助は当初は外務貿易省（Ministry of Foreign Affairs and Trade: MFAT）、後にはニュージーランド国際開発機構（New Zealand International Aid and Development Agency: NZAID）を通じて行われた。さらに、政府は2005年に「グローバル教育基金（Global Education Fund: GEF）」を立ち上げ、開発教育の推進と普及にコミットするに至った。

　これまでに開発された学習教材は膨大な量にのぼり、これらはすべてウェブサイトでダウンロードできる仕組みになっている。テーマ別に見ると、「変わろう（Just Change）」、「小さな世界（Small World）」、「グローバル的課題（Global Issues）」、「グローバル的視点（Global Perspectives）」、「グローバル的な諸問題（Global Bits）」という五分野があり、それぞれにおいて、『先住民の権利（Indigenous Rights）』、『太平洋地域の人権（Human Rights in the Pacific）』（以上は「変わろう」）、『気候変動の中の生存者（Climate Survivor）』、『ごみ（Rubbish）』（以上は「小さな世界」）、『貧困（Poverty）』、『自然災害－何が地球に起こっているのか（Natural Disasters:

GFAが開発したグローバル教育の学習教材

What on earth is happening?)』(以上は「グローバル的課題」)、『災害への対応－なぜ我々は与えることを選ぶのか(Disaster Response: Just why do we choose to give?)』、『グローバル的な視点－グローバル教育(Global Perspectives: Global Education)』(以上は「グローバル的視点」)、『人身売買の罠(The Trafficking Trap)』、『女性への暴力(Violence Against Women)』(以上は「グローバル的な諸問題」)などの有用な教材が開発された。

しかしながら、2012年にこれまでの資金提供母体であったNZAIDが解体され、それによって資金援助が受けられなくなったグローバル教育関連組織は次々に規模縮小、あるいは閉鎖へと追い込まれている。なかでも1993年の設立以降、同国のグローバル教育の普及・推進に大きな役割を果たしてきたGFA(旧DRC)は、2012年初頭に解散に追い込まれた。

■国際NGOによる特色ある教育活動

政府とは別に国際NGOによる独自の教育活動も見過ごすことはできない。同国における代表的なNGOとしては、ワールド・ビジョン・ニュージーランド(World Vision New Zealand : WVNZ)、オックスファム・ニュージーランド(Oxfam New Zealand)などをあげることができる。以下ではワールド・ビジョン・ニュージーランドの活動を概観しよう。

ワールド・ビジョン・ニュージーランドはオークランド、ウェリントン、クライストチャーチにそれぞれ事務所を構え、総勢120名のスタッフを抱える大規模NGOである[15]。同組織では、グローバル教育を推進するために各種ポスターや教員用教材を開発してきた。ポスターはその時々の関心事をテーマに選び、

学校現場で使いやすいように解説をつけるとともに、写真なども数多く取り入れている。これまでに取り上げられたテーマとしては、「家族に食糧を（Feeding Our Family）」、「災害対策（Responding to Disasters）」、「私たちの家はストリート（The Streets are Our Home）」などがある。

　他方、教員用教材の開発には通常の教材とは一味違った工夫が凝らされている。ナショナル・カリキュラムが施行されて以来、リテラシーとニュメラシーが強調されるようになったことから、学校現場においてはより多くの授業を「英語」と「算数・数学」に割かなければならない事態となっている。したがって、各学校では限られた時間の中でそれ以外の教科目の時間をできるだけ確保するために、いくつかの教科目を統合した「総合的な学習」の時間を設定する学校が多くなってきている。そこで、ワールド・ビジョン・ニュージーランドではその「総合的な学習」の時間を有効活用してグローバル教育を展開していくことを推進しており、それに合った教材の開発を進めてきた。下に示したものは、「英語」、「保健」、「算数・数学」、「理科」、「社会」、「技術」、「芸術」の七教科において「水（Water）」について学習を進めていくための教員用教材である。一セメスターを構成する8～10週を一学習期間と設定して、その期間内に上記七教科それぞれで「水」という課題を扱っていく場合の方法が詳細に説明されており、加えて、児童生徒用のワークシート、教師用のプレゼンテーション資料なども収められている。

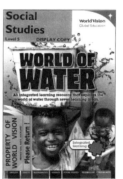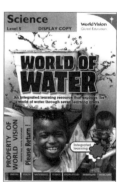

WVNZが開発した「総合学習」教材例：社会科と理科

　教材開発以外にも、ワークショップやセミナーを積極的に開催し、若者がグローバルな視点からものを考え活動していくための素地作りを支援している。一例として、「グローバル・リーダーシップ大会（Global Leadership Convention）」と呼ばれるワークショップがある。これは、毎年3月に開催される国際的なイベントであり、全国から選ばれた生徒が参加する大々的なものである。この大会は将来のニュージーランドを背負って立つリーダーの育成を目指しており、特に、自

分の意見を発表できる能力を養うとともに、開発教育についての一定の知識と知見の習得や「40時間飢餓プログラム（40 Hour Famine Program）」[16] についての理解を促し、各学校において同プログラムを実践できるようになることを目標にしている。さらに、ニュージーランドでは全国の学校の約60%がワールド・ビジョン・

グローバル・リーダーシップ大会でのワークショップに参加する若者たち

ニュージーランドと密接な関係を構築しており、毎年こうしたイベントに多くの学生を送り込んできている。

　以上、ニュージーランドの教育制度、ナショナル・カリキュラムとその内容、カリキュラムで重視されているキー・コンピテンシー、クィーン・マーガレット校の「探究の時間」を活用した授業実践、新しい学びを支える教育環境を概観してきた。

　ニュージーランドは、欧米諸国や隣国オーストラリアとは異なり、中央政府機関である教育省によって教育政策が一元的に管理されている。ただし、2007年のニュージーランド・カリキュラムを見ると、ビジョン、原理、価値など教育の基本的な枠組みが示されているのみで、内容的には非常にシンプルなものとなっていることが分かる。学習領域の記述についても八領域とそれを構成する分野が簡単に紹介されているに過ぎない。つまり、カリキュラムの大枠については政府が定めるものの、具体的なカリキュラムについては各学校が児童生徒のニーズや彼らを取り巻く学習環境を考慮して最適なものを開発していくことが前提となっているのである。

　現行ナショナル・カリキュラムで重視されている資質・能力はキー・コンピテンシーと呼ばれている。これはOECDのDeSeCoプロジェクトで開発された能力群と呼称もさることながら、中身もほぼ同様であるということも分かった。

　本章では、クィーン・マーガレット校の「探究の時間」に行われた「教育を

受ける権利」をテーマとした授業実践を見てきた。同授業は、一見すると、本の読み聞かせとそれについての話し合いというシンプルな学習活動から成り立っているようであるが、実は、児童の高度な思考力の養成と他者と協働する能力、異文化を理解する力など様々な能力を育成できるように入念に練られていることが分かった。こうした新しい学びの実践は、多くの学校で実践されているとは言えないものの、決して少なくはない学校において実践されているということである。

　新しい学びの実践を支えているのは、同国が維持してきた多文化主義の考え方をはじめ、近年のグローバル社会の中で生きていける市民の育成を目的としたグローバル・シティズンシップ教育、さらには開発途上国からの視点を重視するグローバル教育の推進といった同国政府の多様な教育を支援していく教育政策が下敷きになっていると考えられる。

　なお、最近、同国の政策転換によって、これまでグローバル教育などを支えてきた各種NGOなどの組織が財政的危機に直面し、至る所で活動の中断や中止を余儀なくされている。これまでニュージーランドの多様で豊かな教育実践を直接的あるいは間接的に支えてきたこうした環境が失われることに筆者は一抹の不安を感じずにはいられない。

〈注〉
1) イギリスと先住民マオリとの間に交わされた植民地政策の契約。その中にはマオリに土地所有を認めること、マオリ文化を尊重することなどが記されているが、その解釈上における問題は未解決のままとなっており、時に大きな政治的な問題となっている。
2) 法律上、義務教育として定められているのは6歳からであるが、慣習的に5歳の誕生日から入学するのが一般的となっている。ただし、満5歳の子どもが12月31日以前に入学した場合、Year 0とし、翌年1月～7月までの期間に入学した場合はYear 1としている。
3) この学力判定試験はニュージーランド資格機構（New Zealand Qualification Authority: NZQA）が実施している。
4) 2012年3月時点。
5) 同国教育省関係者によれば、マオリ語版の「Te Marautanga o Aotearoa」は英語版の「NZC」を基本にしているが、単に英語版をマオリ語に翻訳しただけのものではなく、マオリの文化や伝統を尊重しながら、彼らの社会状況に合わせた記述になっているということであった（2012年3月教育省訪問の際のインタビューより）。
6) Ministry of Education, *The New Zealand Curriculum*, 2007, p.12を参照。
7) 島津礼子「ニュージーランド」、『教育課程の編成に関する基礎的研究 報告書6 諸外国の

教育課程と資質・能力－重視する資質・能力に焦点を当てて』、国立教育政策研究所、2013年、p.122、を参照。
8) Conner, L., *Implementing the New Zealand Curriculum: Vision and Reality*, 2008 を参照。なお、本論文は2013年8月に文部科学省で開催された国際シンポジウム「グローバル化時代の初等中等教育を考える」で発表されたものである。
9) Ministry of Education, *The New Zealand Curriculum*, 2007, p.12-13 及び島津礼子、前掲書、p.124を参照。
10) 同校訪問（2012年3月）時点の情報。
11) 後述するが、同国でグローバル教育を積極的に推進していたグローバル・フォーカス・アオテアロア（Global Focus Aotearoa: GFA）では、グローバル教育を行う場合、「意識（Awareness）」、「分析（Analysis）」、「行動（Action）」という学習活動が含まれることが重要であるとしている。
12) 教育省訪問時のインタビューによる（2012年3月）。
13) ビクトリア大学ウェリントン校（Victoria University of Wellington）訪問時のインタビューによる（2012年3月）。
14) 開発リソースセンター（DRC）が設立されたのは1993年である。DRCは2009年に「グローバル・フォーカス・アオテアロア（Global Focus Aotearoa: GFA）」と名称を変更した。なお、2012年初頭に財政難から解散し、現在は存在しない。
15) オークランドにある同組織訪問時点の情報（2012年3月）。
16) ワールド・ビジョンが実施するプログラムで、貧困、疾病、戦争などで苦痛を強いられている人々の暮らしや生活状態を先進国の若者に体験させることで、開発途上国が直面する課題について少しでも理解を深めてもらおうという活動である。

第6章

アメリカの挑戦
―競争力を強化するために―

　アメリカ合衆国は50の州と連邦区から構成される連邦共和国である。同国は太平洋及びカリブ海に浮かぶアンティル諸島（The Antilles）に五つの有人の海外領土と九つの無人の海外領土を有し、国土の総面積は985万km²と世界第三位を誇る。また、人口もおよそ3億1,600万人であり、その規模も世界第三位である。同国は、世界の国々の中でも最も人種的、民族的に多様な国家の一つであり、典型的な多民族国家となっている。人口構成は、白人系72％、アフリカ系13％、アジア系5％、先住民（アメリカ・インディアン）1％、その他9％となっている。

1. アメリカの教育制度

　アメリカの教育は地方分権制が浸透しており各州・学区によって制度などが大きく異なる。我が国の6-3-3-4制の学校制度は、戦後、アメリカの進駐軍によって持ち込まれたものであるが、現在のアメリカの教育制度においては、この制度をとっている州は多くはなく、中等教育段階までで見ると、8-4制、4-4-4制、4-2-2-4制、5-3-4制、6-6制など多様な制度が存在している。その中でも最も多いのが5-3-4制である。

　就学前教育は、保育園（Nursery School）やプリスクール（Pre-school）と呼ばれる教育機関が担っており、3～5歳から始まって通常1～2年である。我が国の保育園や幼稚園に相当する。我が国で保育園や幼稚園の年中組に当たる学年はキンダーガーデン（Kindergarten）に入る手前の学年ということでプリキンダー（Pre-Kinder）と呼ばれている。

　初等及び中等教育はあわせて12年間であり、これは各州共通である。初等教育は、原則として6歳から小学校（Primary School）で開始されるが、学齢を分

ける基準日が州によって異なっている。例えば、インディアナ州では8月1日、コネチカット州では1月1日といった具合である。また、全国の多くの地域で小学校に付属幼稚園（半日または全日）が設置されており、5歳頃からそこに通

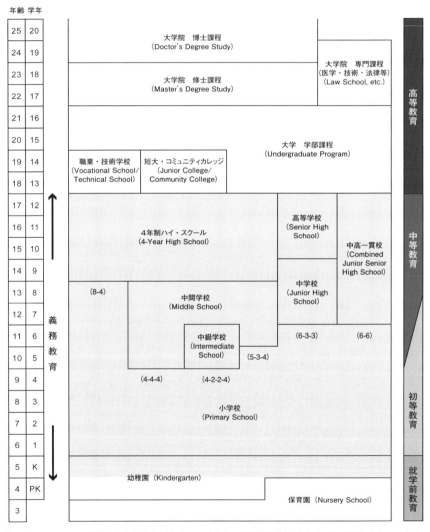

注：上図はアメリカ全州の教育制度を示すものではなく、典型的な制度を中心に図式化したものである
出典：National Center for Education Statistics, Digest of Education Statistics 2012 を参考に筆者作成（http://nces.ed.gov/programs/digest/d12/）

図6-1　アメリカの学校系統図

うことが一般的になっている。したがって、小学校では付属幼稚園も含め一般に6〜9年間教育を受け、その後、中等教育に進むことになる。

　前期中等教育は3〜4年間、中学校（Junior High School）や中間学校（Middle School）で行われることが多いが、なかには2年制の中級学校（Intermediate School）と呼ばれる学校が存在する地域もある。他方、後期中等教育は3〜4年間、高等学校（Senior High School）やハイ・スクール（4-Year High School）で行われる。また、これら前期中等教育と後期中等教育を一貫して行う6年制の中高一貫校（Combined Junior Senior High School）という学校形態も見られる。

　後期中等教育になると教育内容もこれまで以上に多様化し、生徒の選択教科目が増えてくる。現在、後期中等教育を担う学校種として、普通学校（公立及び私立校）、職業訓練・専門学校（Vocational-Technical School: Vo-Tech）、オルタナティブ校（Alternative High School）[1]、プレップ校（Prep School）[2]などがある。

　義務教育期間は、各州の法律によって定められており一様ではない。しかしながら、一般的には公立校が無償教育を行う小学校付属の幼稚園段階（Kindergartenの頭文字をとって「K」と称する）から後期中等教育の修了する12学年までの13年間と理解しても差し支えない。

　後期中等教育を修了すると卒業資格（High School Diploma）が授与されるが、州が指定する義務教育完了年齢を過ぎれば中退することができる。16歳以上の生徒の中退率は10％を超えており、決して少ないとは言えない。したがって、後期中等教育を修了しないまま中退した生徒が後から学習をし直すことで得られるGED資格（General Educational Development Certificate）が設けられている。

　高等教育は広い範囲に及んでおり多種多様である。高等教育機関としては、単科大学、総合大学、コミュニティ・カレッジなど学位取得を目的とする機関のほか、特定の職業、技術、就職訓練を行う学位取得を目的としない機関もある。

2. コモンコア・ステイトスタンダード（Common Core State Standards）

　従来、アメリカではカリキュラムの編成の基準は学区レベルで設定されてきたが、1990年以降、州単位でのスタンダードに基づく教育政策が推し進められるようになった。その契機となったのが、1991年にブッシュ（George H. W. Bush）

政権のもとで制定された「2000年のアメリカ：教育戦略（America 2000: An Education Strategy）」である。ここでは、主要五教科（英語、数学、理科、地理、歴史）に関する教育スタンダード（Education Standards）の策定及びこれに基づく全米的な試験制度の構築などが示された。その後1994年、クリントン（William J. Clinton）政権においてアメリカ教育法（Goals 2000: Educate America Act）が成立し、学校教育の内容に関する基準設定と効果的な試験制度の開発によって2000年までに第4学年、第8学年、第12学年において主要教科で一定の学力水準に到達させることや数学及び理科で世界最高水準の学力を達成するという具体的な目標が示された。また、2002年にはブッシュ（George W. Bush）政権のもとで「落ちこぼれをつくらないための初等中等教育法（No Child Left Behind: NCLB）」が制定され、年度ごとに児童生徒の学習到達度について、責任をもって説明できることが求められるようになった。

　さらに近年、グローバル化が急速に進展し、経済活動をはじめとするあらゆる活動が地球規模で行われるなかで、競争力を高め、世界における指導的立場を維持するために、教育を通じて子どもたちにより高い能力を身に付けさせることの必要性が声高に叫ばれるようになってきた。そのような状況のもと、2010年にコモンコア・ステイトスタンダード（Common Core State Standards: CCSS）が策定された。CCSSとは州を超えた全米的な教育課程の基本的な枠組みであり、言い換えれば、すべての州に共通の教育基準である。先に述べたように、同国では1990年代以降、教育スタンダードの策定が進められてきたが、これらはあくまでも州単位のものであり、全米共通のものではなかった。CCSSはその意味で同国初の画期的な試みであったと言える。

　CCSSの策定にあたっては、全米州教育長協議会（Council of Chief State School Officers: CCSSO）と全米州知事会（National Governors Association Center for Best Practices: NGA）とが協力し、関係団体などの意見を取り入れながら行われた[3]。CCSSは現在、「英語（English Language Arts/Literacy）」と「算数・数学（Mathematics）」の二教科のみ開発されており、前者には理科（Science and Technical Subjects）と社会科（History/Social Studies）におけるリテラシーも含まれている。

　ここでもう少しCCSSの位置付けについて述べておかなくてはならない。実は、CCSSの策定にあたっては連邦政府の関与はない。したがって、全米統一的な基準とは言え、正式な意味での全米的な基準とは言えない。正確に言うな

らば、CCSSは各州が定めるカリキュラムの基準の基準といったことになるであろう。さらに言えば、CCSSを採択するか否かの権限は各州にある。そのため必ずしも各州が自州のカリキュラムを開発する際にCCSSに則らなければならないということはない。現在、43州とコロンビア特別区及び四つの海外領土で採択されており[4]、この数を見れば、かなりの州がCCSSを取り入れていると言える。その理由の一つには、オバマ（B. H. Obama）政権下で導入された「Race to the Top」と呼ばれるポイント制（満点500ポイント）による州間の競争的資金（約40億ドル）でCCSS採択州へ40ポイントが与えられるためである。このため、財政的に苦しい州の多くがCCSSの採択に動いたと言われている[5]。

　このように教育の地方分権化が進んでいたアメリカにおいても、近年CCSSと呼ばれる全米的な基準が策定され、教育の全国標準化が進んできている。しかし、繰り返しになるが、CCSSは基準を各州間で共有するものであり、決してナショナル・カリキュラムではない。したがって、各州は従来のようにカリキュラムを開発し、学校現場では教師が独自に授業をデザインし、授業実践を行う自由が保障されている。

3. 大学及び職場で活躍できる力・21世紀型スキル（College and Career Readiness: CCR, 21st Century Skills）

　現在、アメリカの教育において習得が求められている資質・能力として次の二つをあげることができる。一つは「大学及び職場で活躍できる力（College and Career Readiness: CCR）」であり、もう一つは「21世紀型スキル（21st Century Skills）」である。後者については第1章で詳述したので、ここでは前者を中心に見ていきながら、その後CCRと21世紀型スキルの関係性について述べていく。

■大学及び職場で活躍できる力（CCR）

　CCRは、先述のCCSSの中で能力基準として示されている。能力基準の示し方は、教育段階別（小学1年生、小学2年生など）及び学習領域別（聞き取り、読解、数と量、幾何など）で、具体的な記述となっている。この点は、これまで見てきた他国の、例えば汎用的能力（オーストラリア）やキー・コンピテンシー（ニュージーランド）のような広範な能力定義とは異なっている。むしろ、近年のイギ

リスのナショナル・カリキュラムにおける教科学習の中に内包された能力に近い印象がある。

では、「算数・数学」のCCSSを例にとって具体的な能力基準の記述について見ていきたい。「算数・数学」のCCSSは、大きく小学校から中学校段階までは「Grade 1」から「Grade 8」といった学年別に、高等学校段階では「数と量」、「代数」、「分数」、「幾何」、「統計・確率」といった学習領域別に分けられ、その後、前者は各学年のもとで主要な学習領域に分割され、後者はさらに細かい学習領域に分けられて、それぞれの領域の中で具体的な能力基準が示されている。以下にGrade 4の「計算と代数的思考」の領域において示された能力基準

表6-1　Grade 4の「計算と代数的思考」の能力基準

整数の四則計算	・比較することで乗法の等式を解釈する。例えば、35=5×7の等式について「35は7を5倍したもの」と「5を7倍したもの」という二つの解釈ができるようになる。またこの解釈を口頭で言える。 ・文章題を解くために乗法あるいは除法を使えるようになる。 ・整数による二つ以上の等式の計算を必要とする文章題を解くことができる。また、正確な等式で書き表すことができる。
因数と倍数についての習熟	・1〜100までの整数で対になる因数をすべて見つけることができる。整数は因数を掛け合わせたものであることを理解できる。
パターンの発見と理解	・与えられた規則に従った数または形のパターンを発見することができる。規則の中には明示されていないが明らかな特徴的パターンを認識することができる。例えば、「3を加える」という規則が与えられ、1から開始された場合、偶数と奇数が入れ違いに現れるが、その理由について説明できるようになる。

出典：コモンコア・ステイトスタンダード・イニシアティブ（Common Core State Standards Initiative）を参考に筆者作成（www.corestandards.org/Math/Content/4/OA/）

表6-2　高等学校段階の「代数−構造の理解」の能力基準

構造の理解	・ある文脈において量を表す式を理解できる。 　✓ 項、因数、係数など式を構成している部分を理解できる。 　✓ 複雑な式、例えば、$P(1+r)^n$を理解できる。 ・ある式を異なった形式で表すことができる。例えば、X^4-Y^4を$(X^2-Y^2)(X^2+Y^2)$に書き直すなど。
問題を解決するための適切な等式の活用と記述	・量を表すために適切な等式を選択したり、作ったりできる。 　✓ 等式の片方が0となる二次方程式を因数分解することができる。 　✓ 最大あるいは最小となる値を求めるための二次方程式を作ることができる。 　✓ 表現は変えずに、累乗の指数だけを変えて異なった形で表現することができる。例えば、1.15^tを$(1.15^{1/12})^{12t}$と書きかえることができる。 ・有限個の数値の合計を計算する等式を作ることができる。例えば、住宅ローンの支払いの計算など。

出典：コモンコア・ステイトスタンダード・イニシアティブ（Common Core State Standards Initiative）を参考に筆者作成（www.corestandards.org/Math/Content/HSA/SSE/）

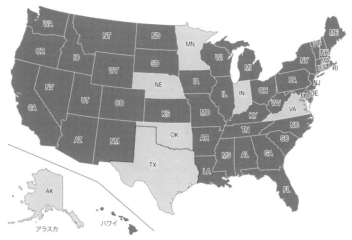

注： ■採用　□不採用

出典：Common Core State Standards Initiative のウェブサイトより転載（www.corestandards.org/standards-in-your-state/）

図6-2　CCSSの採用州（43州、2015年2月時点）

と高等学校段階の「代数」の「構造の理解」というカテゴリーにおける能力基準の二つを示す。

　Grade 4の能力基準の内容を見ると、単に知識を理解するといったレベルではなく、理解した上で「何ができなければならないか」といった身に付けるべき能力が具体的に示されていることが分かる。また、高等学校段階の「代数－構造の理解」における能力基準についても同様である。ここで示された能力基準は高校卒業までに習得すべき能力であるが、この基準は決して低いレベルのものではない。むしろかなり高い基準と言っても過言ではない。つまり、CCSSは、外国と競える力（Competency）や大学や職場で活躍できる力（CCR）を十分に意識して設定されているために、このようにかなり高いレベルになっているのである。そして、CCSSを採択した州や地域は、この能力基準に沿った形で、自州におけるカリキュラムを開発していかなければならないのである。

■21世紀型スキル（21st Century Skills）

　次に21世紀型スキルについて少し述べておきたい。21世紀型スキルを構成する内容についてはすでに第1章で詳述したので、ここでは省略するが、現在、

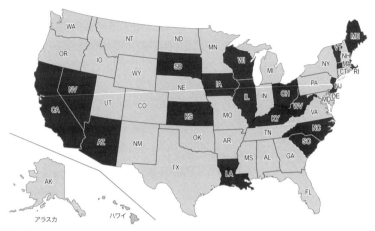

注: ■ 採用 □ 不採用
出典: P21のウェブサイトより転載 (www.p21.org/members-states/partner-states)
図6-3　21世紀型スキルの導入を積極的に促進している州 (19州、2015年2月時点)

アメリカでは21世紀型スキルをどのように各州のカリキュラムに反映させていくかということについての検討が始まっている。P21では2008年から「21世紀型スキルマップ（21st Century Skills Map）」の開発が行われてきた。これは、各教科の学習の中に具体的にどのように21世紀型スキルを統合させていくかを示した見取図であり、各教科における全米組織と共同で開発された。これまでに、英語、算数・数学、社会科、理科、地理、美術、外国語の21世紀型スキルマップが開発されている。マップの中では、該当教科の学習内容から21世紀型スキルに関する部分を精査し、その内容の学習方法について具体的な学習活動例が明示されている[6]。

■CCSSと21世紀型スキルの統合

これまで見てきたように、アメリカでは一方でCCSSにおけるCCRという能力基準を導入して州カリキュラムを開発していこうという動きがあり、他方で21世紀型スキルを習得させることが必要であるという議論が起こっている。それでは、これらの二つの動きはどのように関係し合っているのであろうか。

実は、現在CCSSに21世紀型スキルをどのように盛り込んでいくかという検討が行われている。その代表的な組織がP21である。P21は、21世紀型ス

キルと CCSS の関係性や実際の統合の方法を示した報告書『P21 Common Core Toolkit: A Guide to Aligning the Common Core State Standards with the Framework for 21st Century Skills』を 2011 年にすでに発表している。同報告書では、CCSS の動きが肯定的に捉えられ、CCSS が高度な思考スキルを要求していることや全米に広くコンセンサスを確立したこと、批判的思考力やコミュニケーション能力などを重要な学習成果としたことなどが高く評価されている。また、CCSS は 21 世紀型スキルのすべてを網羅したものではないが、多くの点において共通していると述べられている。ただし、CCSS の中で十分に反映されていない 21 世紀型スキルについては、今後、積極的に CCSS の導入において検討する必要があることが付け加えられている。

下の二つの表は、同報告書に示された 21 世紀型スキルと CCSS の能力基準（CCR）との共通点を示したものである。

表6-3 「英語」における 21 世紀型スキルと CCSS 能力基準の共通点

21世紀型スキル	CCSSにおける能力基準
教科	内容についての理解を強化する
批判的思考と問題解決	多様化する聞き手、仕事内容、目的、学問からの要求に応える
コミュニケーション	批判すると同時に、深く理解する
情報リテラシー	証拠を価値付ける
自主独往	自主性を示す
グローバルな認識	他者の視点や異文化を理解できる
情報・メディア・テクノロジーのスキル	テクノロジーやデジタルメディアを戦略的に活用できる

出典：P21, *P21 Common Core Toolkit: A Guide to Aligning the Common Core State Standards with the Framework for 21st Century Skills*, 2011, p.6 を参考に筆者作成

表6-4 「算数・数学」における 21 世紀型スキルと CCSS 能力基準の共通点

21世紀型スキル	CCSSにおける能力基準
批判的思考と問題解決	課題を理解し、その解決のために努力する 理論的かつ検証可能な理由付けを行う 数学を図式化できる 構造を見つけ出し、それを自由に活用できる
コミュニケーション 情報リテラシー	現実的な議論を組み立て、他者の論理に対して批判できる 正確に作業できる 理論の中に不変的なものを発見し、表現できる
ICTリテラシー	適切な道具を戦略的に活用できる

出典：P21, *P21 Common Core Toolkit: A Guide to Aligning the Common Core State Standards with the Framework for 21st Century Skills*, 2011, p.8 を参考に筆者作成

4. 教育実践例：アブソン・スクール・オブ・リーダース（Aveson School of Leaders: ASL）のグローバル社会で競争力を発揮できる人材を育てる教育

■学校概要

同校は、カリフォルニア州ロサンゼルスの北東部にあるパサデナ（Pasadena）に立地するチャータースクール（公立小学校）[7]である。KからGrade 5までの教育を提供しており、児童数は約380名、教職員は66名という中規模校である。同校は文化的あるいは社会経済的にどのような状況にある子どもにも最高の教育を受けさせることを目的に設立され、カリキュラムをはじめ、教授学習アプローチなどは経験豊富な教育者及びビジネス界で活躍する起業家などの知見を得ながら開発された。同校は民族的に多様な児童を抱えており、白人系50％、ヒスパニック系21％、アフリカ系7％、アジア・太平洋諸島系6％などとなっている。また、低所得家庭出身の児童も16％ほど在籍しており、質の高い教育実践を維持していくことは決して容易ではない[8]。

また、同校の近くにGrade 6からGrade 12までの教育を提供する同系列のアブソン・グローバル・リーダーシップ・アカデミー（Aveson Global Leadership Academy: AGLA）と呼ばれる中等学校も設立されており、K-12の13年間の一貫教育を提供することを可能にしている。

なお、同校はアジア・ソサエティ（Asia Society）が推進する「国際教育を推進する学校ネットワーク（The International Studies Schools Network: ISSN）」の一つで、グローバル社会の中で競争力をもった人材を育成する学校モデルと位置付けられている[9]。

アブソン・スクール・オブ・リーダース

■学校カリキュラム

同校は、すべての児童がより上の教育段階へ進むことができるように、十分な知識を備えるとともに創造力に富み、学びに対しても積極的な態度をもった子どもを育成することを目指している。そして児童には、必要とされる資質や

能力を習得し、それを日常の生活の中で積極的に応用していくことが強く求められている。こうした学校目標を達成するために、同校では以下にあげる三つを柱に教育活動を行っている。

　一つは、個々の児童に合った学習（Personalized Learning）の促進である。子ども一人ひとりは学ぶペースも違えば、学習に対する要求も異なるという前提に立って、一人ひとりの児童が各自で学習目標を定め、それを各々のペースで達成できるように完全習得学習（Mastery Learning）の方法を採用している。そして教師は彼らの個々の学習の進捗に対して、個別に対応することを心掛けている。また、異学年合同の学習も進めており、これによって異なった学年の児童間での協働や助け合いが生まれることを奨励している。

　二つ目は、リーダーシップ能力（Social Leadership）の育成である。リーダーシップの養成には、まず、人と人との繋がりが基本としてあり、その上で責任感や他者への共感、学びに対する意欲などが必要となってくる。また、こうしたことは最終的にどのように学びを追求していくべきか、獲得した知識で何をすべきか、といった考えを生み出す原動力となる。同校では毎年「行動を起こそうプロジェクト（Take Action Projects）」を立ち上げ、すべてのクラスにおいてグローバル的な課題を検討し、その解決に向かって行動を起こすという教育実践を行っている。

　三つ目は、健全な学校生活（Healthy Living）である。これは精神的及び身体的な健康について学び、それらを維持していくことを指す。この学習は学校生活全体を通して行うこととされており、同校ではそのために様々な活動やプロジェクトが準備されている。例えば、花壇作り、料理教室、ヨガ、山歩きやハイキングなどである。また、これは人格教育（Character Education）とも関係するため、専門の教員や専門家を配置し、児童の相談などにのっている。

■グローバル人材育成のための教育実践

　同校では、教師は「支援者（Advisor）」と呼ばれている。この理由は、教師は「教える師」ではなく、完全習得学習を通して児童を適切な方向に導いていく役割をもつ者と考えられているからである。

　同校の教育活動は、まずホームルームでの支援者による「学習確認（Advisory）」から始まる。ここで児童各自の学習進捗や本日の学習目標などの確認が行われ

る。その後、各児童は予め決められている学習グループに分かれ、学習活動を開始する。通常、低学年（1年生〜2年生）と高学年（3年生〜5年生）をそれぞれ一まとまりとして、学年に関係なく、児童の理解度や興味関心を考慮した学習グループが編成されている。低学年の各学習グループは「英語」と「算数・プロジェクト学習」の二つを行い、高学年の各学習グループは「英語」、「算数」、「プロジェクト学習」の三つを行う。各学習グループは、支援者が児童一人ひとりの学習進捗と理解度を把握できるように10〜15名と少人数で編成されている。

出典：ASLホームページ（www.aveson.org）
異学年合同の学習グループで学習する児童たち

学習グループによる学習とは別に、同校では個別学習プログラム（Independent Study Program: ISP）が実施されている。ISPでは支援者が児童本人、さらには保護者とも話し合って、それぞれの児童に合った目標を立て、それに向かって各自が個別に学習を行っていく。児童がISPの時間をどのように使うか、どのように学習を進めていくか

出典：ASLホームページ（www.aveson.org）
ISPで学習する児童

は自由であり、各自のペースで学習を行うことができる。同校では、ISPは児童の知的要求に個別に応えることができ、自分のペースで学習できるために精神的、身体的にもリラックスした学習環境を与えられ、かつ生涯学習につながる学習に対する自己動機付けを強化することができるとしている。

こうした児童の学習は、支援者によって丁寧にモニターされ、各児童の学習進捗と成果が「完全習得学習ポートフォリオ（Mastery Learning Portfolio）」という形でオンライン上に掲示され、保護者や児童本人が確認できるようになっている。学習成果は、「学習前」、「学習中」、「学習終了後」という学習段階ごとに示されており、仮に十分な成果が上がっていないと判断された児童に対して

は、三週間ごとにより詳細な学習状況の把握が行われ、学習指導や学習支援の計画が見直されることになる。

　もう一つ同校のグローバル人材育成のための教育を特徴付けている教育実践をあげておこう。それはシンガポール式算数（Singapore Math）の導入である。シンガポールの児童生徒の数学的能力は世界でもトップクラスであることがPISAなどの国際的な学力調査で明らかになり注目を浴びている。シンガポール式算数は、数に対する確かな感覚と直感による理解、数と数との間にある関係性、計算の意味といった数学的概念の発達を重視しており、難解な問題に対しても果敢に取り組む一助となる暗算能力の強化を推進している。具体的には、具体物の使用から始め、それを抽象的な図に置き換え、最終的に数学的な抽象表現を理解していくという思考過程を経て、真に数学的概念を理解し、その理解を確固たるものにすることをねらっている。

■CCR及び21世紀型スキルとの関係

　同校で積極的に導入されている完全習得学習のための個々の児童の学習計画はすべてCCSSで定められた、いわゆるCCRをもとに作成、実施されている。特に、「英語」及び「算数・数学」のCCSSの中で定められたCCRについては、児童及び教員の双方が理解しやすいように、「私は〜できる（I can….）」という具体的な記述形式に直して示されている。例えば、先に見たGrade 4算数のCCSSの「計算と代数的思考」では五点のCCRが示されていた。同校ではそれを「私は整数の四則計算を自由に使いこなすことができる」、「私は掛け算を使って解かなければならない文章題で、図を用いてその解き方を説明することができる」、「私は整数が因数の掛け算によって表されることを説明できる」といった25の具体的な記述に置き換えている。この記述は同時に児童の学習成果（Academic Outcomes）でもあり、すべての児童はこの成果の達成に向けて学習に取り組んでいる。

　21世紀型スキルについても、ここで示された能力やスキルを達成するためには、児童自身が「達成した」あるいは「もう一歩で達成できる」、さらには「まだ達成には努力が必要」などと具体的に認識できることが必要であるとの考えから、CCRと同様に「私は〜できる」という具体的な記述に置き換えられている。「私は学習支援が必要な時に友人や先生に尋ねることができる」、「私は集

団の中で仲良く学習することができる」(以上は21世紀型スキルの「学習スキル」に相当)、「私は自分で責任をもって学習を進めることができる」、「私は時間を守ることができる」、「私は学習プロジェクトを完遂することができる」(以上は「ライフスキル」に相当)という具体的な五つが自己達成感のための成果(Self-Efficacy Outcomes)として示されており、これらの達成に向けて教育活動が行われている。

さらに、グローバル社会で競争力をもった人材育成のモデル校として、同校では「私は世界について調べることができる」、「私は異なった物事の見方・考え方について理解することができる」、「私は自分の考えを他者に適切に伝えることができる」、「私は行動することができる」という四つを人材育成の成果(Global Competencies Outcomes)として明示しており、これらの達成も教育実践の中で十分に考慮されながら進められている。

5. 学びを支える環境

近年、世界的に「グローバル・シティズンシップ(Global Citizenship)」という用語とともに、そのような人材育成の重要性が指摘されてきている。アメリカでは1990年代からそのことが叫ばれ始め、連邦政府もグローバル・シティズンの育成を目指して様々な施策を行っているところである。特に、シティズンシップ教育の推進と支援は注目すべきものである。また、同国には様々なNGOが存在しており、グローバル人材育成のための多様な教育活動が行われている。ここでは、まず連邦政府の推進するシティズンシップ教育を概観し、その後各種NGOによる特徴ある活動を見ていこう。

■連邦政府によるシティズンシップ教育の推進

同国で、シティズンシップ教育の重要性が認識される契機となったのは1994年のアメリカ教育法である。同法には2000年までに達成させるべきこととして、八つの目標が掲げられた。その中の二つの目標(以下に記載)において、シティズンシップ教育に深く関連する記載が認められる。

アメリカ教育法におけるシティズンシップ教育に関する記述

> ✓ すべてのアメリカの児童生徒は、第4、第8及び第12学年を終えるときには、英語、数学、理科、歴史及び地理の各教科において十分な知識をもっていること。またアメリカのすべての学校は児童生徒が学習を通じて、<u>責任ある市民としてさらなる学習に取り組む姿勢を養うとともに、現代経済社会の生産性のある職業人に成長できるようにすること</u>
> ✓ すべてのアメリカの成人は読み書きができるようになり、世界経済の中で競争するのに必要な、また<u>市民としての責任と権利を行使するための知識や技術をもつこと</u>

（下線は筆者による）

　これを受けて、市民教育センター(The Center for Civic Education)が「公民科(Civics and Government)」のスタンダード(National Standards for Civics and Government, 1994)を作成した。このスタンダードはK-12を三段階に分け(K-4、5-8、9-12)、それぞれの段階において習得すべき知識内容を示している。この内容を見てみると、一見、同国の政治体制や民主主義といったアメリカという国についての内容が中心になっているように思われるが、「アメリカ合衆国と他国、あるいは世界的な出来事とはどのような関係があるのか？」という主題も設定されており、決して国内的な課題のみを扱っているのではないことが分かる。しかしながら、グローバルな社会といった視点での内容については弱いという印象は免れない。

　2002年のNCLBの制定後、連邦教育省は同法を踏まえて『Helping Your Child Become a Responsible Citizen』(2005年)という冊子を作成した。同冊子の中で、安全で規律正しく、薬物のない教育環境がよい人格とよい市民性を育むという考え方が示され、NCLBの基本は優れた道徳性と市民的徳の基礎の上に学力をつけること、そして職業的に成功することだと明示された。そして、「質の高い教育を受ければ、市民は完全に社会参加できる」というスペリングス(Spellings)教育省長官(当時)の言葉を引用しながら、子どもの人格発達を促進することの効果が謳われている。また、シティズンシップにとって重要なものとして、愛国心が取り上げられ、国を愛し、忠誠を誓うことだと説明されている。具体的には、ア

公民科のスタンダード

メリカが基盤としている民主主義の理想に敬意を払い、法を尊重して遵守し、国旗など、国のシンボルを尊重することだという説明がなされている。さらに、市民としての責任ある行動として、国が抱える課題について見識をもつこと、投票すること、ボランティア活動をすること、戦時において兵役につくことが事例としてあげられている。なお、この冊子も先の公民科のナショナル・スタンダードと同様に、内容的にグローバルな視点はやや弱いと言える。

『Helping Your Child Bacome a Responsible Citizen』

また、2012年には『国際教育及び国際的な活動参加を通じたグローバルな成功（Succeeding Globally Through International Education and Engagement）』という報告書が連邦教育省から出された。報告書の中で、世界の国々や地域、異なった文化や宗教についての理解と尊重、また異なった視点をもつことはグローバル社会で生き抜くための不可欠の能力であり、これらを「グローバル・コンピテンシー」と呼ぶと同時に、この能力は「21世紀型スキル」とも言い換えられ、CCRのコースワークを通じて、具体的には「芸術（Arts）」、「公民（Civics）」、「地理（Geography）」、「歴史（History）」、「外国語（Foreign Languages）」の教科目を通じて習得することが求められるとされた[10]。同報告書ではまた、NGOなどがグローバル・コンピテンシーの育成やCCSSを支援するための活動（各種教材開発、情報提供を含む）を行うことを積極的に奨励している。例えば、アジア・ソサエティなどはその代表例であり、CCSSOとアジア・ソサエティが「グローバル・コンピテンシー育成のためのタスクフォース（Global Competency Task Force）」を組織したことが述べられ、その活動が高く評価されている[11]。

■NGOによるグローバル人材育成のための多様な教育活動

アメリカには数多くのNGOが存在し、それぞれが独自の活動を行っており、その活動は非常に多様化していると言える。したがって、本章でこの多様化されたすべての教育活動について述べることは不可能である。ここでは、いくつかの特徴のある教育活動に絞って見ていきたい。

◇ネットワークで世界をつなげるー iEARN

　iEARN（International Education and Resource Network〈国際教育リソース・ネットワーク〉）は130を超える国々において学校や若者を対象とした3万にも及ぶ組織をインターネットで結びつけ、教師と若者の協同による国際的な教育活動を実施する非営利組織である。現在、200万人もの学生が毎日世界の至る所で各国のiEARNセンターがコーディネートするプロジェクトを通して教育活動に従事している。

　iEARNは1988年にコーペン（Peter Copen）氏によるコーペン・ファミリー財団（Copen Family Foundation）がモスクワとニューヨーク州のそれぞれ12校を通信回線でつなぎ、情報交換などの教育活動を行ったことに始まる（The New York State/Moscow Schools Telecommunications Project）。このプロジェクトの背景には、若者による通信技術の教育的活用は将来的に教育の質を高めると同時に、地球上での彼らの生活も豊かなものにすることができるというコーペン氏の強い哲学があった。この初期のプロジェクトは、ニューヨーク州教育局及びソビエト科学アカデミーの協力を得て大々的に展開された。その後、1990年には同様のプロジェクトが世界9カ国で展開されるようになり、それぞれの国では、「センター」が創設されて、参加教員のための研修や支援を提供するようになった。1994年には、アルゼンチンで参加教員による大会が開催され、そこでiEARN Internationalの創設が決定し、本部はスペインに置かれることになった。さらにiEARN規約も発効され、それ以降、iEARNは世界中の学校との連携を強化しながら、様々な教育プロジェクトを展開するに至った。

　iEARNでは、現在200ものプロジェクトが実施されており、言語学習に関するもの、人文社会科学に関するもの、科学技術に関するもの、環境に関するもの、数学に関するもの等、扱う分野やテーマは様々である。これらのプロジェクトは各国のiEARNのメンバーである個々の学校教員や教育関係者、あるいはグループによって開発され、それを各国のiEARNがウェブサイト上に掲載し、世界中の教育関係者や学生・生徒、時には学校全体、プロジェクトによっては一般市民の参加を呼びかけて、興味関心のある人々が中心となって活動を進めていく。これらの活動はすべて「iEARN Collaboration Center」と呼ばれるオンライン上で実施される。各プロジェクトには「ファシリテータ」と呼ばれる代表者が二名配置され、彼らの指示のもとで参加者はプロジェクトを進めていく。

例えば、「自然災害を考える若者会議2013（Natural Disaster Youth Summit 2013〈NDYS 2013〉）」は、東日本大震災を経験した日本の学校教員によって開発されたプロジェクトである。このプロジェクトは世界中の人々が自然災害についての認識をより深めることを目的としたもので、iEARNの日本センター（jEARN）が内容を整理して、iEARNのウェブサイト上に掲載し、世界中からの多くの若者をはじめ、一般の人々の参加を得て開始された。同プロジェクトは、①グローバルな自然災害から身を守る安全地図の作成、②NDYS大使とされているテディベア（熊のぬいぐるみ）の制作と海外の参加者の間でのぬいぐるみの交換、子どもの安全バッグの制作、③自然災害に遭遇した経験についての討議、展示及び発表、④学校における独自の活動実践、という四つのコンポーネントから構成されており、各参加者はこのうちから好みに合わせて自分の行う活動を選ぶことができる。

　iEARNでは、各種プロジェクトのほか、プロフェッショナル・ディベロップメントを目的とした研修機会の提供も行っている。これには直接参加者が参集して実施される「ワークショップ」とオンライン上で実施される「オンライン・コース」の二種類が用意されている[12]。これらプロフェッショナル・ディベロップメントにおいて習得が目指されているのは、参加教員それぞれが直面するある特定のカリキュラムや教室で直面する課題の解決方法、さらにインターネットを使った協働的な学びの実現に必要な技術（同僚との振り返り、チームビルディング、ローカル及び国際的なコミュニティへの参加、など）などである。

　iEARN-USAは1995年に設立され、事務所はニューヨークに置かれている。現在、13名の職員がおり、他のセンターと同様、アメリカ各地のメンバーから提案される各種プロジェクトの内容を整理して、ウェブサイト上に掲載し、参加者を募り、プロジェクトを軌道に乗せていくことを主な業務としている。年間500万ドルの予算をもっており、これらは国務省からの補助金及び会費（一人当たり年額100ドル）、また民間企業からの寄付金が主な財源である。現在、4,000人の教育関係者がメンバーとなっており、各地で様々なプロジェクトが実施され、またプロフェッショナル・ディベロップメントのための研修が行われている。

　iEARN-USAでは、少しでも学校現場に彼らの実践する活動が浸透するように、アメリカの公教育の内容を考慮するなどの工夫を行っている。例えば、近

年、CCSSが英語と算数・数学において開発されたため、英語や数学系のプロジェクトにおいてはCCSSの方針や内容に合ったプロジェクトの開発を推奨している。iEARN-USAによれば、国際的な交流を通じた教育活動は現代のグローバル社会において非常に重要なもので、現時点ではこうした教育は残念ながら公教育で必須とは定められていないが、将来的にはそのような方向で進んでいってくれればと期待している、ということであった[13]。

◇グローバル社会での競争力養成を目指す―ワールド・サヴィー（World Savvy）

ワールド・サヴィー（World Savvy）は、グローバルな知識と21世紀型スキルの習得という現代社会のニーズに応えるために2002年サンフランシスコに設立されたNGOである。ワールド・サヴィーでは、現代の若者のこうした知識やスキルの欠如はアメリカ教育制度の欠陥、つまり、幼稚園段階を含む義務教育期間において、ほとんどグローバル教育が行われてこなかったことが原因であり、このことはアメリカの将来的発展において大きな負の効果をもたらすと考えられている。そこで、こうした課題を解決するために、同組織は、設立以来、学校現場でのグローバル教育の推進を目指して積極的に活動を行ってきた。設立当初はわずか20名の教師と90人の児童生徒による小規模な活動であったが、現在では2,000名の教師と25万人の児童生徒を巻き込んだ大規模なものに発展している。また、サンフランシスコのほかに、ミネアポリス／セントポール、ニューヨークにも事務所を開設し、その活動規模を着々と拡大している。

ワールド・サヴィーには現在13名のスタッフがおり、年間活動予算はおよそ100万ドルである。これらの大半は個人からの寄付金と財団等からの補助金である。具体的な活動としては大きく分けて、若者参加、プロフェッショナル・ディベロップメント、コンサルティング・サービスの三つが実施されている。

①若者参加（Youth Engagement）

若者参加は、中学生及び高校生を対象にプロジェクト型学習、協働的問題解決、芸術・メディアによる視野拡大及び創造的思考、国際交流などのアプローチを通して、グローバル・コンピテンシー（Global Competency）のための知識やスキル、態度、行動様式を身に付けることを目指すものである。現在、メディ

ア・芸術プログラム（Media & Arts Program: MAP）と若者リーダシッププログラム（American Youth Leadership Program: AYLP）が実施されており、前者は、地球的課題についての理解を深め持続可能な社会を形成していくために、メディア及び芸術を媒介にして参加生徒たちの創造性と思考力を養成していこうという取り組みである。ここでは地域のコミュニティが「教室」となり、そこで様々な芸術的な活動が展開される。

　他方、後者は開発途上国との交流を通して地球的課題について学ぶことでグローバル・コンピテンシーを養成していこうというものである。2012 〜 2013年にはバングラデシュを対象国として、アメリカからは30名の中高校生と5名の教員が一カ月間バングラデシュに滞在し、現地生徒及び教員との交流を通して、同国についての知識や文化を学ぶと同時に、気候変動といった地球規模の課題についても考える機会をもった。そして、帰国後にはその知識や経験を活用して、各自のコミュニティにおいて様々な持続可能な社会構築に資する活動を実践している。

②プロフェッショナル・ディベロップメント（Professional Development）

　プロフェッショナル・ディベロップメントは、学校教員や教育行政官などを含む教育関係者や教育関係組織の職員などを対象にグローバル・コンピテンシーとして必要な知識やスキル、態度などを習得してもらい、教室でのグローバル教育の効果的な実践に寄与しようというものである。ワールド・サヴィーでは多様なコースを準備しており、その期間も二時間〜二日までといろいろである。参加者はその中から各自のニーズに応じて選択できるようになっている。また、オーダーメイドの研修コースも実施している。その中でも特に人気があるのは、二時間のプロフェッショナル・ディベロップメント・ワークショップ（Professional Development Workshop）であり、これは第6学年から12学年を担当している教員を対象にした初級のワークショップである。これに加え、中・上級用としてプロフェッショナル・ディベロップメント・インスティテュート（Professional Development Institute）と呼ばれる半日〜二日にかけて集中的に行われるコースも人気が高い。これらは10名以上の参加希望者が集まれば随時開催される。

③コンサルティング・サービス（Customized Consulting）
　コンサルティング・サービスは、学校や教育関係の組織がグローバル教育を実施する上で必要となるプログラムのデザインや開発、具体的なカリキュラムの作成、教員のためのプロフェッショナル・ディベロップメントの方法と内容、ファシリテーションの仕方、地域社会との連携のとり方などを個別に指導するというものである。

　上記の活動以外にも、ワールド・サヴィーではウェブサイト上でグローバル教育の実践に役立つ様々な資料や情報を公開している。ここに掲載される情報はワールド・サヴィーによって開発されたものも含まれるが、多くは他組織によるものである。しかし、同国にある多種多様な組織の数多くの情報の中からグローバル教育の実践において特に重要と思われる情報のみを提供してくれている点では、利用者にとっては非常に有用である。また、ワールド・サヴィーでは『モニター（Monitor）』という雑誌を毎月発行しており、その内容は「持続可能なコミュニティ」、「水」、「女性のグローバルな地位」、「移民」など地球的規模の問題や課題であり、学校現場におけるグローバル教育の実践の教材として大いに利用できるものとなっている。

◇グローバル人材の育成を目指すーアジア・ソサエティ（Asia Society）
　アジア・ソサエティはアメリカとアジアの架け橋として、両地域の人々、指導者及び様々な組織におけるお互いの相互理解及び連携を深めることを目的に活動を行っている教育組織である。現在、グローバル社会が進行する中で、芸術・文化、教育、ビジネス、政治など多岐にわたる分野において、将来求められる方向性について独自の洞察やアイデアを積極的に発信している。
　もともとアジア・ソサエティは、アジアについての知識をアメリカにおいて普及していくために、1956年にロックフェラー三世（John D. Rockefeller 3rd）によって設立された組織であったが、近年、学問の枠組みを超えた分野横断的なプログラムを通して多岐にわたる教育活動を実践するグローバルな組織にまで発展してきた。現在、ニューヨーク本部を核として、ヒューストンと香港にセンターを構え、またロサンゼルス、サンフランシスコ、ワシントンD.C.、マニラ（フィリピン）、シドニー（オーストラリア）、ムンバイ（インド）、ソウル（韓国）、

上海（中国）[14]に支部をもっている。

　ニューヨーク本部にはおよそ100名のスタッフがおり、そのうち教育分野の活動を担当しているのは20名である。アジア・ソサエティの年間予算はおよそ300万ドルで、そのほとんどが民間企業からの寄付である。ただし、教育分野の活動に関する予算については財団からの補助金が大部分を占める[15]。同組織の教育分野における活動は多種に及ぶが、その主なものとして、「国際教育を推進する学校ネットワーク」、「世界に学ぶ」及び「グローバル学習パートナーシップ」があげられる。以下、それぞれの活動について概観する。

①国際教育を推進する学校ネットワーク（The International Studies Schools Network: ISSN）

　国際教育を推進する学校ネットワークは、ゲイツ財団によって設立された公立学校において、児童生徒がグローバルな視点をもち、将来的に社会でよりよく生きていくのに十分な知識や能力を習得することを目指してカリキュラムの中に積極的にグローバル教育を導入し、実践していこうというものである。アジア・ソサエティはこれらの学校に対して、グローバル教育関連資料の提供や教員に対する研修を行いながら、グローバル教育の実践を支援している。

　2004年に開始されて以来、学校数は34校（2015年現在）に増加した。先に見たアブソン・スクール・オブ・リーダース（ASL）もこのうちの一つである。これらの学校はすべて公立校であり、行政的には州教育省の管轄下に置かれている。また、これらの学校区は一般に他の地域に比べて経済的に恵まれず、教育水準も決して高いとは言えない。したがって、地域の行政官や住民にとっては新しい教育実践を行う学校の誘致には積極的で、それによって地区の人材育成と経済活性化が期待されてきた。また、ニューヨーク市の場合のように、通学区域の制限がなく父兄が自由に子どもの学校を選択できる環境[16]では、学校側は少しでも多くの児童生徒を集めるために学校の特徴を出す必要がある。そこでアジア・ソサエティなどのNGOと連携しながらグローバル教育を推進することは一つの効果的な宣伝にもなるということから、市政府は積極的な協力姿勢を見せてきた。

　なお、このネットワークは開始からほぼ10年が経過し、非常に成功した学校もある一方で、あまり成果をあげていない学校もあることが分かっている。

第6章　アメリカの挑戦　　137

出典：アジア・ソサエティのウェブサイト（http://asiasociety.org/education/international-studies-schools-network/directory-schools）
アジア・ソサエティの国際教育を推進する学校ネットワーク（ISSN）の参加校

この差はやはり教員の資質に大きく関係していると判断され、教員研修や教員養成の重要性が改めて認識される結果となっている。

②世界に学ぶ（Learning with the World）

　世界的な傾向として、児童生徒が好成績をおさめている国は経済的にも成長が著しいということが広く言われている。そして、アメリカが経済成長を続け、将来的にも世界の指導的な地位を維持し続けていくためには、アメリカの学校制度を改善していく必要があるという考えが生まれてきた。こうした状況のもとで、アジア・ソサエティは教育政策立案者やその他教育関係者に対して、若者が学業において好成績をおさめている国の教育制度や教育実践の状況、特にグローバル教育や国際教育の実践について理解し、その知見をアメリカの教育改革に活かしていくことができるように様々な活動を企画、実践している。例えば、中国、シンガポール、韓国、インドなどのアジア諸国の教育制度及び教育方法の調査研究とそこから得られた示唆の共有、アジア諸国への教育視察旅

行の開催、「世界の都市を結ぶ教育ネットワーク (Global Cities Education Network)」と呼ばれるアジア太平洋地域の都市とアメリカの都市の市レベルの交流促進などがあげられる。

③グローバル学習パートナーシップ (Partnership for Global Learning)

グローバル学習パートナーシップは、次代を担う若者が社会でよりよく生きていくために十分な能力やスキルを学校教育の中で獲得できるように、州政府や学区の教育政策立案者、学校長、教員、大学及びその他教育関係者の間の繋がりを強化していこうという活動である。具体的には、「教育者を対象にしたグローバル学習についての情報提供 (Webinars: Global Learning for Educators)」、「グローバル学校アセスメント (Global School Assessment)」、「グラデュエーション・パフォーマンス・システム (Graduation Performance System: GPS)」などがあげられる。

「教育者を対象にしたグローバル学習についての情報提供」は、グローバル学習を実践しようとしている教員やその他教育関係者を対象に、導入におけるヒントをウェブサイト上のビデオで紹介するものである。現在公開されているビデオは、郡向けのもの、学校向けのもの、プロジェクトによるグローバル学習の実践の事例紹介の三つがある。

「グローバル学校アセスメント」は、個々の学校がどの程度「グローバル」であるかを評価するサービスである。評価においては、その学校が児童生徒のグローバルな能力の養成にどれだけ関わっているかが基準となっており、学校の要請に応じて、アジア・ソサエティが当該専門家に依頼して評価してもらうというものである。評価を希望する際には、学校側はアジア・ソサエティが準備した質問票に正確に回答することが求められる。この質問票には、学校目標、学校文化、カリキュラム、指導方針、生徒の学びの状況など、詳細で具体的な質問が含まれている。専門家による当該学校の「グローバル度」が評価された後、各学校は、より「グローバル度」を高めていくための将来計画を策定し、それを実践していくことになる。

「グラデュエーション・パフォーマンス・システム (GSP)」は、高校生が卒業時までに十分な能力とスキルを習得できるように教授及び学習方法の改善を支援するものである。特に、教員の専門性の向上に焦点が当てられ、そのためのツール開発や教員研修（カリキュラム計画、教授方法、評価などの内容を含む）の

提供が行われている。

　アジア・ソサエティが実施する主要な三つの教育活動について見てきたが、これ以外にもアジア・ソサエティのグローバル教育教材の開発は注目に値する。例えば、『Educating for Global Competence: Preparing Our Youth to Engage the World』（2011）と『Ready for the World: Preparing Elementary Students for the Global Age』（2010）がある。前者は、グローバル教育のガイドラインとして位置付けられるもので CCSSO との共同で開発された。K-12 の教育内容により一層グローバルな視点をもたせるための工夫をはじめ、グローバルな能力についての解説とその開発方法についての詳細な手順が説明されており、授業実践においてグローバルな視点の導入を考えている教員にとっては必携の図書となっている。他方、後者はグローバル教育のためのガイドブック的なものと考えられ、世界についての知識や経験をどのように初等教育段階でのグローバル教育に取り入れていけばよいかを解説したものである。この図書には授業実践の際に活用できる参考資料も豊富に紹介されており、まさに小学校でグローバル教育を実践しようとしている教員にとっては大変有用なものである。

アジア・ソサエティによって開発されたグローバル教育ガイドライン（左）とガイドブック（右）

　以上、アメリカの教育制度、全米的な統一基準であるコモンコア・ステイトスタンダード（CCSS）、習得が期待されている能力としての大学や職場で活躍できる力（CCR）と21世紀型スキル、アブソン・スクール・オブ・リーダースでの教育実践、新しい学びを支える教育環境について見てきた。
　これまで長らく全米的な統一カリキュラムをもたなかったアメリカが2010年に CCSS の策定を行った。これは同国にとっては非常に画期的なことであったと言える。実は、従来から同国ではあまり外国の教育についての関心は高くなく、PISA に関しても PISA 2003 まではほとんど注目されなかった。しかし、

PISA 2006及び2009では、元ウエストバージニア（West Virginia）州知事のワイズ（Bob Wise: 知事2001-2005年）氏がOECDのPISAプログラム責任者であるシュライヒャー（Andreas Schleicher）氏を招聘し、アメリカの生徒の学力が国際的に見て低いことを全米に知らしめた。同時に、ワイズ氏が会長の座を務めるThe Alliance for Excellent Education（AEE）と呼ばれるアドボカシー・グループは他の教育関連団体とともに国内世論に訴え、CCSSに至る道筋を作ったと言われている。その後もAEEはシュライヒャー氏を集会に招待し、フィンランドやポーランドの教育の成功例を伝えるとともに、教育への投資が経済的にみて有効であるとの主張を展開した。こうした地道なアドボカシー活動の結果としてCCSSが成立したのである。これは、AEEにすれば、OECDという国際機関を利用した政治活動であり、アメリカの公教育の標準化・規格化に貢献したものであると言える。

　他方、こうしたAEEの動きに対して、教育省教育統計センター（National Center for Education Statistics）の元コミッショナーであり、PISA運営委員会のアメリカ代表を務めるシュナイダー（Mark Schneider）氏は、PISAの結果は現実を反映しておらず、アメリカは実際には学力を向上させており、PISAの得点をフィンランドのレベルに引き上げても、それでアメリカ経済が豊かになるとは限らないとしてシュライヒャー氏のアメリカにおける教育政策への提言を厳しく批判している[17]。

　CCSSではCCRと呼ばれる大学や職場で活躍できる力が重視され、特にすでに開発済みの英語と算数・数学のCCSSでは具体的な能力が記載されていた。こうした能力は、グローバル社会の中で生きていく上で必要な能力であり、すべての若者が習得するべきものと考えられている。加えて、アメリカではP21による21世紀型スキルの浸透も見逃すことはできない。これもやはりCCRと同様に、複雑化・多様化する21世紀の社会において必要な能力である。

　近年、アメリカの学校現場ではこうしたCCRや21世紀型スキルの習得を念頭に置いて、カリキュラムを編成し、教育実践を行っている学校が各地で見られるようになってきている。本章で取り上げたアブソン・スクール・オブ・リーダース（ASL）はその典型例であり、ここでは個々の児童に合った学習を徹底し、異学年合同の学習や個別学習を実践していた。

　こうした教育実践は、同国の多様な機関や組織によって支えられていると言

える。例えば、iEARNの活動はオンラインで世界中の教育関係者や若者をつなげて教育活動を行っていた。ただ、この活動はカリキュラム上で定められた学習ではないので、どうしてもアドホック的、あるいは一時的なイベントとなってしまうという課題があることは事実である。そこで、ワールド・サヴィーやアジア・ソサエティでは、グローバルな視点をもった教育活動が学校教育の中で継続的に行われてこそ意味があるという考えに立って、学校カリキュラムの開発にこうした先進的な教育内容を組み込んでいくと同時に、教員のキャパシティ・ディベロップメントなどを積極的に行ってきた。

　ところで、アメリカのこうした教育実践を目の当たりにして、筆者は、これまで考察してきた世界の国々、つまりドイツやオーストラリア、ニュージーランド、それから次章で触れるカナダなどと比べて、言葉上は「グローバル人材」という同じ用語を使っているにも関わらず、アメリカの教育実践はその意味において少し異なっているように思えてならない。すなわち、アメリカの「グローバル人材」は世界の中で優位に立てる競争力をもった人材ということが非常に強調されているという印象がある。他方、ドイツやオーストラリア、ニュージーランド、カナダなどの「グローバル人材」は競争力という意味合いは比較的薄く、それよりも協調や協働という意味合いが強いように思えてならない。今後、アメリカの公教育がどのように変化していくのか注視していく必要があろう。

〈注〉

1) 学力面・社会面で中退の危機にある生徒を対象にした高等学校を指す。なお、広義ではマグネット・スクール、ギフテッド・スクール、特別支援学校など一般校の中で特別プログラムをもつ学校を指したり、Vo-Techを指す場合もある。

2) アイビー・リーグなどの名門大学への入学を目的とした進学校を指す。大多数が私立で、全寮制をとっている学校も少なくない。アメリカ北東部に多く見られる学校形態である。

3) 主要な関係団体としては、Achieve, Inc.、ACT, Inc.、The College Board、全米州教育委員会協議会（The National Association of State Boards of Education）、全米PTA協会（The National Parent Teacher Association）、全米州高等教育管理者協会（The State Higher Education Executive Officers）、全米学校管理職協会（The American Association of School Administrators）、The Alliance for Excellent Education、The Hunt Institute、The Business Roundtableなどがあげられる（佐々木司、佐藤仁「アメリカの教育課程の概要」、『教育課程の編成に関する基礎的研究 報告書6 諸外国の教育課程と資質・能力－重視する資質・能力に焦点を当てて』、国立教育政策研究所、2013年、p.91-92を参照）。

4) CCSS未採択は、バージニア（Virginia）州、インディアナ（Indiana）州、ミネソタ（Minnesota）州、

ネブラスカ (Nebraska) 州、オクラホマ (Oklahoma) 州、テキサス (Texas) 州、アラスカ (Alaska) 州とプエルトリコ (Puerto Rico) である。コモンコア・ステイトスタンダード・イニシアティブ (Common Core State Standards Initiative) のウェブサイトを参照 (2015年3月時点)。(www.corestandards.org/standards-in-your-state/)

5) 佐々木司、佐藤仁「アメリカの教育課程の概要」、『教育課程の編成に関する基礎的研究報告書6 諸外国の教育課程と資質・能力－重視する資質・能力に焦点を当てて』、国立教育政策研究所、2013年、p.86 を参照。

6) 佐々木司、佐藤仁、前掲書、p.100-101 を参照。

7) チャータースクールとは親や教員、地域団体などが、州や学区の認可 (チャーター) を受けて設置する初等中等学校で、公費によって運営される。州や学区の法令や規則の適用が免除されるため、独自の理念や方針に基づく教育を提供することができる。ただし、教育成果がチャーター交付者によって定期的に評価され、一定の成果をあげなければチャーターを取り消される。

8) Aveson Charter Schools, *Aveson School of Leaders: School Accountability Report Card, 2012-2013*, 2013 を参照。

9) アジア・ソサエティ及びISSNの詳細については本章の「学びを支える環境」の項を参照のこと。

10) 同報告書の p.7 を参照 (www.lrc.columbia.edu/sites/lrc/files/international-strategy-2012-16.pdf#search='Succeeding+globally+through+international+education+and+engagement')

11) アジア・ソサエティでは、CCSSが英語教育 (特に、文学やノンフィクション鑑賞) を通じて世界の歴史や文化について学ぶことを求めているという立場から、オブライエン (Tim O' Brien) の『The Things They Carried』や「ホーチミン (Ho Chi Minh) による演説」(両者ともアメリカ史学習)、さらには日本の鉄道地図及びそのビデオ視聴 (異文化理解学習) などが教材として有効に活用することができるといった教育情報の提供などを行っている (アジア・ソサエティのウェブサイト「Common Core: Getting There Globally」を参照)。

12) ワークショップの日数は一般的に数日である。参加者は参加料の支払いが必要になり、これらの費用はワークショップ開催にかかる会場費やその他機材や文具費用にあてられる。また効率的な実施のために参加人数はかなり絞られる。他方、オンライン・コースは4～8週間程度継続され、参加者は25名程度、そこに二名の講師がついて実施される。参加費は通常無料である。

13) iEARNの活動が、公教育で必須となっている国もある。例えば、オマーン、カタールなどの中東諸国やパキスタンなどである。特にオマーンのiEARNセンターは教育省内に設置されている。また、台湾やアルゼンチンでもiEARNは教育省との連携を密にしている。加えて、少し形態は異なるが、オーストラリアではiEARNセンターはなく、八名の専属職員は連邦教育省の各部署に配属されている。

14) 中国では、政治的な制約からNGOを設立することが難しい。そのため上海支部は正式には組織として認可されておらず、規模も非常に小さい。

15) 代表的な財団としては、Freedom Foundation, MetLife Foundation, Pearson Foundation などがある。

16) 小学校に関しては、学区制がとられているが、中等教育段階はその制限がない。

17) 佐々木司、佐藤仁、前掲書、p.92-93 を参照。

第7章

カナダの挑戦
―多文化社会で生きるバランス感覚を育てる―

　カナダは北アメリカ大陸の北部に位置し、10の州（Province）と三つの準州（Territory）から構成される連邦立憲君主制国家である。10州とは首都オタワ（Ottawa）のあるオンタリオ州（Ontario: ON）をはじめ、ケベック州（Quebec: QC）、ノバスコシア州（Nova Scotia: NS）、ニューブランズウィック州（New Brunswick: NB）、マニトバ州（Manitoba: MB）、ブリテッシュコロンビア州（British Columbia: BC）、プリンスエドワードアイランド州（Prince Edward Island: PE）、サスカチュワン州（Saskatchewan: SK）、アルバータ州（Alberta: AB）、ニューファンドランド・ラブラドール州（Newfoundland and Labrador: NL）を指し、三準州にはノースウエスト準州（Northwest: NT）、ユーコン準州（Yukon: YT）、ヌナブト準州（Nunavut: NU）といった北極圏に位置する地域が含まれる。国土面積は998万km²で世界第二位の広さを誇る。

　人口構成としては、ヨーロッパ系白人が76％と最も多いが、先住民やアフリカ系、中南米系、アジア系なども見られ、多民族国家となっている。また、同国は歴史的にイギリス系移民とフランス系移民による開拓が行われたことから、公用語も英語とフランス語の二言語となっている。特に、ケベック州はフランス系の文化が強く、他の地域と文化的に異なった趣を呈している。

1. カナダの教育制度

　上述のように、カナダは10の州と三つの準州から構成される連邦国家で、各州の独立性が高く、教育の管轄権は州にあり、州政府が責任をもって行うこととなっている。このため、学校制度をはじめ、教育行政やカリキュラムなども州によって大きく異なっている。

　全体的に同国の教育制度は大きく初等と中等の二つに分かれている。初等教育は通常、幼稚園から6年生（州によっては8年生）までの児童を対象とし、中

等教育は7年生から12年生（州によっては始まりが5年生、最終学年が13年生）までの生徒の教育を行っている。中等教育はSecondary Schoolとして一貫教育が行われている州とJunior High（またはMiddle）SchoolとSenior High Schoolの二つの段階に分けて実施している州がある。同国において際立った特徴のある州として、ニューブランズウィック州（NB）をあげることができる。ここは唯一公式にバイリンガル教育を謳っている州であり、英語制度とフランス語制度では異なった教育システムが採用されている。前者では5年間の初等教育の後、3年の前期中等と4年の後期中等教育が行われるのに対し、後者では8年間の初等教育の後、中等学校において4年間一貫して教育が行われる。

義務教育は、ほとんどの州が6歳から15歳あるいは7歳から16歳の10年間としているが、州によっては就学前教育を含めたり、17歳（シニア・ハイスクールあるいは中等学校卒業）までとしているところもあり、州によってかなりの違いが見られる。

高等教育は、大学（University）及びカレッジ（College）において提供されている。大学は少数の例外を除き州立大学であり、大学間のレベル差はほとんどない。大学は取得できる学位の種類によって、学部大学、総合大学、博士大学の三つに分けられる。学部大学は教養科目を提供しており大学院は設置されていない。総合大学は学部と大学院を併設した大学で、博士大学は専門分野での研究に力を注いでいるスペシャリスト養成のための大学である。他方、カレッジにはコミュニティ・カレッジとユニバーシティ・カレッジの二つがあり、前者は2年制で主に職業訓練を提供する教育機関であるのに対し、後者は職業訓練的な性格をもちながら、特定の分野において3年次及び4年次の科目も提供し、修了時には学士号が取得できる機関である。

首都オタワや同国最大の都市トロントを有するオンタリオ州では、8年間の初等教育の後、4年間の中等教育が提供される8-4制を採用している。ただし、義務教育は初等教育と中等教育の前半2年間の合計10年間とされている。中等教育を修了すると、高等教育へ進むことになる。

フランス系文化色が強く国内でも独特の文化圏をもつケベック州は、他州に比べて中等教育から高等教育への移行段階で際立った特色がある。同州では6年間の初等教育の後、5年間の中等教育が提供されており、その最終年度に中等教育修了証明書（Secondary School Diploma: SSD）が授与される。これによりカ

第7章 カナダの挑戦 | 145

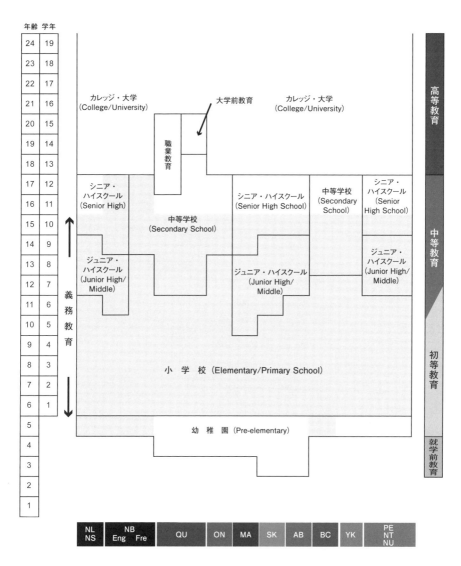

注：NL（ニューファンドランド・ラブラドール州）、NS（ノバスコシア州）、NB（Eng.）（ニューブランズウィック州英語制度）、NB（Fre.）（ニューブランズウィック州仏語制度）、QU（ケベック州）、ON（オンタリオ州）、MA（マニトバ州）、SK（サスカチュワン州）、AB（アルバータ州）、BC（ブリティッシュコロンビア州）、YK（ユーコン準州）、PE（プリンスエドワードアイランド州）、NT（ノースウエスト準州）、NU（ヌナブト準州）

出典：Council of Ministers of Education, Canada, *Education Indicators in Canada: Handbook for the Pan-Canadian Education Indicators Program*, 2011, p.85-90 を参考に筆者作成

図7-1 カナダの学校系統図

レッジへ進学することはできるが、直接総合大学には進学できない。同州のカレッジ教育はCEGEP（Collége d'enseignement général et professionnel、英語訳：College of General and Vocational Education)[1]として知られ、これは初中等教育と高等教育の中間レベル的な性質をもっている。CEGEPは約50の州立のユニバーシティ・カレッジとコミュニティ・カレッジで構成されており、すべての機関で2年間の大学入学前プログラムと3年間の技術プログラムが用意されている。修了すると、Diploma of College Studies（DCS）が授与されるほか、短期の技術プログラムではAttestation of College Studies（ACS）が授与される。大学入学にはDCSが必要となる。大学入学前プログラムからは大学へ、技術プログラムからは就職へという進路になるが、一定条件のもとでは技術プログラムから大学へ進学することもできる。

2. カナダ（オンタリオ州）のカリキュラム

すでに触れたように、カナダでは教育の管轄権は州にあり、各州政府が責任をもって行うことになっているため、連邦政府レベルでは教育省は存在せず、州レベルに教育省[2]が一つあるいは複数設置されている。したがって、学校制度をはじめ、教育行政や教育課程などは州によって大きく異なっている。なお、各州の教育担当大臣が教育に関する情報交換や相互協力を行うために教育担当大臣協議会（Council of Ministers of Education, Canada: CMEC）と呼ばれる組織が設置されているが、これはあくまで各州の教育担当大臣間の情報共有と調整連絡機関として機能しているものなので各州政府に対する拘束力はない[3]。以上のような理由から、カナダの教育一般について語ることは難しい。ここでは首都オタワや同国最大の都市トロントを擁するオンタリオ州を例として見ていくことにする。

オンタリオ州では州教育基本法（Education Act）に則って州統一のカリキュラムである「オンタリオ・カリキュラム（The Ontario Curriculum）」[4]が策定されている。最初の州統一カリキュラムは1997年に策定され、2003年以降、教育省（Ontario Ministry of Education）の改定計画に沿って、毎年いくつかの教科の見直しと改訂作業が行われている。現行のオンタリオ・カリキュラムは2012年までに改定が終了したものである。

現行オンタリオ・カリキュラムは、幼稚園プログラム（The Kindergarten Program）、

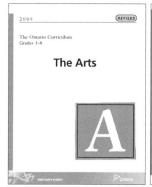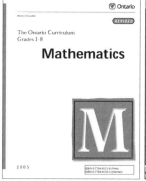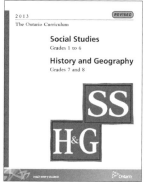

出典:オンタリオ州教育省ウェブページ (www.edu.gov.on.ca/eng/curriculum/elementary/index.html)
オンタリオ・カリキュラム (Ontario Curriculum) の一例

芸術 (The Arts)、第二外国語としての仏語 (French as a Second Language)、保健体育 (Health and Physical Education)、言語 (Language)、算数・数学 (Mathematics)、民族語 (Native Languages)、科学と技術 (Science and Technology)、社会 (Social Studies)、歴史と地理 (History and Geography) の九教科と一プログラム (以上、初等教育)、さらに、芸術、ビジネス (Business Studies)、カナダ人と世界 (Canadian and World Studies)、国際語 (Classical and International Languages)、コンピュータ (Computer Studies)、英語 (English)、第二外国語としての英語・英語リテラシー (English as a Second Language and English Literacy Development)、第二外国語としての仏語 (French as a Second Language)、職業教育 (Guidance and Career Education)、保健体育、学際研究 (Interdisciplinary Studies)、数学、民族語、民族学 (Native Studies)、科学 (Science)、社会科学・人文科学 (Social Science and Humanities)、技術教育 (Technological Education) の17教科目 (以上、中等教育) から構成され、これら教科ごとにカリキュラムが策定されている。

各教科のカリキュラムには、期待 (Curriculum Expectations)、目標 (Goals)、内容領域 (Strands)、学習過程と習得すべき能力 (Process and Skills)、児童生徒の学習到達度の評価基準 (Assessment and Evaluation of Student Achievement) などが示されているが、実際の学習で評価の対象とされるのは各学年の全体目標のみである。全体目標のもとに知識や内容に関する具体的な目標が示されているが、それらは例示に過ぎず、到達目標や能力・資質については触れられていない。すなわち、詳細については実際に教育活動を行う現場教師に委ねられているのである。こ

表7-1 オンタリオ・カリキュラムに設定された教科目

	初等教育		中等教育	
年齢 学年	6-11 1-6	12-13 7-8	14-15 9-10	16-17 11-12
言語 (Language)	✔		✔	
英語 (English)			✔	✔
国際語 (Classical and International Languages)			✔	✔
民族語 (Native Language)		✔	✔	✔
第二外国語としての仏語 (French as a Second Language)	✔*1		✔	✔
第二外国語としての英語・英語リテラシー (English as a Second Language and English Literacy Development)			✔	✔
算数・数学 (Mathematics)		✔	✔	✔
科学と技術 (Science and Technology)		✔		
科学 (Science)			✔	✔
社会 (Social Studies)	✔			
歴史と地理 (History and Geography)		✔		
カナダ人と世界 (Canadian and World Studies)				✔
社会科学・人文科学 (Social Science and Humanities)				✔
民族学 (Native Studies)				✔
芸術 (The Arts)		✔	✔	✔
保健体育 (Health and Physical Education)		✔	✔	✔
ビジネス (Business Studies)			✔	✔
コンピュータ (Computer Studies)			✔*2	
職業教育 (Guidance and Career Education)			✔	✔
技術教育 (Technological Education)			✔	✔
学際研究 (Interdisciplinary Studies)				✔

注：表中の「✔」は必須教科目であることを示す
＊1：通常はGrade 4から開始されるが、Grade 1から開始される集中コースも設定されている
＊2：Grades 10〜12において開講されている
出典：Ontario Ministry of Education のウェブサイト「The Ontario Curriculum」を参考に筆者作成

のことは、カナダが先住民と数多くの移民によって構成された多文化社会であるが故に、多様な文化的背景を尊重していくことを大前提にしている社会であり、教育においても、様々な児童生徒のニーズに対応しながら日々の教育活動の中でその多様性を反映していくことが期待されていることを意味する[5]。

3. 学習スキルと労働習慣 (Learning Skills and Work Habits)

オンタリオ・カリキュラムの策定にかかる州教育省の政策文書「Growing Success:

Assessment, Evaluation, and Reporting in Ontario Schools」(2010年)において、「学習スキルと労働習慣」が示されている。これは、効果的な学習を実現するために不可欠なものであり、学習のための基盤と位置付けられている。また、こうした能力の発達は学校教育の早い段階から始まり、徐々に学年が上がるにつれて強固なものになっていくと述べられている。「学習スキルと労働習慣」は以下の六つから構成され、それぞれのスキルや習慣において例があげられている。

①責任感 (Responsibility)
　責任感のある児童生徒の行動例として、所与の学習環境のもとで責任を果たす、合意したスケジュールに従って課題や宿題をやり遂げ提出する、自分自身の行動に責任をもち自己管理する、などがある。

②自己管理力 (Organization)
　自己管理力のある児童生徒の行動例として、作業や課題を完遂するために計画を立てそれに従って行う、課題を完遂したり目標を達成するために優先順位を決め時間管理を行う、課題を完遂するために必要な情報や技術、その他のリソースを決定・収集・評価し活用する、などがある。

③課題解決能力 (Independent Work)
　課題解決能力のある児童生徒の行動例として、課題の遂行や目標達成のために自ら自己の活動を振り返り評価し、必要な時には計画を修正する、課題を完遂するために授業時間を適切に用いる、最低限の管理のもとで指導に従う、などがある。

④協調性 (Collaboration)
　協調性のある児童生徒の行動例として、集団での様々な役割を受け入れ公平に作業を分担する、他者の考えや意見、価値、伝統に対して肯定的に反応する、個人やメディアを介した相互作用を通して健全な関係を構築する、対立を解決するために他者と協力したり、集団の目標を達成するために相互理解を構築する、問題を解決するために情報やリソース、専門的知識を共有したり批判的思考を用いながら決定を下す、などがある。

⑤積極的態度（Initiative）

積極的態度のある児童生徒の行動例として、新しいアイデアや学びの機会を探究しそれに取り組む、新しいことに取り組むとともにそれに対するリスクを負うという意志を示す、学びへの興味と関心を示す、積極的な態度で新しい課題に取り組む、自分自身及び他者の権利について正しく認識し擁護する、などがある。

⑥自律性（Self-Regulation）

自律性のある児童生徒の行動例として、自己の目標を設定しその達成に向かって自身の進捗をモニターする、必要な場合には説明や支援を求める、自分自身の長所、欲求、興味について批判的に評価し見直す、自己の欲求を満たしたり目標を達成するために、いつ、何を、どのように学習するかについての明確な考えをもつ、困難に対して忍耐強く努力する、などがある。

以上が「学習スキルと労働習慣」の内容である。これらは児童生徒の学習にとって重要なものであるが、学校での児童生徒の学習評価の際にこれらのスキル一つひとつを対象にするべきではなく、考慮すべきは各教科別カリキュラムに明示された「期待」や「目標」であるとされている。このことから、教師は保護者に対して児童生徒の学習評価と「学習スキルと労働習慣」の状況について別々の情報として提供することが必要となる。ただし、各教科カリキュラムの期待や目標に「学習スキルと労働習慣」の要素が含まれている場合にはこの限りではない。例えば、数学カリキュラムの目標の一つに「問題解決能力の発達と応用」があげられているが、これは「学習スキルと労働習慣」の中の「自己管理力」に必要な能力要素のいくつかと関連していると考えられる。したがって、児童生徒の学習評価の際に「自己管理力」を含めるかどうかは担当の教師の判断に委ねられている[6]。

4. 学習評価の対象としての能力・スキル

では、オンタリオ・カリキュラムにおいて児童生徒の学習評価の際に考慮される学力とはどのようなものであろうか。教科ごとのカリキュラムには教師が

児童生徒の学習成果を評価する時の参考として「達成度評価図（Achievement Chart）」と呼ばれるものが示されている。教科によって多少異なるものの、そこには知識と理解、思考力、コミュニケーション、応用力の四つの側面から学習到達度を評価できるようになっている。これらの詳細は以下の通りである。

①知識と理解（Knowledge and Understanding）
知識とは各学年で学習する教科内容、理解とはそれらの意味や意義の理解を指す。
・内容についての知識（Knowledge of Content）：事実、用語、要素、形式、構造など
・内容についての理解（Understanding of Content）：概念、考え方、手順、過程、要素間の関係など

②思考力（Thinking）
批判的思考力及びその思考過程、創造的思考力及びその思考過程の活用を指す。
・企画力の活用（Use of Planning Skills）：問題の構成、アイデアの創造、情報収集、調査の実施など
・処理能力の活用（Use of Processing Skills and Strategies）：分析、評価、推論、解釈、編集など
・批判的・創造的思考過程の活用（Use of Critical/Creative Thinking Processes）：創造的・分析的過程、デザイン過程、問題解決など

③コミュニケーション（Communication）
様々な形態での意味の伝達を指す。
・考え方や情報の伝達と組織（Expression and Organization of Ideas and Information）：動作、音声、言葉、技術を用いて考えや気持ちを表現するなど
・様々な他者との会話（Communication for Different Audiences）：仲間、大人、若者、子どもなどとの会話
・様々な形式での慣例・語彙・用語の活用（Use of Conventions, Vocabulary, and Terminology in Oral, Visual, and/or Written Formula）：寓話、演劇、言葉などを口

頭または書き言葉で表すなど

④応用力（Application）
多様な文脈の中で関連性を見つけ、知識やスキルを活用することを指す。
・熟知した文脈での知識やスキルの応用（Application of Knowledge and Skills in Familiar Contexts）
・知識やスキルの新しい文脈への応用（Transfer of Knowledge and Skills to New Contexts）
・様々な文脈の中及びその間における関係性の構築（Making Connections within and between Various Contexts）

これら評価対象としての能力やスキルは、前述の「学習スキルと労働習慣」に比べ、かなり狭い範囲の能力であることが分かる。教科学習における児童生徒の学習達成度としては、ある程度照準を絞った能力の評価が適切であるということなのであろう。

5. その他の能力・スキル

上で見た能力やスキル以外にも、オンタリオ州教育省は独自の調査を行い、カナダ人的資源スキル開発（Human Resources and Skills Development Canada: HRSDC）及びカナダ評議会（Conference Board of Canada）において示された能力リストを参考にしながら「オンタリオ・スキル・パスポート（Ontario Skills Passport: OSP）」を開発している。OSPでは以下の九つの労働習慣があげられている[7]。

①安全に活動する（Working safely）
②チームワーク（Teamwork）
③信頼（Reliability）
④自己管理（Organization）
⑤課題解決（Working independently）
⑥積極的態度（Initiative）
⑦自己擁護（Self-advocacy）

⑧顧客サービス（Customer service）
⑨起業家精神（Entrepreneurship）

他方、カナダ評議会が作成したエンプロイアビリティ・スキル（Employability Skills）では以下のようなスキルがあげられている[8]。

①基本的スキル（Fundamental Skills）
・会話能力（Communicate）
・情報管理能力（Manage information）
・数の操作能力（Use numbers）
・思考力と問題解決能力（Think and solve problems）

②成長を促す自己管理能力（Personal Management Skills）
・積極的な態度や行動を示す（Demonstrate positive attitudes and behaviors）
・責任感がある（Be responsible）
・適応性がある（Be adaptable）
・継続的に学習する（Learn continuously）
・安全に活動する（Work safely）

③チームワーク能力（Teamwork Skills）
・他者と協力する（Work with others）
・プロジェクトや課題に参加する（Participate in projects and tasks）

さらに、オンタリオ州教育省は米国発のP21による「21世紀型スキル」にも注目しており、2010年に「21世紀型教授学習イニシアティブ（The 21st Century Teaching and Learning Initiative）」というプロジェクトを立ち上げ、新しい学習アプローチの研究や教育実践へのICTの積極的な導入、多様な学習ツールや教材の開発（クラウド・ベースの学習ツール．www.EduGAIN.ca等）などを行ってきた。さらに、オンタリオ・カリキュラムにおける21世紀型スキルの育成の重要性を強調するとともに、アセスメントにおいてもその点をしっかりと考慮していくこととされている[9]。

6. 教育実践例：トロント大学オンタリオ教育研究所付属校
（Dr. Eric Jackman Institute of Child Study Laboratory School）
の環境教育

■学校概要

　同校はトロント大学オンタリオ教育研究所の付属校で、トロント市内に立地する生徒数200名、教職員数23名の小規模校である。もとは1925年にロックフェラー財団（Norman Spellman Rockefeller Foundation）の寄付によってセント・ジョージ学校（St. George's School for Child Study）として設立され、2歳〜4歳の8名の子どもたちの教育から始

トロント大学オンタリオ教育研究所付属校

まった。同校の教育方針は、アメリカの哲学者・教育者であるデューイ（John Dewey）の思想を基礎にしており、個人の探究（Inquiry）、統合（Integrity）、社会的責任感（A Sense of Social Responsibility）、学びの認識（An Appreciation of Learning）を養成していくことが掲げられている[10]。

　同校は保育（3歳児対象）・幼児教育（4〜5歳児対象）及び初等教育（Grades 1〜6）を提供しており、子どもの学びをよりよいものにするために様々な教授学習に関する研究プロジェクトが実施されている。年間およそ15のプロジェクトが常に進行している。これらの財源はトロント大学やオンタリオ州教育省などから提供されている。

■学校カリキュラム

　同校の存在意義の一つとして、教育実践モデルや成果を普及するということがあげられる。つまり、各種国際会議や視察といった機会を有効に活用しながら、同校での新しい教育実践モデルを一般の学校へ広めていくというものである。このため、同校は一般の公立校とは異なり、オンタリオ州が定めるカリキュラムの規制を受けることはなく、基本的に独自に指導方針や内容等を決定することができるという特徴がある。ただし、児童の継続的な学習を考慮して

オンタリオ州のカリキュラム内容については十分に考慮しながら、特に英語や算数はそれに合わせた教育実践を行っている。

　先にも触れたように、同校はデューイの教育思想を基本に教育活動を行っており、教育実践において確固とした理念と信念がある。すなわち、個々の子どもの発達は大きく異なり、それ故に子どもの発達やニーズに合った教育が必要で、そのためには常に子どもの要求に注目し耳を傾けなければならない。特に、子どもが身体的、精神的、心理的、認知的に「安全（Secure）」と感じられることは非常に重要で、そうした学習環境を提供することが求められる。また、教育において探究（Inquiry）は基本であるという立場から子どもの問いを重視した教育活動が行われている。こうした状況のもと、同校の教育アプローチには大きな特徴が見られる。一例をあげると、批判的読者（Critical Reader）になるための力の育成、協働学習（Collaborative Learning）の推進、メタ認知アプローチ（Meta-Cognitive Approach）の採用、総合的な探究（Integrated Inquiry）の重視、双方向的なディスコース（Interactive Discourse）などである。当然のことながら、一般の学校で見られるようなテストの点数で子どもの学力を評価するようなことは行われていない。評価は通常、教師による個々の子どもの日々の継続的な学習過程の観察によって行われている。

　こうした教育活動を円滑に実践していくためには、教員の高い力量が求められる。同校では日本の授業研究（レッスン・スタディ）を導入したり、すべての教員に対して研究課題をもたせるなど、力量形成（Professional Development）を積極的に実践しているのも大きな特徴である。

　同校の週時間割を見ると、授業一コマは30〜60分で設定されており、科学と社会を除いてはオンタリオ・カリキュラムで定められている教科が実施されていることが分かる。なお、科学と社会の二教科は同校が独自に設定している「総合探究（Integrated Inquiry）」の時間内で行われている。この「総合探究」は同校の教育実践の大きな特色の一つで、事実と真正面から向かい合いながら科学的・論理的にじっくり考えるための時間として一コマ60分、週二コマ設定されている。

　オンタリオ・カリキュラムには定められていないが同校で行われている学習活動としては、上述の「総合探究」のほかに「図書室学習（Library）」、「演劇（Drama & Movement）」、「視覚芸術（Visual Arts）」がある。

表7-2　Grade 5及び Grade 6 クラスの週時間割

	月	火		水		木		金	
08:45-09:00	朝の練習	朝の練習		朝の練習		朝の練習		朝の練習	
09:00-09:30	ニュース	ニュース		ニュース		ニュース		仏語 G5	算数 G6
09:30-10:00	総合探究	綴り方		芸術 G5	算数 G6				
10:00-10:30		音楽				演劇		算数 G5	仏語 G6
10:30-11:00	休憩								
11:00-12:30	英語	算数 G5	仏語 G6	算数	芸術	算数 G5	仏語 G6	ニュース	
		仏語 G5	算数 G6					英語	
	仏語	黙読				仏語 G5	算数 G6		
12:30-13:30	昼食					昼食			
13:30-14:00	図書 G5	算数 G6	英語			英語		特別な友人	
14:00-14:30						総合探究			
14:30-15:00	算数 G5	図書 G6	体育					TBA	
15:00-15:15	音読					音読		音読	

注：ある時間においては、クラスを二つに分け、異なった教科の学習を行わせる。
出典：トロント大学オンタリオ教育研究所付属校訪問時に入手（2013年1月）

　また、算数と仏語についてはクラスを二つに分け、少人数（11名）で学習できる体制をとっている。この二教科は知識の積み上げが重要な教科で、一度躓くと後の学習内容の理解が難しくなるため、一人ひとりの児童の理解度をより丁寧に確認しながら授業を行っていく必要があるためである。

■環境教育の実践

```
学年：　　Grade 4
生徒数：　11名
教師：　　担任教師
教科：　　総合探究（この時期は環境教育を実践）
単元：　　鳥
```

　この授業では、「鳥」について個々の児童がその身体的特徴や習慣、食物などについて調べ、そこから環境との関係を見い出していくことで、生物にとっての環境の重要性を理解すると同時に、児童一人ひとりが日常生活の中でどのように行動しなければいけないかを考えていくことをねらいとしている。最終

的に自分自身の考えや意見をレポートに纏め、小冊子を作成するという目標が設定されている。

　教室では11名の児童がそれぞれの調べ作業をしている[11]。教室は結構広く、長テーブルや丸テーブルが無造作に配置されている。児童は、好きなテーブルを陣取って学習を行っている。周囲には、パソコンやプリンター、百科事典、図鑑、読み物などが豊富に揃えられており、児童は自由に使用したり、閲覧し

同校における「総合探究」の時間を利用した環境教育の授業実践風景

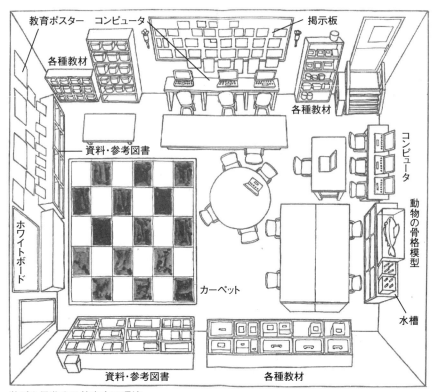

学びを促進する教室内の環境

たりできる。さらに、動物の骨格模型や魚を飼育している大型水槽なども置かれており、さながら小さな子ども博物館のような印象である。

　こうした恵まれた学習環境の中で、児童は思い思いに学習を行っていた。ある児童はコンピュータに向かって鳥（フクロウ）についての情報を検索している。別の児童は机の上に図鑑を広げ、それを見ながら一心不乱に鳥（ツグミ）の絵を描いている。また別の児童は教師の助けを借りながら、鳥（ヤマセミ）の餌について考えを巡らせている。さらに、別のテーブルでは児童たちが鳥（タカ類）について意見交換をしていた。一見すると、個々の児童があまりにも自由にリラックスして学習しているので、クラスとしてのまとまりがないようであるが、同校ではこれこそが個々の児童のニーズと学習ペースに合わせた理想的な学習であると考えられているのである。

授業が始まって40分ほど経った頃、一人の男子児童がレポートをほぼ纏め終え、教師にその内容を見せに来た。その内容は小学校4年生にしてはよくできた素晴らしいもので、その児童が一所懸命に調べ、学習過程で発見したことが見事な言葉（単語）と絵で表現されていた。

　ちなみに、この環境教育の取り組みは、オンタリオ州のすべての小学校で環境問題についての探究的な学習を推進していくために必要となる教材の開発を目的に、慈善団体[12]からの寄付によって2009年から開始された研

同校より出版された環境教育の実践経験を纏めた冊子

究活動である。それ以来、同校では様々な試行錯誤が行われ、2011年、環境教育教材『Natural Curiosity: A Resource for Teachers』が完成した。同校副校長によれば「この冊子は、各教師の実践をそれぞれの物語として纏めたものであり、実践がこうした目に見える形になることは実践者である教師にとって大きな動機付けとなるばかりか、同校の取り組みが他の学校や地域と共有できる機会を提供してくれるツールにもなっている」ということであった。

　この教材は、オンタリオ州のすべての小学校に一冊ずつ配布されており、多くの学校で積極的に活用されているということである。さらに、続編となる教材『A Companion Guide for Natural Curiosity: Making Environmental Inquiry Work through Teacher Collaboration』も開発され、州内のより多くの教育関係者を巻き込んだ研修会などが催されるなど、環境教育の積極的な推進に大いに役立っている。

■図書室を中心に据えた施設配置

　同校における特徴的な教育アプローチである批判的読者になるための能力や総合的な探究力の育成を推し進めていくことは、常に教職員の意識としてあり、教員はあらゆる機会を通じて、児童の視野拡大や思考力の発達を目指している。そこで、重要な役割を果たしているのが、図書室の存在であり、図書室の運営・管理の責任を負う優秀な司書の存在である。

同校では図書室は校舎のほぼ中央に配置され、どの教室からもアクセスしやすくなっている。なかには図書室を通らないと中へ入れない教室もあり、図書室が日常の学校生活の中で切っても切れない身近な場所となるように工夫されている。先に見た5・6年生の週時間割の中でも「図書室学習」が週一回設けられており、

図書室での読み聞かせに耳を傾ける児童たち

その他にも「総合探究」などの時間を利用して図書室が活用されることから、児童は日頃から図書室での学習機会を与えられていることが分かる。図書室は終日児童の学習に使われ、空いている時間帯はほとんどない。

　このように常時活用されている図書室の司書は、頻繁に教師と情報を共有しながら児童の学習に必要な図書をできる限り揃える努力を行っている。そして、職員会議などの場を利用して新刊書や新しい図書の紹介を行ったり、同時に教師からの要望を吸い上げ、図書室のさらなる改善に努めている。

　司書によれば、最近、2年生の「読書の時間」に非常に面白いテーマで児童と討論したということであった。「なぜ、多くの国のお話で継母は子どもにきつく当たるのか？」を考えるというものである。児童はこれまでに読んだ世界中の童話やおとぎ話を思い返しながら、真剣になって考え、それぞれの思考を膨らませながら、いろいろな意見を共有していたということであった[13]。

■オンタリオ・カリキュラムとの関係

　上記の「総合探究」の時間を用いた「鳥」をテーマにした環境教育は、児童自身が所与のテーマについて自ら問題意識をもち、それを解決するために様々な情報にアクセスしながら疑問を解決していくという流れで授業が進められる。オンタリオ州の定める科学カリキュラムにおいては、探究及び問題解決能力の習得（Inquiry and Technological Problem Solving）が重視され、具体的に①主体性と計画性（Initiating and Planning）、②活動と記録（Performing and Recording）、③分析と解釈（Analysing and Interpreting）、④コミュニケーション（Communicating）、という四つのスキルがあげられている。

そこで、本授業実践を振り返ってみると、まず「鳥」というテーマの中でどのような鳥を具体的な研究対象にするのかという最初の段階において、すでに児童の主体性が問われていると言える。そして、各自が選んだ鳥の身体的特徴や習性、さらに食料など様々な特性について調べていくのであるが、何を用いて、どのように調べていけばよいのかについて、限られた時間内で計画を立て、効率的に調査していくことが求められている。ここには計画性の能力が問われていると言えよう。そして、図書資料やインターネットなどから得られた種々の情報から必要なものを取捨選択し、レポートに反映させていく作業では、情報の記録や分析・解釈のスキルが求められていると言える。さらに、学習の途中で友人たちとの意見交換や情報共有、そして友人の考えや調査内容について批判的に考えることを通して自分自身の考えを省察しながらより洗練されたものにしていた。ここでは他者とのコミュニケーション能力や協調性が求められている。

以上のように考えると、本授業実践はオンタリオ州の科学カリキュラムで求められている能力やスキルはもちろん、児童の学習到達度を評価する際の重要な能力群（知識と理解、思考力、コミュニケーション、応用力）についても十分に考慮されていると考えられる。加えて、「学習スキルと労働習慣」として定められている責任感、自己管理力、課題解決能力、協調性、積極的態度などの能力の育成・向上についても十分な配慮がなされていると言えるであろう。

7. 学びを支える環境

カナダは多民族国家であるが故に、政府機関はもちろん、その他様々な機関や組織において、多様な視点や広い視野をもった人材の育成が目指されてきた。先に見たオンタリオ教育研究所付属校での環境教育の実践もそういったことを十分に意識した教育活動であると言える。こうした教育活動を支えているのは、もちろん政府の教育政策やカリキュラムであることは言うまでもないが、同国では、教育関係政府機関以外にもこうした人材の育成と学習を推進している機関がある。また、イギリスのDECのような地域の学習センターやNGOによる積極的な活動も見過ごすことができない。以下、こうした機関や組織による学習支援活動について見ていこう。

■政府による教育活動支援

　多文化国家であるカナダでは、連邦政府並びに州政府における様々な省庁が独自の教育啓蒙活動を行っており、これらの活動は次代を担う子どもや若者に対して少なからぬ影響を与えている。連邦政府レベルでは、シティズンシップ・移民省（Department of Citizenship and Immigration Canada: CIC）、民族遺産省（Department of Canadian Heritage: CH）、元カナダ国際開発庁（Canadian International Development Agency: CIDA）[14]、州政府（ここではオンタリオ州）レベルではオンタリオ教育省（Ontario Ministry of Education）、地域レベルではオンタリオ州ピール地方教育委員会（District School Board, Regional Municipality of Peel）などがあげられる。

①シティズンシップ・移民省（CIC）の取り組み

　同省はもともと移民の入国管理や市民権に関する業務を中心に行う組織であるが、多文化主義に関する教育的取り組みとカナダ人としての共通のシティズンシップの涵養を目指した教育的活動を行っている。代表的なものとして「シティズンシップ週間（Citizenship Week）」があり、この機会を利用してカナダ人としてのアイデンティティを育成しようとしている。また、『Discover Canada: The Rights and Responsibilities of Citizenship』と題された冊子の作成・配布も行っている。この冊子はカナダ市民についてのスタディ・ガイドとして、2009年に初版が出された。2012年にはビデオ教材も発行されている。

　この中には、カナダという国家の仕組みから政治、経済、宗教といったあらゆる項目について、その概要が分かりやすく解説されている。多くの写真も掲載され、非常に見やすい編集となっている。また、最後には「Study Questions」として、内容理解のための設問が用意されていたり、さらにはもっと詳細な情報を知りたい人のため各種参考ウェブサイトのアドレスも掲載されており、まさにカナダのシティズンシップを学ぶための価値ある教材であると言える。この冊子は100万部が印刷され、広く無料で配布された。評判はとて

スタディ・ガイド『Discover Canada』

もよく現在でも高いニーズがある。

　さらに、同省ではカナダ社会の多民族、多文化社会の現状をよりよく理解し、様々な文化的背景をもった人々が社会的、経済的、文化的、そして政治的な活動に積極的に参加し、協力しながらよりよい社会を構築していくことを目的に、お互いの異なった文化や考え方を学ぶ機会として、毎年2月を「黒人の歴史理解月間（Black History Month）」、毎年5月を「アジアの遺産理解月間（Asian Heritage Month）」と定めている。それぞれの期間には、アフリカ系カナダ人及びアジア系カナダ人について理解を深めることのできる各種イベントや催しが実施されている。また、学校現場でも特別な時間を設けて、アフリカ文化やアジアの伝統についての授業が行われるなど、カナダ社会全般において、多文化主義についての教育が実践されるよい機会となっている[15]。

②民族遺産省（CH）の取り組み

　同省では、シティズンシップ教育に関する様々なプログラムが実施されている。なかでも注目されるのが、「エクスチェンジ・カナダ（Exchange Canada）」と「カナダ学習プログラム（Canadian Studies Program：CPS）」である。前者は、カナダの若者が自国についての理解を深めることを目的に行われるもので、ユース・エクスチェンジ（Youth Exchange）への参加を通して、カナダの国家や文化についての様々な知識の共有を行うとともに、若者集会（Youth Forum）において日頃抱いている疑問などについて討議するというものである。

　後者も、カナダ国民が歴史、地理、政治制度、文化など自国についての理解を深めることを目的に行われているプログラムであるが、同プログラムの中心は学習教材の開発やそれに付随した学習活動への資金援助が中心である。資金援助の対象となるテーマは、学習教材の不足が指摘されている分野、すなわち、①統治制度とシティズンシップ（Governance and Citizenship）、②カナダの公用語（Canada's Official Languages）、③カナダの多様性と多文化主義（Diversity and Multiculturalism in Canada）、④先住民研究（Aboriginal Studies）、⑤カナダの歴史解釈能力（Canadian History Interpretation Skills）の五分野とされている[16]。

③オンタリオ教育省の取り組み

　先述のように、オンタリオ州では独自の州カリキュラムが策定されている

が、そのカリキュラムの基本的な考え方として学習内容が日常の生活に還元され、具体的な形で結びつくことが可能となるように教授学習活動を行っていくことが強調されている。また近年のグローバル社会においてよりよく生きていくためには広い視野をもち、積極的に世界に目を向け自分とは異なった文化や環境についても理解でき、協調できる態度が重要であるとされている。

そこで、オンタリオ州の学校で使用されている教科書を見ると、グローバルな視点が様々な形で取り入れられていることが分かる。「社会(Social Studies)」(第1〜6学年)や「歴史と地理 (History and Geography)」(第7〜8学年)、「カナダ人と世界 (Canadian and World Studies)」(第9〜12学年)といった教科目はもちろんのこと、一見、グローバルな視点とは関係が薄いように考えられる「算数・数学」においても、この視点が巧みに挿入されている。例えば、「たし算・ひき算」の単元に先住民の指を使ったユニークな数の数え方に関する知識が紹介され、それを実際に行ってみるという演習が準備されている。これはまさしくグローバルな視点を小学校の算数に取り入れた好例と言えるのではないだろうか。

④元カナダ国際開発庁（CIDA）

CIDAでは2010年より「グローバル市民プログラム (Global Citizens Program)」と呼ばれる活動を実施している。このプログラムは、カナダ人がグローバル市民として積極的に国際開発・国際協力に参加していくことを目指すもので、特に、①啓蒙 (Public Awareness)、②教育と知識 (Education and Knowledge)、③若者の参加 (Youth Participation)、という三つの分野に特化した活動を実施している。

「啓蒙」については、国際開発におけるベスト・プラクティスの紹介、開発途上国から招聘した若いリーダーとカナダ市民との交流、開発に関する市民の理解の向上などが含まれる。「教育と知識」については、国際開発における挑戦やこれまで実践されてきた結果を共有し、国際協力についての理解を深めると同時に専門知識を習得していくことが中心となっている。

「若者の参加」については、カナダ国内及び開発途上国の若者のインターンシップや国際交流への参加促進などが行われており、「International School Twinning Initiative (ISTI)」、「International Youth Internship Program (IYIP)」、「International Aboriginal Youth Internships Initiative (IAYI)」と呼ばれる三つの国際交流プログラムが実施されている。ISTIは、カナダ国内の中学校の教室 (11

〜14歳の生徒対象）と開発途上国の学校の教室をインターネットでつなげ、ビデオ・カンファレンス形式でお互いの情報を交換し、共有するという取り組みである。これによって教師及び生徒は、教育の質的向上を図り、国際開発に対する深い理解とグローバル市民としての役割への気付き、さらに国際的な開発課題に対して議論できる能力を高めることが期待されている。

　IYIPは、カナダ国内の若者（19〜30歳を対象）に国際的な経験、技術及び知識を習得してもらうと同時に、国際開発に対するより深い理解の促進を目指して実施されているプログラムである。まず、CIDAは国際的な活動を行っているカナダ国内の組織の中から本プログラムに協力してくれる組織を選定し、協力組織（Canadian Partner Organizations: CPOs）としてリストを作成している。そして、IYIPを希望する若者（大卒者が条件）をCPOsにインターンとして受け入れてもらい、彼らは一定期間国際的な活動に従事しながら、国際的な知見を蓄積していく。分野としては、環境、ジェンダー、保健、統治（ガバナンス）、基礎教育、民間セクター開発など様々で、受け入れ組織もカナダ共同協議会（Canadian Co-operative Association）、資源効率農業生産（Resource Efficient Agricultural Production: REAP）、ニューファンドランド・メモリアル大学水産海洋研究所（Fisheries and Marine Institute of Memorial University of Newfoundland）、ナイアガラ短大芸術技術学部（Niagara College of Applied Arts and Technology）などNGOや大学研究所など多様である。これらの組織に受け入れられた若者は、南米、アジア、アフリカなどの開発途上国に派遣され、当該組織が行う活動に参加することとなる。

　IAYIは、内容的にはIYIPと類似しているが、インターンの対象がカナダ先住民の若者（18〜35歳）に限られているところに特徴がある。カナダ先住民もIYIPに参加することができるが、彼らにとって大卒という条件は厳しい。そこで、彼らの応募を促進するために高卒を条件として基準を少し下げている。IYIPと同様に、カナダ先住民の若者に国際的な経験、技術及び知識を習得してもらうとともに、国際開発に対するより深い理解の促進を目指して実施されている。本プログラムにおけるインターンは通常、最初の2カ月はカナダ国内、その後4カ月は開発途上国での活動に従事することとなっている。受け入れ組織はCIDA側で選定しており、現在、六つの組織[17]がその受け入れ先となっている[18]。

⑤地方教育員会の取り組み

 地方の教育委員会においても積極的な取り組みが見られる。ここではオンタリオ州南部に位置するピール地域（Regional Municipality of Peel）の教育委員会の例を見ていこう。

 同地区の教育委員会では、児童生徒にグローバルな視点からものを見たり、考えたりする力を育成することを目的に、2005年、グローバル・グランドワーク・プログラム（Global Groundwork Program）を立ち上げた。同プログラムでは、地域の児童生徒や教員など約500名を招いて大規模なセミナーを開催し、グローバル・マインドについて積極的な意見交換と討論を行ったり、学校現場において様々な教育活動を繰り広げた。活動の成果は、『Global Groundwork Resource Kit: Global Groundwork – youth creating foundations for the future』と呼ばれる教材に纏められた。同教材の開発においてはトロント大学オンタリオ教育研究所（OISE, University of Toronto）の執筆チームを中心に進められたが、その他に連邦政府機関である元CIDAや各種NGOの協力も得たとのことである[19]。

ピール地区教育委員会による教材『Global Groundwork』

 同教材には、「水」、「貧困」、「保健」、「教育」、「食糧と農業」、「カナダのグローバル・ルール」といった六つのグローバルな課題についての詳細な解説・資料と具体的な授業案が掲載されており、学校現場の教員にとっては、それらの情報をもとにすぐに自分自身の教室で授業を行うことが可能である。さらに、巻末には追加的な情報源も多数掲載されており、掲載されたウェブサイトにアクセスすればたちまち必要な情報が得られるように工夫されている。

■NGOによる積極的な教育活動

 カナダ国内には数多くの開発NGOが存在しており、それぞれが独自の活動を展開している。政府からNGOに対する資金援助が積極的に行われてきたこともあって、シティズンシップ教育やグローバル教育についての教材開発、イ

ベントやワークショップ、講演会などが盛んに行われている。少し古い資料になるが、高柳（1992年）は、「カナダのNGOの77％は何らかの開発教育活動を行い、NGOのスタッフの10％が開発教育に従事している」と言及しており、また「開発教育専門のNGOも50団体前後ある」という記述もある[20]。

ただし、カナダのNGOはイギリスのように組織立っておらず、全体像を把握することは容易ではない。カナダ国内の開発NGOの連携組織として、カナダ国際協力協会（Canadian Council for International Cooperation: CCIC）があり、そこには100程度の団体の登録があるが、この数は開発NGOの一部でしかない。したがって、全国組織としてのCCICでもすべての開発NGOとネットワークを構築しているわけではない。実は、カナダにはCCIC以外にも、各州やいくつかの近隣の州の連合体による連携組織があり、彼らがある程度その管轄地域に存在する開発NGOとの連携を保っている。また、彼らはインター・カウンシル・ネットワーク（Inter-Council Network）を構築して、情報共有や共同研究なども行っている。

ここではオンタリオ国際協力協会（Ontario Council for International Cooperation: OCIC）の活動を例として見ておこう。OCICはオンタリオ州の開発NGOの連携組織である。主な役割としては、NGO及び他州の国際協力協会とのネットワークの構築、州内NGOのキャパシティ・ビルディング（安全管理や会計管理の能力）、開発政策に対するアドボカシー及びグローバル教育の促進である。トロントに事務所を置き、職員は現在5名である[21]。

OCICのグローバル教育に関する活動としては、まず、NGOなどが行うグローバル教育の情報を収集し、それをお互いに共有できる機会を設定したり、またその中からベスト・プラクティスを選定し、その実践を広く宣伝するなどの活動がある。また、グローバル教育を学校現場で実践するための教材の開発も行っている。代表的なものとして、『You, in the shadow: Classroom Resource』（2009年）がある。これは初等教育の7～8年生を対象にした教材で、グローバル教育の手始めとして簡単な学習活動例が掲載されて

OCICによって開発された教材『Classroom Resource』

いる。この冊子の注目すべきところは、実践を評価するためのガイドラインが添えられており、これはオンタリオ州のカリキュラムに準じているという点である。この冊子は200部印刷され、州内の学校に無料配布された[22]。

■学習センターによるコミュニティ支援

カナダでは1970年代中頃までに開発教育を推進する学習センターが設立された。CCLC（Cross-Cultural Learner Centre、1968年）、DEC（Development Education Center、1970年）、インター・パレス（Inter Pares、1975年）、VIDEA（Victoria International Development Education Association、1977年）[23]などはその代表例である。ここでは、その中でも歴史的に古いCCLCを例として見ていこう。

CCLCはオンタリオ州ロンドン（London、トロントの南西200km）に設立された組織である。設立に際しては、CIDA（当時）から資金援助を受けた。当初12年間は西オンタリオ大学（University of Western Ontario）の一組織として、もっぱら国際開発についての教育機会及び情報の提供を行い、カナダにおける「最初のグローバル教育センター」と呼ばれた。しかしながら、70年代半ばにオンタリオ州へのベトナム難民の大量流入が起こったことを契機に、CCLCはその役割を拡大し、難民の救済を目的としたコミュニティに対する支援を開始した。

現在では、ロンドン地区は難民受入センターとして特徴あるコミュニティとなり、CCLCはさらにこうした難民の定住を積極的に支援するまでになった。1980年にCCLCは非営利慈善団体となり、新規移民のためのニーズに対して多様な支援を行うと同時に、従来からのグローバル教育分野での活動も実施している。現在、同センターには60名以上の多様な人種民族的背景をもった職員がおり、30以上もの言語に対応することが可能である。職員のほとんどは移民であり、同センターが支援の対象としているカナダへの新規移民の状況やニーズをよく理解している。

CCLCが現在行っている支援プログラムの中心は移民に対するもので、定住のためのカウンセリング及

CCLC（Cross-Cultural Learner Centre）

び定住促進支援、新規移民とコミュニティとの連結支援、英語能力向上支援、新規移民の子どもの学校適応支援などがある。また、難民に対する支援として、難民の受け入れセンター（Jeremiah's House）及び難民のための仮宿泊施設（Josephs' House）の運営などがある。

他方、教育活動としては、資料室の運営と地域の外国人を講師として学校へ派遣する活動がある。前者の資料室には多文化主義、国際問題に関するものを中心に、先進国及びアフリカ、アジア、ラテンアメリカなどの開発途上国を扱った約2,000冊に及ぶ図書と300以上のビデオや各種の論文、記事が所蔵されており、自由に閲覧することが可能となっている。従来はロンドン地区の学校の教師たちが多く訪れ、図書を閲覧したり、借りたりしていたが、近年のICTの発達によりインターネット上で多くの情報が直ちに得られるようになり、利用者は急減している。また、従来のようなCIDAからの資金援助はなくなり、新しい図書の購入ができない厳しい状況となっている。

CCLC資料室

外国人の講師派遣については、学校からの依頼に応じて地域に居住する外国人移民や難民を講師として学校に派遣し、講演を行うというものである。この活動は現在もかなりの需要があるということであった[24]。

以上、カナダの教育制度とオンタリオ州を中心に州カリキュラム、そこで重視されている能力やスキル、トロント大学オンタリオ教育研究所付属校での新しい学びのための教育実践、新しい学びを支えている教育環境について概観してきた。

カナダは各州による教育自治が非常に強いため、教育政策も教育制度も各州によって異なっている。この点は先に見たイギリスやドイツ、オーストラリアなどと同様であるが、これらの国々が近年、ナショナル・カリキュラムや統一的なスタンダードを導入しようとしているのに対し、同国ではまだそのような

顕著な動きは見られない。したがって、カナダ全体の教育的特色を捉えることは難しいことから、本章ではオンタリオ州を中心に考察してきた。

　現行オンタリオ・カリキュラムは教科ごとに開発されており、これは1997年に策定されたものを基本に内容を一部改訂したものである。ここには教科目標、扱うべき内容領域、学習過程と習得すべき能力、学習到達度の評価基準などが示されていた。また、これとは別に効果的な学習を実現するために不可欠な基盤的能力として、課題解決能力や協調性、自律性など六つの能力からなる「学習スキルと労働習慣」が政策文書の中で示されていた。オンタリオ・カリキュラムの大きな特徴は、その中の記述はすべて例示にとどめられているという点である。すなわち、オンタリオ州において統一的なカリキュラムを定めてはいるが、その詳細や具体的な教育実践についてはすべて学校現場の教員に委ねられているということである。このことはオンタリオ州、ひいてはカナダという国の多文化が教育政策に大きく影響していると言えよう。

　こうした州カリキュラムの柔軟な取り扱いを可能にしている教育政策のもとでは、各学校による非常にユニークな教育活動が行われている。その一つの代表例がトロント大学オンタリオ教育研究所付属校の教育実践である。デューイの思想を基礎におき、児童の探究的な学びを追求している同校で行われた「鳥」をテーマとした環境教育の授業実践は、一見すると、個々の児童がばらばらに活動を行っており、クラス全体としてのまとまりがないように見えるが、これこそが個人のニーズと個人の学習ペースに合わせた理想的な学習形態であると認識されていた。また、この授業実践は科学のカリキュラムで求められている主体性・計画性、活動と記録、分析と解釈、コミュニケーションという四つの能力の育成をバランスよく促進するものであるということも明らかになった。

　こうした新しい学びを支えているのは、各州の教育省や教育省以外の政府機関（本章で紹介したCIC、CH、CIDAなど）による多文化主義を推進する政策的な支援をはじめ、シティズンシップ教育やグローバル教育を中心とした現代的課題を扱う教育実践を推し進めているNGOによる技術的な支援、さらには国内各地に点在する学習センターにおけるアドバイザリー的な支援など、多様な機関や組織による、多様な形態をとった、多様な支援であると言える。

〈注〉
1) CEGEPの制度は個別の特別法により規定されており、教師や生徒、地域社会の代表者で構成される理事会が各機関を管理・運営している。
2) 州によって名称は異なる。
3) 下村智子「教育課程の編成に関する基礎的研究 カナダ報告書」、『教育課程の編成に関する基礎的研究 報告書6 諸外国の教育課程と資質・能力－重視する資質・能力に焦点を当てて－』、国立教育政策研究所、2013年、p.73を参照。
4) オンタリオ・カリキュラムは、初等教育（幼稚園から8年生）及び中等教育（9年生から12年生）までを対象にしている。
5) 下村智子、前掲書、p.73-74を参照。
6) Ontario Ministry of Education, *Growing Success: Assessment, Evaluation, and Reporting in Ontario Schools*, 2010、p.10-12を参照。
7) OSPのウェブサイトを参照。（http://www.skills.edu.gov.on.ca/OSP2Web/EDU/DisplayWorkHabit.xhtml）
8) エンプロイアビリティ・スキルのウェブサイトを参照。（www.conferenceboard.ca/topics/education/learning-tools/employability-skills.aspx）
9) Ontario Ministry of Education, *21st Century Teaching and Learning: Winter 2014 Quick Facts*, 2014を参照。
10) 2014年12月時点の情報。同校ウェブサイトを参照。（www.oise.utoronto.ca/ics/Laboratory_School）
11) 先述のように、少人数での学習を可能にするためにクラスを二つに分けて授業を行っている。
12) ノーマン・マリアン・ロバートソン慈善財団（The Norman and Marian Robertson Charitable Foundation）のほか、関係者からの寄付及び写真家エドワード・バーティンスキー（Edward Burtynsky）の協力があった。
13) 同校訪問（2013年1月）時点の情報。
14) CIDAは、2013年7月の組織再編によって、旧外務国際貿易省（Department of Foreign Affairs and International Trade）と合併し、外務国際貿易開発省（Department of Foreign Affairs, International Trade and Development）となった。
15) CICのウェブサイトを参照。（www.cic.gc.ca/english/）
16) CHのウェブサイトを参照。（www.pch.gc.ca/eng/1266037002102/1265993639778）
17) 現在、指定されている六組織とは、Canadian World Youth、Aide internationale à l'enfance（L'AMIE）、Interagency Coalition on Aids and Development、Victoria International Development Education Association、Comité de Solidarité Trois-Rivières、Centre de Solidarité Internationale du Saguenay-Lac-St-Jeanである。
18) Department of Foreign Affairs, International Trade and Developmentのウェブサイトを参照。（www.international.gc.ca/development-developpement/partners-partenaires/avail-internships-stages-dispo.aspx?lang=eng）
19) 同プログラムに対する協力NGOとして、Canadian Physicians for Aid and Relief（CPAR）、Canadian Red Cross、Doctors Without Borders、Leaders Today and Free the Children、UNICEF Canada、World Vision Canadaなどがあった。

20) 高柳彰夫「カナダの開発協力におけるNGOと政府機関との関係の考察 (2)」、『一橋研究第17巻第2号』、一橋大学、1992年、p.102を参照。
21) OCIC訪問 (2013年1月) 時点の情報。
22) OCICのウェブサイトを参照。(www.ocic.on.ca/)
23) CCLCはオンタリオ州ロンドン市 (London, Ontario)、DECはオンタリオ州トロント市 (Toronto, Ontario)、インター・パレスはオンタリオ州オタワ市 (Ottawa, Ontario)、VIDEAはブリティッシュコロンビア州ビクトリア市 (Victoria, British Columbia) にある。
24) CCLC訪問 (2013年1月) 時点の情報。

第8章

シンガポールの挑戦
─自ら学ぶ学習者の育成─

　シンガポールは、マレー半島の南端、赤道直下に位置し、本島であるシンガポール島及び60以上の小さな島々から構成される国土面積はわずか707.1 km²（我が国の東京23区程度）の都市国家である。人口は約540万人であり、その75％は中国系（華人）が占めているが、その他にマレー系、インド系、ユーラシア系の民族も混在しており、多民族国家となっている。したがって、公用語も英語、マレー語、中国語、タミール語の四つが指定されている。

1. シンガポールの教育制度

　シンガポールは東南アジアの小国であり、他の近隣諸国に比べ国土や人口規模において大きな差があり、また天然資源にもほとんど恵まれていない。この不利な点を克服するために、従来より国家をあげて質の高い人的資源の育成を目指してきた。政府の強力な主導のもと小学校段階から徹底した能力による選抜が行われ、能力別教育、エリート教育が実施されてきたことは周知の事実である。同国の学校制度を見てみると非常に多様化した複線型となっていることが分かる。

　初等教育は6年間行われ、ほとんどの児童の年齢は6歳から11歳である。初等教育を実施する小学校は現在182校ある[1]。小学校での主要教科は、英語、民族語、算数の三教科であり、5年生になると児童の能力に応じて「標準（Standard）」と「基礎（Foundation）」に分けられる[2]。初等教育修了時にはすべての児童を対象とした小学校卒業試験（Primary School Leaving Examination: PSLE）が実施され、中等教育を受けるための学力が測られる。必要な基準に達した場合には、①特別コース（Express）、②普通/学術コース（Normal/Academic）、③普通/技術（Normal/Technical）の三コースに分けられて入学することとなる。これら三

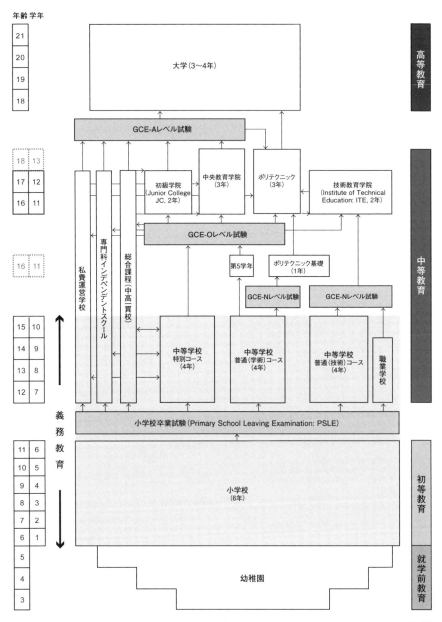

出典：シンガポール教育省（MOE）ウェブサイト（www.moe.gov.sg/education/）及び原田信之編著『確かな学力と豊かな学力』、ミネルヴァ書房、2007年、p.187を参考に筆者作成

図8-1　シンガポールの学校系統図

コースはメインストリームと呼ばれ、大多数の児童がこのうちいずれかのコースをとる。メインストリームのほかには職業学校（Specialised Schools）が準備されている。

中等学校は上述の三コースに分かれ、4年間または5年間行われる。中等学校は現在154校ある[3]。特別コースは「シンガポール・ケンブリッジ教育認定試験Nレベル（Singapore-Cambridge General Certificate of Education Normal Level: GCE-N）」を受ける必要がなく、「Oレベル（Ordinal Level）」（GCE-O）を受ける。「Oレベル」は語学が中心であり、この試験で優秀な成績をおさめた生徒は初級学院（Junior College）や中央教育学院（Centralised Institute）、あるいはポリテクニックに進学することができる。普通／学術コースは教科中心、普通／技術コースは体験重視のカリキュラムが用意されており、どちらのコースも4年修了時に「Nレベル」の試験を受ける。ただし、普通／学術コースの生徒の中にはもう一年中等教育を受け（第5学年）、その後「Oレベル」の試験を受けて上級学校を目指す者も少なくない。なお、学校によっては特別コースの生徒がほとんどを占める学校もあり、こうした学校は人気校となっている。

近年シンガポールでは、総合課程（Integrated Programme：IP）の教育プログラムを提供する学校も設立されてきている。これは中等教育4年間と初級学院2年間を組み合わせた、いわゆる中高一貫校（6年間）であり、ここでは「Oレベル」の試験を受ける必要がなく、「Aレベル（Advanced Level）」（GCE-A）の試験を受けて大学へ入学することができる。このため人気校となっている。また特に、数学、科学あるいは芸術やスポーツに秀でた生徒を受け入れる専門科インデペンデントスクール（Specialised Independent Schools）、独自のユニークなカリキュラムを提供している私費運営校（Private Schools and Institutions）などもあり、どちらもIP校と同じく6年間の教育課程を提供し、「Aレベル」の試験を受けて大学へ進学できるようになっている。IP校、専門科インデペンデントスクール、私費運営校は全国に16校ある[4]。

高等教育機関としては、同国にはシンガポール国立大学（National University of Singapore: NUS）、南洋工科大学（Nanyang Technological University: NTU）、シンガポール経営大学（Singapore Management University: SMU）の三つの国立大学のほか、私立大学やアメリカの大学の分校などがある。南洋工科大学には国立教育研究所（National Institute of Education: NIE）が併設され、教員志望者のための教員養成プ

ログラムや現職教員のための研修プログラムを実施している。

同国の義務教育は2003年から開始され、現在、初等教育6年間、中等教育4年間の合計10年間が義務教育と定められている。

2. ナショナル・カリキュラム

同国は強力な中央集権国家であり、教育政策も教育省(Ministry of Education: MOE)の主導で進められている。したがって、同国のカリキュラムも教育省が策定し、各学校にその遵守を義務付けている。現行カリキュラムは2010年3月に発表された「カリキュラム2015 (Curriculum 2015: C2015)」が基準となっており、その後順次各教科シラバスの改訂が行われ現在に至っている。

現行カリキュラムは、初等教育では学習のためのしっかりとした土台を構築すること、中等教育では生徒の能力や適性に応じた多様な教育機会を提供することを基本として、言語及び計算能力の習得、人格形成、健全な価値観と習慣の確立など全体的に調和のとれた人材の育成を目指している。これらを図で示すと次頁のようになる。「教科 (Subject Disciplines)」、「知識・スキル (Knowledge and Skills)」、「人格形成 (Character Development/Life Skills)」の三つの要素が三層構造をなしていることが分かる。

現行カリキュラムの主要な要素である「教科」は、言語 (Languages)、人文科学及び芸術 (Humanities and the Arts)、理数科 (Mathematics and Sciences)の三つから構成され、初等教育ではこれらをバランスよく学習し、基本的な学力を養うことが求められている。なお、初等5年生及び6年生になると、言語及び理数科の教科学習では習熟度別学習 (Subject-based Banding) が採用される。他方、中等教育になると、これら三分野の教科学習の重要性を認めながらも、生徒の能力や興味関心、将来の進路に応じた多様な選択肢が準備されている。

二つ目の要素である「知識・スキル」は、児童生徒の学習にとって重要な思考力及びコミュニケーション能力の発達が重視され、各教科学習の中においてはもちろん、プロジェクトワークを通して習得されることが期待されている。

図の最も中心に配置される「人格形成」は、責任感ある大人になるために健全な価値観を養成することが重視され、道徳・公民教育、キャリア・ガイダンス、体育、保健教育、正課併行活動[5]などの教育活動や教師と児童生徒の日常

的な交流などを通して育成されることが期待されている。

注1：英語、民族語、算数、理科については児童の能力に応じて能力別に教授される
注2：理科は初等3年生より開始される
注3：初等1〜4年生においては、保健教育は独立した教科としてではなく、英語学習の中で保健関連のテーマについて学習する
注4：プロジェクトワークについては試験は行わない
出典：MOE, *Primary School Education: Preparing your child for tomorrow*, 2012 より引用
図8-2　カリキュラムの概念図（初等教育の場合）

3. 学力観の転換—「考える学校・学ぶ国家」から「少教多学」まで

　シンガポールはもともと実力主義（Meritocracy）の原理に基づく教育政策を採用し、これによって欧米の経済先進国並みの質の高い人材の育成に成功してきた。しかしながら、1990年代後半からその政策に変化が見られるようになってきている。以下、その政策転換を概観していこう。

　まず、従来の教育政策の転換の端緒となったのは1997年ゴー・チョックトン（Goh Chok Tong、呉作棟）首相（当時）による「我々の未来：考える学校・学ぶ国家（Shaping Our Future: Thinking Schools, Learning Nation: TSLN）」と題する演説である。この中で、グローバル化が進展する21世紀においてはあらゆる領域で競争が激化し、変化は予見不可能でありながら急速かつ広範囲に及ぶようになる

ことから、個人や国家の生存にとって知と革新力が決定的に重要になることが指摘された。そして絶対的に優位な国家や地域が消滅していくなかで、創造力、新しい技術やアイデアを探究し応用できる能力が経済成長を支える重要な資源

表8-1 ナショナル・カリキュラムで定められている教科目

		初等	前期中等	後期中等
年齢 学年		6-11 1-6	12-15 7-10	16-17 11-12
教科（Subjects）				
英語（English）	英語（English）	✔	✔	✔
	英文学（English Literature）		✔	✔
民族語 （Mother Tongue Language）	中国語（Chinese）	✔[*1]	✔[*1]	✔[*1]
	中国文学（Chinese Literature）			
	マレー語（Malay Language）	✔[*1]	✔[*1]	✔[*1]
	マレー文学（Malay Literature）			
	タミール語（Tamil Language）	✔[*1]	✔[*1]	✔[*1]
	タミール文学（Tamil Literature）			
算数・数学（Mathematics）		✔	✔	✔
科学（Science）		✔	✔	✔
コンピュータ（Computer Application）			✔[*2]	✔[*2]
デザイン技術（Design and Technology）				
食品・消費（Food and Consumer Education）				
技術（Technical Studies）				
社会（Social Studies）		✔		
地理（Geography）			✔[*2]	✔[*2]
歴史（History）				
芸術（Arts）		✔		
音楽（Music）		✔		
人格形成（Life Skills）				
道徳・公民（Civics and Moral Education）		✔	✔	✔
シティズンシップ（Character and Citizenship Education）			✔	✔
インターネット（Cyber Wellness）			✔	✔
キャリア・ガイダンス（Education and Career Guidance）			✔	✔
保健（Health Education）		✔	✔	✔
体育（Physical Education）		✔	✔	✔
プロジェクトワーク（Project Work）		✔	✔	✔
正課併行活動（Co-Curricular Activities: CCA）		✔	✔	✔

注：表中の「✔」はカリキュラムで規定された設置教科及び教育活動を指す
＊1：民族語は選択教科であり、1科目を選択・履修する。またこれら以外に「ドイツ語」、「フランス語」、「日本語」などの外国語も設置されている
＊2：選択教科であり、所属するコースの定めるところに従い、通常2〜4科目を選択・履修する
出典：Department of Education のウェブページを参照して筆者作成

となり、人民の総合的な学習力が国の豊かさを決定することが強調された[6]。

この演説の趣旨に沿って、教育省は「考える学校・学ぶ国家（TSLN）」のビジョンを具体的に示すために、翌1998年「教育期待目標（Desired Outcomes of Education: DOE）」を発表した。ここでは、各教育段階において習得すべき資質・能力及び将来のリーダーとして期待される能力が具体的に示され、これらは現在も同国の教育を方向付けるものと考えられている。その後、政府によって提起された教育スローガンには、「能力思考教育」、「創造的・批判的思考」、「国民教育」など様々なものがあるが、すべてはTSLNの延長線上にある。

2002年、教育省はDOEの理念を効果的に運用するためワーキンググループを立ち上げ、その翌年には「ブルー・スカイ（Blue Sky）」フレームワークを発表した。このフレームワークでは、DOEの一要素であった「革新・創業精神（Spirit of Innovation and Enterprise: I&E）」に焦点が当てられ、①仮説を立て、探究・検証し、独創的に考える力（知的好奇心と進取の精神）、②情熱、忍耐力、剛健さ、克服力を備えた人間性（強靱な人格）、③曖昧さに対峙し、新しい発想で物事を考え、リスクを計算して生き抜く力（勇気）、④チームに奉仕するとともに、チームを指揮し、チームとして戦う意欲及び社会への報恩の心（奉仕精神）、の四つがその具体的な思考態度であるとして重視された。このI&Eは、同国の児童生徒、学生、教職員など教育関係者すべてが発達させるべきものであるとされた。

その後2004年になってリー・シェンロン（Lee Hsien Loong、李顯龍）首相により、「我々は生徒に教える量を減らし、生徒がもっと自主的に学べるようにし

表8-2　教育期待目標（初等及び中等教育を抜粋）

初等教育修了生	中学校修了生	初級学院修了生
・善悪を区別する ・他者と共有し、その立場を尊重する ・他者との友情を築く ・物事に対して積極的に好奇心を抱く ・自分で考え、表現する ・仕事に誇りをもつ ・健康的な生活習慣を確立する ・自国について知り、愛する	・道徳的信念 ・他者への配慮と思いやり ・チームで協働し、全ての貢献を重んじる ・創業精神と革新力 ・教育を継続するための幅広い基礎的教養 ・自分の能力を信じる ・芸術を愛好する ・自国について知り、信じる	・克服力と固い意志 ・健全な社会的責任感 ・他者を励まし勇気付ける ・創業的で創造的な精神 ・自律的で独創的な思考力 ・卓越に向けて努力する ・人生を楽しむ ・自国の進むべき道を理解する

出典：MOE, *The Desired Outcomes of Education*, 2012 を参照して筆者作成

なければならない。試験に受かるための成績は重要だが、それは人生のすべてではなく、学校で学ぶべきことは他にもある」[7]との見解が示され、翌年より「少教多学（Teach Less, Learn More: TLLM）」に向けた教育環境作りが開始された。このTLLMは教師の仕事を減らすことを意味するものでは決してない。これは、子どもたちがテストや試験の準備のために学習するのではなく、むしろ彼ら個々人の将来の人生をよりよくするための準備として学習するという意識を促すように教育を実践していくことを目指すものである。教師と学習者の相互関係の質や対話の仕方を改善することによって、学習者はより学習に集中し、教育の望ましい成果を達成することができるとされている。

　TLLMを実現させるために、学校教員の増員、柔軟な人材運用、30人学級の実現、経営担当副校長の配置、教科内容の削減とゆとりの時間（white space）や教材研究時間（週2時間程度）の創設、学校施設の改善、専門職開発センターの開設などが進められた。

　以上、TSLN、I&E、そしてTLLMといった約20年弱に及ぶ同国の一連の教育改革を概観したが、これらはすべて1997年から始まったTSLNの延長線上にあると考えられている。下の図に示すように、TSLNという大きな政策の中に、I&Eが位置付けら（焦点化さ）れ、さらにI&Eの流れの中でTLLMが実現化されようとしているのである。

出典：MOE, *Contact: Transforming Learning*, 2005 より引用
図8-3　TSLN、I&E及びTLLMの三層構造関係

4. 21世紀型コンピテンシー（21st Century Competencies）

急速なグローバル化や人々の激しい流動、技術の進歩などは我々の未来社会を決定する重要な要因である。次代を担う若い世代はこうした社会でよりよく生きていくための準備をしなければならない。教育省は21世紀を生き抜くために必要な資質・能力を「21世紀型コンピテンシー（21st Century Competencies）」と呼んでいる。

出典：教育省ウェブサイト（www.moe.gov.sg/education/21cc/）より引用
図8-4　21世紀型コンピテンシー

21世紀型コンピテンシーは、「価値」、「社会的・情緒的コンピテンシー」、「新興21世紀型コンピテンシー」の三つから構成され、それらは「価値」を核として同心円状に配置される。この21世紀型コンピテンシーを習得することで、児童生徒は教育期待目標（DOE）も達成することができると考えられている。それぞれについての詳細は以下の通りである[8]。

①価値（Core Values）

知識やスキルというものは価値によって規定される。価値とは個々人の人格（Person's Character）であり、信念（Beliefs）、態度（Attitudes）、行動（Actions）などによって形作られる。したがって、価値、特に以下に示す六つの価値観を21世紀型コンピテンシーの核として位置付けている。

- **尊敬**（Respect）
  自分自身がもっている価値観やすべての人々に本来備わっている価値観に接した際に尊敬の念を示せること。
- **責任**（Responsibility）
  自分自身や家族あるいは社会や国家、または世界に対して責任を負っていると感じる場合には、真摯にその責任を果たすように努力できること。
- **誠実**（Integrity）
  きちんとした倫理観・道徳観をもっている場合、その人は誠実であると考えられ、そういう態度が重要である。
- **配慮**（Care）
  親切心や思いやりをもって行動したり、社会や世界がよりよくなるために努力すること。
- **回復力**（Resilience）
  強い精神力をもち、困難な状況に立ち向かうことができる力であり、勇気、楽観主義、適応性、豊富な知識といったことがその力の基礎になっている。
- **調和**（Harmony）
  精神的な幸福や社会的一体感を求めている場合には、調和が大きな価値観となる。異文化社会における団結と多様性について正しく認識できること。

なお、これら六つの価値観は「道徳・公民（CME）」を実践する上での中心概念とされており、CMEカリキュラムもこの六つの価値観を基本に内容が組まれている。

②社会的・情緒的コンピテンシー（Social and Emotional Competencies）
子どもにとって、自分自身の気持ちを理解し、感情をコントロールすることは重要なスキルである。また、他者に関心をもち、他者を労わる気持ちをもつと同時に、他者とよい関係を構築できることも大切である。さらに、責任ある決定を下せること、困難な状況においても効果的に対処できることも必要な能力と考えられる。そこで、このコンピテンシーには以下の五つが代表的なものとして含まれる。

- **自己認識**(Self-Awareness)
  自分自身の強みや弱み、感情の変化や性質について理解していること。
- **自己管理**(Self-Management)
  自分自身の感情をうまくコントロールできる能力をもっていること。特に、自己を動機付け、規律を遵守し、目標に向かって計画的に進めていくことである。
- **社会的認識**(Social Awareness)
  多様性について理解した上で、異なった考え方や意見に耳を傾け、他者に共感し尊敬できること。
- **他者との関係構築**(Relationship Management)
  効果的なコミュニケーションを通じて、他者と健全で価値ある関係を構築し、維持していく能力を指し、課題を解決するために協働したり、助け合ったりできること。
- **責任ある決定**(Responsible Decision-Making)
  状況を適切に認識し、分析することのできる能力であり、個人的、道徳的、倫理的配慮の上での決定についてきっちりと省察できること。

③**新興21世紀型コンピテンシー**(Emerging 21st Century Competencies)
我々が現在においても、また将来においても生きていかなければならないグローバル世界において必要なコンピテンシーであり、それには以下の三つが含まれる。

- **公民リテラシー・グローバル化の認識・異文化理解能力**(Civic Literacy, Global Awareness and Cross-Cultural Skills)
  私たちの社会はますます国際化し、多くのシンガポール国民が外国で生活したり、労働したりするようになってきている。したがって、次世代を担う若者はより広い視野をもち、異なった文化的背景や考え方をもつ人々と協働できる能力が必要となっている。同時に、国家的課題に精通し、シンガポール国民であることに誇りをもち、地域社会をよくするために積極的に貢献できることが重要である。
- **批判的・創造的思考**(Critical and Inventive Thinking)
  次世代を担う若者は、よりよい未来への準備のために、批判的に考え、他

者の意見を評価し、適切な決定を下すことができなければならない。そうするためには、失敗を恐れず果敢に難題に挑戦していこうという学びに対する強い欲求をもち、視野を広げたいという意志をもつことが必要である。

- **コミュニケーション・協働・情報能力** (Communication, Collaboration and Information Skills)

  ICT革命によってあらゆる情報が容易に入手可能となった。こうした状況において次世代を担う若者には、課題を把握し、情報を取捨選択し、必要な情報を効率的に入手することが重要になってきている。同時に、こうすることで自分自身を情報の危険性から守ることができることを認識することも必要である。21世紀の職場においては、集団の目標を達成するために他者を尊重しながら協働し、お互いに責任を共有しながら決定を下していくことが求められる。ここで特に重要となるは、明確にかつ効果的に自分自身の考えを伝えるコミュニケーションの仕方である。

④児童生徒における成果 (Students Outcomes)

21世紀型コンピテンシーの習得によって、児童生徒は教育期待目標（DOE）を達成した優秀な人材に生まれ変わる。我々が求める人材像は以下の通りである。

- **自信に満ちた人間** (Confident Person)

  善悪について明確な判断ができ、適応性や回復力があり、自分自身をよく知っている人である。こうした人間は判断力、思考力、コミュニケーション能力がある。

- **自律した学習者** (Self-Directed Learner)

  自分自身の学習に対して、自ら課題を設定し、学習過程を省察し、困難に直面しても忍耐強く学習を継続し、学習成果について責任をもつことのできる学習者である。

- **積極的な貢献者** (Active Contributor)

  チームの中で効果的に働くことができ、創造的で、自ら積極的に行動し、予想できるリスクを恐れることなく成果達成のために努力できる人である。

- **思いやりのある市民** (Concerned Citizen)

  シンガポール人としての強固な自覚をもち、自国及び世界についてよく理解しており、自分を取り巻く他者の生活をよりよくするために積極的な役

割を演ずることができる人である。

5. 教育実践例：南僑小学校（Nan Chiau Primary School）のシームレス・ラーニング

■学校概要

南僑小学校はシンガポールの北西のセンカン（Sengkang）地区にある。この地区は郊外の新都市計画区域で、近年急激に開発が進み多くの住宅地や商業施設が建設されている。同校は6年間の初等教育を提供する準公立の男女共学の小学校である[9]。児童数は1,800名を超え、また教職員数も140名と大規模な学校である。設立は1947年と古く、もとはシンガポール福建会館（Singapore Hokkien Association）によって女子校として開設された。1984年には南僑高等学校（Nan Chiau High School）となったが、その後、小学校のみが分離し、現在に至っている。

南僑小学校

■学校カリキュラム

同校は、誠実で忍耐力のある人間を育成するために認知面、美的感覚面、道徳面、身体面、社会面といったあらゆる面でのバランスのとれた発達を目指して教育活動を行っている。また、同校のビジョン「高潔で情熱的な学習者の育成を可能とならしめる革新的な学校（An innovative school where inspiring educators nurture passionate learners of integrity）」からも分かるように、児童の人間形成のために必要と思われる様々な先進的な試みが積極的に行われている。

次頁の図は同校の学校カリキュラムの概念を示したものである。中心には同校の信念（Our Beliefs）が位置付けられている。「すべての児童がよりよく学べ、一人ひとりの児童が個性的で、児童みんなが素晴らしい（Every child can learn, every child is unique, and every child is good）」という信念である。ここには個々の児童の興味関心やニーズを十分に考慮しながら教育活動を行っていかなければならないという固い決意が含まれている。

その外側には同校のカリキュラムの特徴が示されている。その特徴とは、将来

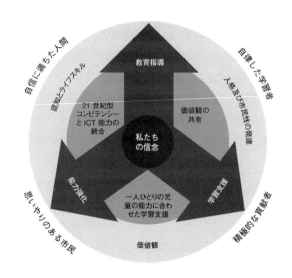

出典：南僑小学校ホームページ「NCPS Program」（www.ncps.moe.edu.sg/index.php/curriculum/ncps-programme）より引用
図8-5　南僑小学校の学校カリキュラムの概念図

社会に出た時に必要となる21世紀型コンピテンシーとICT能力を統合する形でカリキュラムに組み入れていること（21st Century Competencies and ICT skills integrated: 21CC Integrated）、一人の落ちこぼれも出さないように一人ひとりの児童の能力に合わせた学習支援を行うこと（Differentiated Support）、健全な思考や意思決定を可能とならしめるために価値観を共有すること（Values-based）、の三つである。

さらにその外側には同校の目指すべきものが示されている。「認知とライフスキル（Cognitive and Life Skills）」は児童が正しい知識をもつだけでなく、社会でよりよく生きていくための批判的思考力や自己管理力、他者との協調力などの能力の養成を指す。「価値観（Core Values）」は同校で特に重視されている誠実、忍耐力、尊敬、責任といった価値観の醸成を示している。「人格及び市民性の発達（Character and Citizenship Education Outcomes: CCE Outcomes）」は他者に対して思いやりがあり、社会や文化のあらゆる面において思慮深く、国内の問題だけでなく地球規模的な課題に対しても考えたり省察したりできる能力をもった高潔な市民の育成を意味している。

こうした学校カリキュラムの内容を踏まえて、同校では第1学年及び第2学年は「環境に対して慣れる期間（Exposure Phase）」と位置付け、基礎的な文字の読み

書き、計算能力、ICTの基本操作などの習得に力を入れた学習活動を組織している。第3学年及び第4学年では、「多様な経験をする期間（Experiential Phase）」として、児童を取り巻く外部の世界に積極的に触れる機会を提供しながら、批判的に考えたり独創的に思考したりする能力を養成すると同時に、ICT技術を媒介とした他者との協調的な環境の中での学習活動の実践を行っている。第5学年及び第6学年になると「能力の強化のための期間（Enhancement Phase）」とされ、これまでに身に付けてきた能力や習慣をさらに洗練し強固なものにしていくことで、中等教育への円滑な移行を促すことが目指されている。

■シームレス・ラーニングの授業実践

```
学年：    Year 4
生徒数：  30名
教科：    科学
```

ここで紹介する授業実践は、同校の教育活動の中でも特に注目すべきシームレス・ラーニング（Seamless Learning）である。これは2009年から開始されたプロジェクトで、ICT（iPad Touch、スマートフォン、ネットブックなどの携帯学習機器）を活用し、「いつでも、どこでも、教室を越えた学習」をテーマとして革新的な学習環境の中で行われる教育活動である。

例えば、4年生の科学、単元「植物のしくみ」では、授業時間内だけでなく、放課後や家庭でも継続して学習できる工夫がなされている。授業時間内においては、校内にある植物を観察し、それを携帯カメラで撮影し、その写真を使って観察した植物についてクラスで説明したり、発表を行ったりしている。また、宿題として、「珍しい植物を見つけてくること」という課題が出され、各児童は自宅や近所で見つけた植物を携帯カメラで撮影しクラスの友人と共有するなどの活動が行われる。時にはビデオツールを使ってビデオ撮影をし、それを教室で発表することもある。

また、ある程度学習が進んだ段階で、ピコマップツールという機能を使い、学習系統図を児童自らが作成し、これまで行った一つひとつの学習内容の繋がりを各児童が理解できるように促している。さらに、学習の最終段階ではスケッチブックツールを使って学習のまとめを行っている。これにより、児童一

人ひとりが本当に学習内容を理解できているのかを即座に評価することも可能となる。

　授業におけるICTの活用にはいくつか長所がある。教師と児童との一対一の繋がりを可能にしてくれ、児童一人ひとりが考えていること、疑問に思っていること、質問したいことなどが教師にとって瞬時に分かることである。このことは教師に迅速で適切なフィードバックを可能にしてくれる。また、教師が教え児童が学ぶという従来の授業形態から教師と児童が共に学ぶという新しい学習形態への転換が促進されることも大きな長所である。さらに、児童の間で瞬時にして各自の考え方や意見、疑問などが共有でき、それが学習を進めていく原動力となるという点も大きな長所である。

　こうした学習の日々の積み重ねこそが、児童の学習に対する興味関心を高め、理解を向上させ、そして学習達成度を飛躍的に向上させることにつながると考えられている。

■ナショナル・カリキュラムとの関係

　同校のシームレス・ラーニングは、近年普及してきたICT機器を単に授業の中で活用するというものではなく、ICTの活用によって旧来の一人の教師から大勢の児童へのモノローグ的な授業形態を根本的に転換し、教師と児童がともに学び、その学びが教室内にとどまることなく日々の生活の中にまで広がっていける学習環境を創造するという教育形態のパラダイム転換を意味している。このことは、同国のナショナル・カリキュラムの中で強調されている21世紀型コンピテンシーに密接に関係していると考えられる。

　まず、ICTの活用によって児童の学習が能動的なものに変わり、児童自らが調べたり分析したりする機会をより多く提供できるようになる。これによって、21世紀の新しい社会に求められている批判的思考力や創造的思考力が養成される。また、学習の過程で児童同士の協働が求められ、それによってコミュニケーション力や他者と協働する能力が養成される。さらに、自ら積極的に学習することによって、自己の学習過程を自ら振り返り省察する過程で自己管理力も強化される。こうした能力の向上は、同時に他者を思いやる気持ちや尊敬の念、自己の活動に対する強い責任感、誠実さ及び忍耐といった価値観を養うことにもつながってくる。

こうした批判的・創造的思考力、コミュニケーション力、協働する能力、自己管理力といった能力、他者への思いやり、尊敬の気持ち、責任感、誠実さ、忍耐などの態度は、まさに同国ナショナル・カリキュラムが目指しているものと言えよう。

6. 学びを支える環境

シンガポールでは、教育現場でのICTの活用を積極的に進めており、またその実践は学校現場に急速に普及してきている。その大きな原動力となっている要因として大きく三つがあると考えられる。教育ICT政策の実施、フューチャースクール（Future School）の設置、外部組織による支援である。以下、それぞれについて見ていこう。

■教育ICT政策

同国では、1997年から教育ICT政策を進めるためにマスタープランを策定し、それに従って具体的な活動を実施してきた。これまでに三回の五カ年計画が実施されており、それぞれの計画は以下のような内容である[10]。

①マスタープラン1（1997～2002年）

この最初の計画は教育現場での「ICT活用の基礎構築」を目指したものである。この計画では、ICTを活用したカリキュラムや教科のソフトウェア、コンテンツの開発、すべての教員に対するICT研修の実施、すべての学校へのICTインフラの設置とサポートの提供などが主な内容であった。

②マスタープラン2（2003～2008年）

この五カ年計画では「イノベーションの種まき」の時期とされ、ICTが組み込まれたカリキュラムとその評価、児童生徒用の基本ICTスタンダードの確立、教員それぞれに適した専門能力の開発、学校管理者へのコンサルテーション、各学校の状況に応じたICT環境の提供（補助金の提供による自立性の付与）、計画的なイノベーションの創造（フューチャースクールの創設）などがその主な内容であった。

③マスタープラン3（2009～2014年）

この五カ年計画では「強化と拡大」の時期とされ、ICTが組み込まれたシラバス及び指導書の開発、ICT活用能力と効果的な指導を合わせた教師指導制度の創設（Mentorship）、カリキュラムの改善、学校のニーズに沿ったICT環境の提供、イノベーションの実践拡大などが主な内容とされた。

上記のマスタープランに従って、国内の学校現場でのICTを活用した教育実践が積極的に促進された。

■フューチャースクールの設置

上記マスタープランをもとに、同国では教育現場でのICTの活用を積極的に行い、教育に革新を起こすために、「フューチャースクール」と呼ばれる学校群を創設している。具体的には下図のように、全国の学校を「フューチャースクール」、「ICT主導学校（Lead ICT School）」、「その他の学校」というように階層化し、フューチャースクールでのICT活用の成果を全国の学校にまで普及、浸透させようとしている。

フューチャースクールの創設はマスタープラン2で提唱され、学校全体でICTを積極的に活用していく先進校と位置付けられ、先導的な成果を他の学校に拡大していく使命を担っている。全国の学校から3～5％に当たる少数の学校が選ばれた。先述の南僑小学校はそのうちの一つである。フューチャースクー

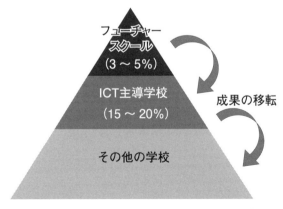

図8-6　フューチャースクール計画の学校階層化の概念図

ルに次ぐ位置付けとして、ICT主導学校が指定されている。この指定には一学年で少なくとも一教科以上でのICT活用が条件となっており、学校全体の15〜20％に当たる学校が指定を受けている[11]。

■外部組織からの支援
　学校でのICT活用には外部組織からの協力や支援が欠かせない。まず、ICT機器自体を教師はじめ個々の児童生徒に提供することは莫大な予算が必要になる。当然、政府からの補助金や各学校が自ら調達できる予算には限度がある。そこで、ICT機器を扱う民間企業からの協力が不可欠となった。同国では、フューチャースクールに指定された学校には民間企業からの積極的なICT機器の提供が行われている。民間企業が学校現場にこのような協力を行うのはいくつか理由があり、一つにはICT機器に精通した人材育成によって将来的な市場の拡大が考えられること、二つ目としてICT機器の教育現場での活用による教育成果をデータとして得ることによって企業としても将来的な新しい市場開拓の可能性が見い出せるということがある。こうした学校と企業の双方にとっての利益関係が民間企業による積極的な支援を得られる状況を作り出している。
　民間企業による協力以外に、ICTを効果的に教育現場で活用していくためのコンサルテーションやアドバイスも学校現場では必要とされている。そこで国立教育研究所（NIE）がフューチャースクールに対して協力を行っている。NIEでは協力校と共に常にどのように授業の中でICTを活用すればよりよい児童生徒の学びが実現できるかを研究しており、その研究成果をフューチャースクールで試行錯誤しながらより効果的なICT活用による教育アプローチの模索を行っている。先に紹介した南僑小学校は、NIEとの協力によって同国で最初の教育研究応用センター（Centre for Educational Research and Application: CREA）を設置した。

　以上、シンガポールの教育制度、ナショナル・カリキュラムとそこで重視されている21世紀型コンピテンシー、新しい学びの実践例として南僑小学校での「シームレス・ラーニング」、このような新しい学びを支えている教育環境について概観してきた。
　同国は、従来から中央政府の強力な主導のもとで能力別教育・エリート教育

を行い、これまでに質の高い人材を輩出してきた。現在でも同国の教育制度は複線型を採用しており、早期から子どもの能力や興味関心に応じた進路を選択させている。

しかしながら、1997年のゴー・チョックトンの「我々の未来：考える学校・学ぶ国家」演説以来、従来の教育政策を大きく転換していこうという動きが見られるようになった。TSLNや「ブルースカイ」フレームワーク、さらに現行のTLLMといった一連の教育改革の中で、試験に合格するための知識を中心とした学力よりも21世紀のグローバル社会の中で生き抜いていくための新しい能力や態度がより強調されてきたのである。

現行ナショナル・カリキュラムである「カリキュラム2015」（2010年）では、この新しい能力は21世紀型コンピテンシーと呼ばれた。これは、「価値」を核として「社会的・情緒的コンピテンシー」と「新興21世紀型コンピテンシー」が重層的な構造をとるものとして示されている。新興21世紀型コンピテンシーに含まれる批判的能力、創造的思考力、コミュニケーション力、協働能力、グローバル化に対する認識力などの新しい能力は、従来のような一人の教師対大勢の児童生徒というモノローグ的な授業形態を前提にしていてはその育成や発達を図ることは困難であると認識されている。そこで、同国では国家をあげてICTの積極的な活用を奨励し、従来の教育形態のパラダイム的転換を図ろうとしている。本章で取り上げた南僑小学校の「シームレス・ラーニング」と呼ばれる教育実践はまさにその典型例である。

こうした新しい学びとICTの活用は、同国の国家プロジェクトによって手厚く支援されている。教育ICT政策（マスタープラン策定とその実施）やフューチャースクールの設置などがそれに当たる。こうした政策的な支援と同時に、ICTを扱う民間企業などの積極的な協力もこうした新しい学びへの物質的な面からの大きな支えとなっている。また、国立教育研究所による技術的支援も欠かすことのできない重要なものとなっている。

PISAなどの国際学力調査でも常に上位にランクされ、国際的に学力の高さが評価されているシンガポールであるが、従来のエリート教育とはむしろ方向性が異なるとも言うべきTLLMという近年の教育政策によって、今後、同国の教育がどのように変化あるいは進化を遂げていくのか、世界中が注目するところである。

〈注〉
1) シンガポール教育省(MOE)ウェブサイト「Education System」を参照(2015年1月現在)。(www.moe.gov.sg/education/landscape/)
2) 2004年までは、4年生から5年生になる時に、主要三教科の試験を受け、その成績によって三つの能力別コース(EM1, EM2, EM3)に分けられていた。
3) シンガポール教育省(MOE)ウェブサイト「Education System」を参照(2015年1月時点)。(www.moe.gov.sg/education/landscape/)
4) シンガポール教育省(MOE)ウェブサイト「Education System」を参照(2015年1月時点)。(www.moe.gov.sg/education/landscape/)
5) 正規の教科目を通じた学習活動以外の教育活動で、CCA(Co-Curricular Activities)と呼ばれている。スポーツ活動や社会奉仕活動などをはじめとする多様な活動が行われている。
6)「考える学校」として具体的に、創造的思考力や生涯学習のための学習技能の習得(プロジェクト学習・ITを活用した個人学習の導入など)、既存の教科内容の削減と基礎的知識内容の精選(探究型・問題解決型学習の展開など)、教職員の積極的な知識の更新と学校運営政策の具現化、「国民教育(National Education)」の強化、が謳われた。また「学ぶ国家」として具体的に、生涯学習、保護者への啓発と質の高い幼児教育の提供、社会のあらゆる階層による革新的精神の保持、が謳われた。
7) 石森広美「シンガポールにおけるTLLM政策と教師の意識－能動的学習への転換」、『東北大学大学院教育学研究科研究年報 第58集・第1号』、東北大学、2009年、p.294より引用。
8) 教育省ウェブサイトを参照。(www.moe.gov.sg/education/21cc/)
9) シンガポールの小学校は、公立(govement)と準公立(government-aided)の二種類がある。後者は、設立時は民間によるが、現在は政府からの資金補助によって運営されている学校を言う。
10) 日本教育工学振興会(JAPET)調査団「シンガポール・教育の情報化状況実態調査報告」、『JAPET vol.167』、JAPET、2011年、p.13を参照。
11) 日本教育工学振興会(JAPET)調査団、前掲書、p.13を参照。

第Ⅲ部
アジア新興諸国における新しい教育への挑戦

第9章

フィリピンの挑戦
―価値教育の重視と国際標準の教育を求めて―

　フィリピンは東南アジアに位置するおよそ7,000の島々から構成される島嶼国である。フィリピン海を挟んで日本、ルソン海峡を挟んで中華民国（台湾）、スールー海を挟んでマレーシア、セレベス海を挟んでインドネシア、南シナ海を挟んでベトナムと対している。同国は歴史的にスペイン、アメリカ、日本による植民地支配とそれに対する葛藤を経て1946年に誕生した。同国には、タガログ族、ビサヤ族、モロ族など多くの民族が居住しており、言語的な分類によると120以上もの民族に分かれると言われている。同国の公用語はフィリピン語[1]と英語である。

1. フィリピンの教育制度

　フィリピンでは2011年より大規模な教育改革が進行しており、これにより教育制度が大きく変わろうとしている。従来、同国は初等教育（小学校）6年間（6～11歳）及び中等教育（現地ではHigh Schoolと呼ばれている）4年間（12～15歳）の6-4制で、その後、高等教育という教育制度を採用していた。中等教育がわずか4年というのは近年においては世界的にも珍しいものであった。しかし、この制度がもたらした弊害は決して少なくなく、2000年に入った頃からそのことが国内で強く指摘されるようになっていた。

　そこで、政府は2011年大規模な教育改革を開始し、その一環として従来の教育制度も大幅に変更することとしたのである。新しい教育制度は「K-12基礎教育プログラム（The K to 12 Basic Education Program）」と呼ばれ、幼稚園（Kindergarten: K）から第12学年までの13年間の基礎教育を提供することになった。

　まず初等教育は、幼稚園から小学校第6学年（Grade 6）までの7年間とされた。旧制度は小学校の第1学年から第6学年までの6年間であったので、新制度は5

歳児を対象とした1年間の幼稚園教育を追加したことになる。

中等教育は、中学校（Junior High School）と高等学校（Senior High School）によって提供されることになり、教育期間はそれぞれ4年及び2年間となっている。中学校（第7～第10学年：Grades 7~10）では、前半の2年間（Grades 7~8）を準備

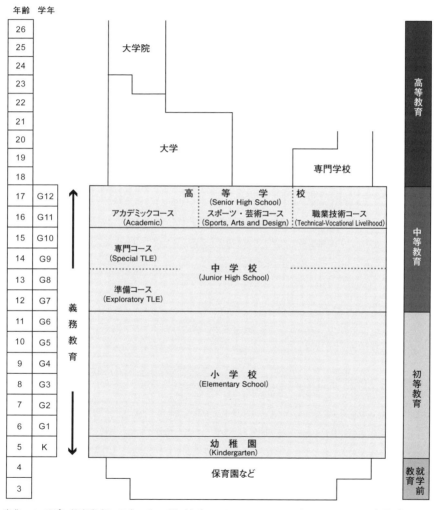

出典：フィリピン教育省（DepEd）のウェブサイト（www.deped.gov.ph/k-to-12/curriculum-guides）及びDepEd, Official Gazette, *The K to 12 Basic Education Program*（www.gov.ph/k-12/）からの情報を参考に筆者作成

図9-1　フィリピンの学校系統図

期間と定めて普通教育を提供するが、後半2年間（Grades 9〜10）ではそれに加え専門教育も提供する。高等学校では、生徒の興味関心または将来の進路に応じて選択できるようにアカデミック・コース（Academic）、スポーツコース（Sports）、芸術コース（Arts and Design）、職業技術コース（Technical-Vocational Livelihood）が準備されている。旧制度と比べると、従来4年間であった中等教育に2年間の教育を追加した形となり、「High School」と呼んでいたものを「Junior High School」と「Senior High School」とに整理したことになる。

　高等教育は通常、大学や専門学校において提供されている。同国の高等教育機関の数は1,600校を超え非常に多い。

　なお、新教育制度では5歳児を対象にした幼稚園が初等教育に含められ、幼稚園から後期中等教育の最終学年である第12学年までが義務教育とされた。

2. ナショナル・カリキュラム

　同国では2000年以降大規模な教育改革を二回行っており、そのうち一つは現在進行中である。まず、最初の改革は「2002年基礎教育カリキュラム（The 2002 Basic Education Curriculum）」の導入である。これまでは「初等教育カリキュラム（The New Elementary School Curriculum: NESC）」と「中等教育カリキュラム（The New Secondary Education Curriculum: NSEC）」とに分かれており、前者は1983年から、後者は1989年から長年にわたって実施されてきたものである。「2002年基礎教育カリキュラム」はこれら二つを統合し再構成したものである。NESCとNSECは教科数が多く、各教科の内容も実生活からかけ離れているという批判を受けていた。また、開発途上国特有の問題である教室や教員の不足、短い授業時間内での教授内容の過多という問題も指摘されていた。

　そこで、新しいカリキュラムでは教科の大幅な再編成と内容改訂が行われた。具体的には、従来の8教科（フィリピン語、英語、算数・数学、科学技術、社会、技術・家庭、保健体育、価値教育）が、英語で教授される三つの学習領域（英語、算数・数学、科学）とフィリピン語で教授される二つの学習領域（フィリピン語、マカバヤン〈Makabayan：愛国心〉）とに整理、再統合された。

　ここで注目すべきは「マカバヤン」の登場である。初等教育では、「フィリピン語」、「公民と文化」、「地理・歴史・公民」、「家庭の経済」、「音楽・美術・保

健」が、中等教育では、「フィリピン語」、「社会」、「技術・家庭」、「音楽・美術・保健体育」、「価値教育」がマカバヤンという統合的教科として設定された。2002年基礎教育カリキュラムにおいて、マカバヤンという愛国心教育は非常に重視され、この実践においては健全な個人と国家の中での自己アイデンティティを発展させる全体的な学習アプローチを用い、教室という空間を実生活の練習の場と見なして教育活動を行っていくことが意図された。また、マカバヤンの中で学習されるべき価値観についても2002年基礎教育カリキュラムは従来のものとは異にしている。主要な違いをあげると、これまでは国民とは国家の発展を支えるものであるという考え方であり、教育は国家を支える人材育成のために行われるという認識が強かった。他方、新しいカリキュラムでは個々の国民が健全な生活をしていくために国家があり、教育はむしろ国民自身のためにあるという考え方に転換されたのである。また、少数民族や地域固有の文

表9-1 2002年基礎教育カリキュラムで定められていた教科目

	初等教育			中等教育
年齢	6-7	8	9-11	12-15
学年	1-2	3	4-6	7-10
英語 (English)	✔	✔	✔	✔
算数・数学 (Mathematics)	✔	✔	✔	✔
科学・保健 (Science and Health)		✔	✔	
科学 (Science)				✔
マカバヤン (愛国心) (Makabayan)				
フィリピン語 (Filipino)	✔	✔	✔	✔
公民と文化 (Civic and Culture)	✔	✔	✔	
地理・歴史・公民 (Geography, History, Civics: HKS)			✔	
社会 (Social Studies: AP)				✔
家庭の経済 (Education for Residential Economics: EPP)			✔	
技術・家庭 (Technology Education and Home Economics: TEPP)				✔
音楽・美術・保健 (Education for Music, Art and Health: MSEP)			✔	
音楽・美術・保健体育 (Music, Art, Physical Education and Health: MSEPP)				✔
価値教育 (Values Education: EP)				✔

注：表中の「✔」はカリキュラムで定められた教科目であることを示す
出典：Department of Education, *The 2002 Basic Education Curriculum*, 2002を参考に筆者作成

化を重視した点も従来の考え方と大きく異なる点である。

　このようにマカバヤンの登場は、社会の基本となる価値観や考え方の変化をこの新しい統合的教科を通して児童生徒に習得させることが意図されていたと言えよう。

　フィリピン政府は2011年にさらなる改革を決定した。それは学校制度からカリキュラム内容にまで及ぶ大規模なものである。先にも触れたように、これまで同国は初等教育6年、中等教育4年という6-4制を採用しており、他国と比べ基礎教育段階が2年間少ない状況であった。年齢で言えば16歳で4年制大学に進学することになり大学卒業時はわずか20歳であった。社会のグローバル化が急速に進むなかで、近年この制度がもたらす弊害が強く指摘されるようになってきた。一例をあげると、国際的に見て同国の児童生徒の基礎学力が低迷していることが国際学力試験（TIMSSやPISA）などの結果から明確になったこと、高卒時の年齢がわずか16歳と精神的にも未成熟であり就業が難しいこと、海外との制度上の違いから海外の大学に直接進学することができないことなどが指摘されていたのである。

　そこで政府は、従来の初等教育6年、中等教育4年の上に2年間の中等教育を追加することを決定し、さらに1年間の幼稚園教育（Kindergarten）を新たに加えて、合計13年間を基礎教育課程として義務教育化することにしたのである。この「K-12基礎教育プログラム」は、教育省（Department of Education: DepEd）によれば、ボローニャ・プロセス（Bologna Process, 1999年）[2] 及びワシントン協定（Washington Accord, 1989年）[3] を考慮しての結果であるとされているが、新制度の仕組みからしてアメリカの教育制度をかなり参考にして立案されたものであると容易に推測できる。すでに幼稚園教育は2011年度から、初等教育第1学年（Grade 1）及び中等教育第1学年（Grade 7）は2012年度から、初等教育第2学年（Grade 2）及び中等教育第2学年（Grade 8）は2013年度から導入されている。今後、一学年ずつ順次新制度が導入され、初等（Grade 6）、中等（Grade 12）とも2017年度までに完了する予定である。

　教育省によれば、この教育改革プログラムは六つの点から特徴付けられる。①幼稚園教育の強化（幼稚園の全国普及）、②学習者に適したカリキュラム（文脈化と質の向上）、③統合的・一体化した学習（スパイラル的な学習過程）、④言語教育を通した能力向上（母語ベースの多言語教育）、⑤未来を見据えた教育（後期中

等教育の新設)、⑥フィリピン人の全人的形成（大学及び将来の生計のためのレディネス、21世紀型スキル)、である。以下、それぞれについて詳細に見ていこう[4]。

①幼稚園教育の強化（幼稚園の全国普及）

すべての子どもが幼稚園教育を受けられるようにする。特に幼稚園の全国普及によってそれを実現する。幼稚園教育においては、生涯教育の土台を構築するとともに子どもの全人的な発達を助けることを念頭に、子どもたちが母語による遊びや歌、踊りなどの活動を通じてアルファベット、数、形、色などを学ぶ機会を提供する。

②学習者に適したカリキュラム（文脈化と質の向上）

地方の文化や歴史、現状を踏まえた学習活動や教材は学習者にとって適切な学習となるだけでなく、彼らの理解を容易にしてくれる。また、子どもたちがすべての教科及び教育段階を超えて継続的に知識、スキル、価値、態度を習得できるように考慮しなければならない。カリキュラムで扱われる課題例としては、災害対策、気候変動とそれへの対応、情報技術などが考えられる。

③統合的・一体化した学習（スパイラル的な学習過程）

各教科内容は、簡単なものから複雑な概念へとスパイラル的に徐々に進められなければならない。初等教育では、生物、地学、地球科学、化学、代数などの学習領域から比較的簡単な概念の習得が中心となる。また、これまでの高校（High School）では生物は2年生で、化学は3年生で、物理は4年生で行われてきたが、新カリキュラムではこうした科目は統合され、7年生から10年生の全期間において行われるようになる。数学についても同様である。

④言語教育を通した能力向上（母国語ベースの多言語教育）

子どもは母語で行われる教育において最もよく学ぶことができる。2012年度にはすでに12の母語が教育現場に導入され、他の言語も継続的に導入される計画である。また、英語とフィリピン語は小学校の第1学年から教科として導入され、そこでは会話が重視される。第4学年から第6学年では英語とフィリピン語が教授言語として徐々に使われるようになっていく。中学校と高等学

校では英語とフィリピン語が正規の教授言語となる。

⑤未来を見据えた教育（後期中等教育の新設）

後期中等教育学校（高等学校）は専門化された二年間の教育を提供する。生徒は個々人の能力や興味関心、将来の進路などによって履修科目を選択することが可能となる。カリキュラムは、コア・カリキュラムと呼ばれる必須教科目と選択コースから構成され、後者にはアカデミック・コース、職業技術コース、スポーツ及び芸術コースの三つのコースが準備されている。アカデミック・コースはさらにビジネス・会計・経営コース（Business, Accountancy, Management: BAM）、人文・教育・社会科学コース（Humanities, Education, Social Science: HESS）、科学・技術・工学・数学コース（Science, Technology, Engineering, Mathematics: STEM）の三コースに分かれている。

第10学年を修了した生徒は、能力証明書（Certificates of Competency: COC）あるいはレベル1国家免許状（National Certificate Level 1: NC I）を取得することができ、また職業技術コースの第12学年を修了した生徒で、技術教育・能力開発機構（Technical Education and Skills Development Authority: TESDA）の実施する能力試験に合格すればレベル2国家免許状（NC II）が取得できる。

⑥フィリピン人の全人的形成（大学及び将来の生計のためのレディネス、21世紀型スキル）

幼稚園教育から高等学校までの13年間の基礎教育を修了したすべての子どもはそれぞれ異なった進路を歩んでいく。引き続き、高等教育を受ける者、企業に雇用され労働者となる者、さらには自ら起業して経営者となる者など様々である。したがって、基礎教育課程においてはすべての子どもが将来的に必要な能力を習得することを支援していく（なお、ここで必要とされる能力については、次節において詳述する）。

3. 大学及び将来の生計のためのレディネス・21世紀型スキル（College and Livelihood Readiness, 21st Century Skills）

教育省によれば、K-12の基礎教育課程を修了したすべての若者は労働市場に参加するために必要な基礎的なスキル（Entry-level skills needed to join the workforce）

表9-2 K-12カリキュラムで定められた教科目

	初等教育		前期中等*2	後期中等*3
年齢	6-8	9-11	12-15	16-18
学年	1-3	4-6	7-10	11-12
母語（Mother Tongue）	✔			
英語（English）	✔	✔	✔	
会話（Oral Communication）				✔
読解・筆記（Reading and Writing）				✔
文章読解・分析（Reading and Analysis of Texts）				✔
21世紀のフィリピン及び世界の文学（21st Century Literature: the Philippines and the World）				✔
フィリピン語（Filipino）	✔	✔	✔	
会話及び言語・文化研究（Communication and Research in Language and Culture）				✔
算数・数学（Mathematics）	✔	✔	✔	✔
統計・確率（Statistics and Probability）				✔
科学（Science）	✔*1	✔	✔	
自然科学（Physical Science）				✔
地球科学（Earth Science）				✔
地球生命科学（Earth and Life Science）				✔
社会（Social Studies: AP）	✔	✔	✔	
哲学入門（Introduction to Philosophy of Human）				✔
文化・社会・政治（Understanding Culture, Society and Politics）				✔
自由教育（Freedom Education: EsP）	✔	✔	✔	
人格形成（Personal Development）				✔
音楽（Music）	✔	✔	✔	
美術（Arts）	✔	✔	✔	
現代フィリピン美術（Contemporary Philippines Arts）				✔
体育（Physical Education）	✔	✔	✔	✔
保健（Health）	✔	✔	✔	
家政（Domestic and Economic Education: EPP）		✔	✔	✔
技術生活教育（Technology and Livelihood Education: TLE）			✔	✔
メディア・情報リテラシー（Media and Information Literacy）				✔
災害教育（Disaster Readiness and Risk Reduction）				✔

注：表中の「✔」はカリキュラムで定められた教科目であることを示す
*1：「科学」は Grade 3 より開始される
*2：Grade 7 より職業教育（農業、家庭、ICT、工業など）も提供されるが、ここでは普通教育における教科目のみを示す
*3：後期中等教育の教科目はコア・カリキュラムのみを示している。実際には選択コース（アカデミック、スポーツ、芸術、職業教育）により細かい教科目がある
出典：教育省（DepEd）ウェブサイトの Curriculum Guideline を参考に筆者作成

及び継続的な教育を受けるための大学教育のためにレディネス（College Readiness Standards: CRS）を身に付けていることが期待されている。また、起業家精神（Entrepreneurship）は K-12 基礎教育期間を通じて教科横断的に学ばねばならい重要な概念であるとされている。

こうした考えに立って、K-12 基礎教育プログラムでは「大学及び将来の生計のためのレディネス（College and Livelihood Readiness: CLR）」及び「21世紀型スキル（21st Century Skills）」の習得が重視され、具体的に以下の四つのスキルがあげられている。

①情報・メディア・技術スキル（Information, Media and Technology Skills）
②学習スキル・革新スキル（Learning and Innovation Skills）
③効果的なコミュニケーションスキル（Effective Communication Skills）
④ライフスキル・職業スキル（Life and Career Skills）

上記四つのスキルについてのより具体的な言及はないものの、これらは前述のアメリカ21世紀スキル協同事業（P21）[5]による「21世紀型スキル」モデルと極めて類似していることが分かる。また、「大学及び将来の生計のためのレディネス（CLR）」という名称もアメリカで重視されている「大学や職場で活躍できる力（College and Career Readiness: CCR）」と酷似していることも分かる。

このように、フィリピンにおける現在進行中の教育改革は、K-12という教育制度といい、カリキュラムが児童生徒に求めている資質・能力といい、かなりアメリカの制度及び教育課程をモデルとして開発されたと考えることができる。

4. 教育実践例：国立ベニグノ・アルダナ中等学校（Beniguno V. Aldana National High School: BVANHS）の価値教育

■学校概要

国立ベニグノ・アルダナ中等学校は、マニラの北部180kmのところに位置するパンガシナン州（Pangasinan）のポゾルビオ町（Pozzorubio）にある公立の中等学

国立ベニグノ・アルダナ中等学校

校である。設立は1946年と古いが、幾度にもわたる移転や名称変更を経て現在に至っている。同校は、第7学年から第10学年の前期中等教育を提供しており、生徒数およそ2,200名、教員数82名という大規模学校である[6]。

■学校カリキュラム

同校は、価値教育の実践において地域を主導する中等教育学校となることを学校目標に掲げており、価値観を重視し、かつ敬虔な若者を育成することを目指している。知識やスキルの習得及び人格形成の過程を通して責任感ある生徒を育成するために、価値教育はすべての教科学習において十分に考慮され実践されているだけでなく、教科学習とは別に特別な教育活動を組織し、その中でも積極的に行われている。

■価値教育の実践

同校の価値教育の実践は、「ACT（Actions Can Teach）」と呼ばれるプロジェクトを組織して、学校内はもとより、地方の政府機関（州教育局、環境局、農業局、町役場など）、民間企業、NGOなどの協力を得て2009年より実施されている。このプロジェクトの背景には、グローバル化が急速に進む社会の中で若者の行動様式や態度が変容してきており、例えばインターネットやコンピュータゲームによる時間の浪費、知識としては知っていても行動には移さない受身的な態度の蔓延、他者とコミュニケーションしたり協力したりすることが苦手な社会性の欠如した若者の増加など、深刻な問題がある。こうした状況を少しでも改善するために、価値教育において地域の主導的役割を目指す同校が積極的に動き出したのである。

ACTプロジェクトは主として以下のような六つの活動から構成されている。

①学校部隊（School Brigade）

校内及び周辺地域の清掃を行う。この活動は学年末の休業期間（4月及び5月）を除いて一年を通じて実施される。この活動は生徒が積極的に行動を起こす習慣を身に付

出典：「SEAMEO-Japan ESD Award」プログラムの同校概要書より転載
学校の近くにある運河の清掃風景

けることをねらいとしている。

②緑の計画（The Green Plan）
校内の庭園に果樹や野菜などを植え、緑豊かな学校にする。この活動も①と同様に生徒の行動を喚起することをねらいとしている。

③ウォッチ（W.A.T.C.H.）
これは「We Advocate Time Consciousness and Honesty」の頭文字をとったもので、限られた時間を大切に使うために生徒自身が時間の管理をする習慣を付けることを通して、彼らが適切な社会性を身に付けることをねらいとしている。

④スポーツ大会（Sports Festival）
生徒個々人の身体的能力の発達を図るためにスポーツや体を動かすゲームなどをすることで、生徒の積極的な参加を促しながら彼らの悪習（コンピュータゲームなど）を改善するねらいがある。

出典：「SEAMEO-Japan ESD Award」プログラムの同校概要書より転載
バドミントン大会の参加生徒たち

⑤聖書教理問答（Bible Catechism）
ACTプロジェクトの中でも宗教に関係した活動で、生徒が聖書に示された御言葉に従って行動することを奨励する活動である。

⑥価値観形成セミナー（Values Formation Seminar）
生徒がもっている偏見を正したり、よりよい価値観を形成するために、毎年一回、外部講師を招聘してセミナーを開催する。この活動も③と同様に生徒が社会性を身に付けることをねらいとしている。

こうした六つの活動及び各教科内での継続的な価値教育の後、各生徒には報告書の作成が義務付けられ、その内容は教師によって評価される。2009年度（初年度）の評価によれば、ほぼすべての生徒が五段階評価（非常に優秀/優秀/とてもよい/よい/改善が必要）のうち、「非常に優秀」、「優秀」、「とてもよい」のいず

れかであり、同校教職員及び生徒の感想も含めて総合的に見てみると、非常に成功したと考えられる。

　同校のACTプロジェクトは、「SEAMEO-Japan ESD Award」プログラムに出された。入賞は逃したものの、最終選考のための候補リストにまで残った[7]。

■ナショナル・カリキュラムとの関係

　すでに触れたように、フィリピンでは「2002年基礎教育カリキュラム」において統合教科マカバヤンの導入による価値教育が重視され、この傾向は「K-12基礎教育プログラム」においても基本的な点では変更はない。また、現行カリキュラムではフィリピン人の全人的形成が求められており、特に学習スキル、効果的なコミュニケーションスキル、ライフスキルなどの習得が目指されている。

　国立ベニグノ・アルダナ中等学校のACTプロジェクトは、これまでナショナル・カリキュラムにおいて重視されてきた価値教育の実践であると同時に、その実践方法として、知識の詰め込みといった伝統的な教育方法から脱却して実際の活動を伴った参加型の新しい手法が用いられている点で大きな特徴がある。ACTプロジェクトを通して、21世紀の社会で生き抜いていくために必要な能力を身に付けることはもちろん、多様な活動を通して思考力や独創力といった新しい学習スキルを習得することが可能になる。また、参加型活動であることから自ずと他の生徒との協調や協働作業が必要となり、そこでコミュニケーション能力や他者を思いやり、尊敬する態度も養われる。こうした能力は、まさに同国のナショナル・カリキュラムで求められている「大学及び将来の生計のためのレディネス（CLR）」及び「21世紀型スキル」であると考えられる。

5. 学びを支える環境

　国立ベニグノ・アルダナ中等学校のACTプロジェクトは、社会が急速にグローバル化していく中で起こってきている若者の様々な課題や問題を解決するために、同校の教職員と生徒が協力して主体的に開始した活動である。しかし、その成功の裏には地域コミュニティの協力が不可欠であったと考えられる。また、この活動が同国にとって重要な価値教育に関するものであるという認識と

世界各国で奨励されている「持続可能な開発のための教育（ESD）」にも関わる重要な教育活動であるという事実も成功を導く鍵となったであろう。

以下では、地域コミュニティの協力と国際的な教育開発の枠組みという視点から新しい学びを支えてきた環境を見ていきたいと思う。

■地域コミュニティの協力

同校作成のACTプロジェクトについての説明書[8]によると、同プロジェクトに協力した外部組織として、町役場、州農業局、州教育局、州環境局、議会、各種協会、スポーツクラブなど11の組織や団体名が掲載され、資金や人材をはじめ、活動に必要な樹木、スポーツ道具（バドミントンやテニス）、聖書などが提供されている。こうした協力を得るためには、同校の関係者による不断の準備と努力があったことはもちろん、地域コミュニティによる積極的な支援態度があったことも見逃すことはできない。

■国際的な教育開発の枠組み

同校のACTプロジェクトは、「SEAMEO-Japan ESD Award」において最終選考リストにまで残った優秀なプロジェクトである。SEAMEOは、東南アジア地域における教育、科学、文化に関する活動を域内に広めるための国際機関であり、また我が国がSEAMEOと協力して優秀なESD活動について表彰するという枠組みが設定されている。同賞で第一位を獲得した組織・団体には、活動奨励費として1,500米ドルと副賞として我が国のユネスコスクールへの視察旅行が与えられる。第二位や第三位では活動奨励費はそれぞれ1,000米ドル、500米ドルとなっているが、こうした機会はSEAMEO参加国の学校や団体にとってESDを実践していくための大きな動機や契機になっていると考えることができる。

以上、フィリピンにおける教育制度、ナショナル・カリキュラム、そこで重視されている資質や能力、そして国立ベニグノ・アルダナ中等学校における新しい学びの教育実践、それを支える教育環境について概観してきた。

21世紀に入って同国では二回の教育改革が行われた。2002年の教育改革は初等と中等に分かれていたカリキュラムを一つに統合するという改革であり、

その中で愛国心の育成を中心に据えたマカバヤンという総合的・統合的な教科が導入された。この新しいカリキュラムでは、これまでの「教育は国民が国家の発展のために支援できるようになるためのもの」という価値観から「国民自身の向上と発展のためのもの」という価値観への大きな転換が見られた。これは教育政策における一大転換であると同時に、国家のイデオロギー的転換でもあったと言える。

　その後の2011年の改革では、従来の6-4制からK-12制という新しい教育制度が示され、新しいカリキュラムが導入された。このカリキュラムではフィリピン人の全人的形成を図ることが謳われ、その具体的なものとして、「大学及び将来の生計のためのレディネス（CLR）」と「21世紀型スキル」の習得が重視された。これらのスキルには、情報・メディア・技術スキル、学習スキル、革新スキル、コミュニケーションスキル、ライフスキル、職業スキルなどが含まれている。

　このように同国で行われている近年の教育改革の内容を見ると、K-12という新教育制度をはじめ、CLRや21世紀型スキルという重視される資質・能力に至るまでアメリカの教育の影響を多大に受けていることが容易に分かり、アメリカの教育制度や思想を積極的に導入することで世界標準の教育を提供したいという同国の教育政策担当者たちの意図が感じられる。

　フィリピンは開発途上国の一つで、同国の教育状況は決して十分と言えるものではない。教育施設の不足や不備、教員の不足などは慢性的な問題であり、さらに教員の能力や知識についても決して満足できるものではなく、改善を要することは多岐に及んでいる。このような状況のなかで、国立ベニグノ・アルダナ中等学校は特別な例と言えるだろう。同校は地域を代表する優秀な学校であり、特に価値教育の実践においては先進的な取り組みを行ってきた。ACTプロジェクトの実践は、学校内の教職員や生徒はもちろん、父兄や地域の人々、さらに地域コミュニティを巻き込んで行われ、そうした周囲の関係者の心温まる物理的、精神的な支援もあって、生徒の考え方や行動に変化をもたらしつつあることが報告されている。

　世界標準の教育が導入されたことで、今後、フィリピンの児童生徒がどのように成長していくのか、そして彼らが21世紀の社会をどのように造っていくのか、果たして国立ベニグノ・アルダナ中等学校のような新しい学びに取り組む

学校がどれだけ出てくるのか、長期的な視野から見守っていきたいと思う。

〈注〉
1) 憲法に定められた国語としての名称であり、実質的にはタガログ語と同じである。タガログ語がfとpの区別をもたないため、この言語は「ピリピノ (Pilipino)」語と名付けられたが、1972年憲法で「フィリピノ (Filipino)」語に改称された。
2) 1999年6月19日にイタリアのボローニャで欧州29カ国の高等教育大臣が調印した宣言（ボローニャ宣言）に基づいて始まった欧州の高等教育制度改革。
3) 技術者教育の実質的同等性を相互承認するための国際協定で、1989年11月に最初の6カ国及び地域を代表する技術者教育認定団体が協定を結び、現在加盟団体は15団体（米国、カナダ、英、豪、アイルランド、ニュージーランド、香港、南アフリカ、日本、シンガポール、韓国、台湾、マレーシア、トルコ、ロシア）である。暫定加盟の5団体（独、印、スリランカ、パキスタン、バングラデシュ）を合わせると20団体となる。
4) 教育省 (DepEd) のウェブページ「Official Gasette: The K to 12 Basic Education Program」(www.gov.ph/k-12/#Features) を参照。
5) P21は、2015年3月に組織名称を「21世紀学びの協同事業 (Partnership for 21st Century Learning: P21)」に変更した。
6) 2013年10月時点での情報。
7) SEAMEOとは東南アジア教育大臣機構 (Southeast Asian Ministers of Education Organization) の略称で、東南アジア地域における教育、科学、文化に関する域内協力を推進することを目的に1965年に設立された国際機関である。事務局はタイのバンコクに置かれている。「SEAMEO-Japan ESD Award」は、2014年の「ESD (Education for Sustainable Development：持続可能な開発のための教育）の10年」に向けて、ESDに関する優秀な事例を表彰することでSEAMEO加盟国内のESDの取り組みを促進しようと、SEAMEOと我が国が協力して2012年から開始されたイベントである。毎年テーマが異なり、初回は「防災」、第2回目は「価値教育」であった。国立ベニグノ・アルダナ中等学校の価値教育実践はSEAMEOのウェブページ「2013 SEAMEO-Japan ESD Award」の記述を参照している。(www.seameo.org/index.php?option=com_content&view=category&layout=blog&id=103&Itemid=558)
8) 同校から提出された「2013 SEAMEO-Japan ESD Award」の申請書「Entry-Benigno V-Aldana National High School-verifies-reformatted.pdf」を指す。(www.seameo.org/images/stories/Programmes_Projects/Competition/2013_SEAMEOJapanESD_Award/Submission/_Shortlists/1_PH6/Entry_Benigno%20V_%20Aldana%20National%20High%20School_verified_reformatted.pdf)

第10章

インドネシアの挑戦
―人格の形成と道徳観の育成―

　インドネシアは東南アジアの南部に位置し、赤道を挟んで東西5,110 kmに渡り点在する1万3,466もの大小様々な島から構成される島嶼国である。人口は2億3,000万人を超え、世界第四位の人口大国であると同時に、その大多数がイスラム教徒であることから世界最大のイスラム人口国としても知られている。同国は19世紀初頭以来、長らくオランダに支配され、また第二次世界大戦中の一時期は日本軍の占領下となって民族的なアイデンティを剥奪されるという過酷な状況に置かれてきた。同国が正式に独立を果たしたのは1949年12月のオランダ・インドネシア円卓会議(ハーグ円卓会議)においてである。

　近年、同国は急速な経済成長を背景に東南アジア諸国連合(Association of South-East Asian Nations: ASEAN)の中でも指導的立場にあり、域内の政治、経済を牽引する重要な責任を負っている。

　同国では長らく中央集権制のもとで教育活動が行われてきたが、1998年のスハルト(Haji Muhammad Soeharto)政権崩壊以降、政治面における地方分権化が一気に進んだことを受けて、教育面でも地方分権化が進められている。

1. インドネシアの教育制度

　インドネシアは日本と同様に6-3-3制を採用している。基本的に、小学校は7歳から12歳、中学校は13歳から15歳、そして高等学校は16歳から18歳までの子どもを対象としている。従来、義務教育は小学校の6年間のみであったが、小学校への就学が全国的にほぼ普及したことから、1994年度以降、政府は義務教育課程を中学校にまで延長し、中学校の就学普及を国家の優先課題として取り組んでいる。

　インドネシアの学校教育は幼稚園、小学校、中学校、高等学校、大学という

一連の学校段階より構成されているが、それぞれの段階においてイスラム系の学校と普通学校とが併存していることがこの国の大きな特徴である。これは、中央政府の教育文化省（Ministry of Education and Culture: MOEC）が管轄する学校（普通学校）とは別に、宗教省（Ministry of Religious Affairs: MORA）が管轄する「マドラサ」と呼ばれるイスラム学校があるためである。両者はともに教育文化省

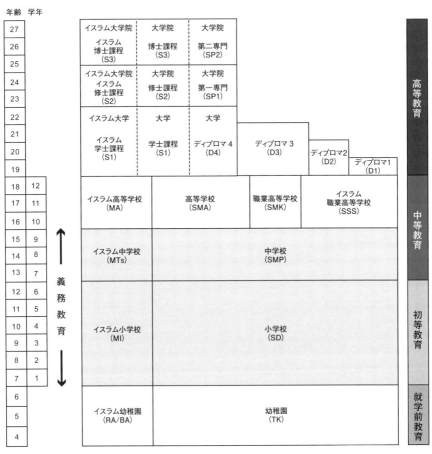

出典：インドネシア教育文化省（MOEC）ウェブサイト（www.kemdikbud.go.id）及び日本国外務省「国際協力：政府開発援助（Official Development Assistance: ODA）ホームページ・インドネシアにおける教育・人材開発の現状と改革の動向」（www.mofa.go.jp/mofaj/gaiko/oda/shiryo/hyouka/kunibetu/gai/h11gai/h11gai019.html）を参考に筆者作成

図10-1　インドネシアの学校系統図

が策定したカリキュラムに準じた教育を行っているが、管轄が異なるためお互いの学校間交流や情報共有というものはない。また、これらの学校予算もそれぞれ教育文化省と宗教省から配賦されており財源自体が異なっている。

　高等教育には、学位を出せる機関（大学）と専門的・職業的教育を行い修了証書のみを出せる機関（専門学校）との二つがある。大学は最低就学年限が4年とされており、サルジャナ（学士：S1）の学位を取得できる。大学院へ進学するとマギステル（修士：S2）やドクトル（博士：S3）の学位を取得できる。他方、専門学校はその就学年限によってディプロマ1～4の課程に分けられ、それぞれD1、D2、D3、D4の修了証明書が取得できる。高等教育機関には総合大学（University）、専門大学（Institute）、単科大学（Sekolah Tinggi）、ポリテクニック（Politeknik）、アカデミー（Akademi）の五種類がある。

　学校教育以外に学校外教育があり、それにはノンフォーマル教育とインフォーマル教育がある。前者は「パケットA、B、C」と呼ばれる小学校、中学校、高等学校に相当する学習プログラムが用意されており、主として中途退学者や非識字者に対して学習機会を提供する役割を果している。後者については、家庭や地域での教育全般が含まれる。

2. ナショナル・カリキュラム

　同国は1947年[1]以来10回にも及ぶカリキュラム改定を行ってきた。その変遷を纏めたのが次頁表10-1である。

　同国のカリキュラムを歴史的に概観すると、「1997カリキュラム」までは中央政府による完全な管理下に置かれた中央集権的なカリキュラムであり、教育内容は全国的に統一・一律化されていた（Content Based Curriculumと呼ばれている）。すなわち、カリキュラムに記載された教育方針はもちろんのこと、各教科の教授内容及び計画であるシラバスも中央政府によって作成され、学校現場ではそれらに忠実に従って教育実践を行っていかなければならなかった。

　この基本的な方針に大きな変化が見られたのは、2000年に策定された「KBK」からである。この時初めて教育内容が中央政府の管理下から解放され、各学校の裁量がある程度許容されるようになった。各学校はカリキュラムに記載された基本的な教育方針には従わなければならいものの、具体的な教授内容

表10-1 インドネシアのカリキュラム改定

カリキュラム名 (通称)	正式名 (インドネシア語名)	特徴
1947カリキュラム	Planning of Teaching (Rencaan Pengajaran)	政府主導 教育内容ベース (Content based)
1964カリキュラム	Basic Education Planning (Rencana Pendidikan Dasar)	
1968カリキュラム	Elementary School Curriculum (Kurikulum Sekolah Dasar)	
1974カリキュラム	Project for Pilot School Development (Proyek Perntis Sekolah Pembangunan: PPSP)	
1975カリキュラム	Elementary School Curriculum (Kurikulum Sekolah Dasar)	
1984カリキュラム	1984 Designed Curriculum (Kurikulum Yang Dirancang 1984)	
1994カリキュラム	1994 Designed Curriculum (Kurikulum Yang Dirancang 1994)	
1997カリキュラム	Revised Curriculum (Kurikulum Direvisi)	
KBK (2001-2005)	Competence Based Curriculum (Kurikulum Berbasis Kompetense: KBK)	学校ベース (School based)
KTSP (2006-2013)	School Based Curriculum (Kurikulum Tingkat Satuan Pendidikan: KTSP)	能力ベース (Competency based)
2013カリキュラム (2013-)	2013 Curriculum (Kurikulum 2013)	能力ベース テーマ中心 (Theme oriented)

出典：インドネシア教育文化省ウェブサイトの情報を参考に筆者作成

及び計画であるシラバスは独自に作成することが可能になったのである。中央政府は、教育内容を規定する代わりに児童生徒に習得させたい資質・能力を定める（Comptenecy Based Curriculumと呼ばれる）とともに、教師が何を教えたかではなく児童生徒が何を学んだかに焦点を当てる（Outcome Based Approachと呼ばれる）ようになった。

なお、当時としては革新的なKBKは策定後、すぐに全国一斉に施行されたわけではない。当初はいくつかの県の選定された数校で実験的に導入され、2005年までの約5年をかけてその範囲が徐々に拡大されていった。

2006年、政府はKBKに代えて「KTSP」と呼ばれる新しいカリキュラムの導入を発表した。この新しいカリキュラムの特徴は、KBK以上に教育の裁量権を学校に与えた点にある。すなわち、KBKのように各学校によるシラバス作成を認めるだけではなく、各学校にカリキュラム自体を開発することを認めたのである。この背景には、1990年代から広まった地方自治の考え方が強まっ

たことや同国の教育達成状況が国際的に見て低い状態にあるという危機感などがあったと考えられる。なお、KTSPもすぐに全国一斉に導入されたのではなく、当初3年間（2006〜2008年）は初等及び中等学校の一部の学年でのみ試行され、2009年からようやくすべての学校及び全学年において導入されるようになった。

　なお、KTSPは各学校に対して教育実践に関する大きな裁量権を与えたが、それは各学校が全く自由に独自の方法で教育実践を行ってもよいということを意味するものではないことを理解しておく必要がある。つまり、各学校がカリキュラムを作成する際には、政府策定のカリキュラム・ガイドラインを参照し、その指示に従って教育目標、学習領域別教授内容、シラバス、学校休業日などを決定しなければならなかった。

　KTSPは能力ベースのカリキュラム（Competency Based Curriculum）のため、各教育段階修了時に習得されていなければならない標準的な能力（Graduate Competency Standards: GCS）を十分に考慮して作成される必要があった。ちなみにGCSは国家教育標準委員会（The Board of National Standards of Education: BNSE）によって教育段階別及び教科別に定められた能力指標である。またKTSPでは、各学校において表10-2に示す教科目の教授学習を行うことが示された。

　2013年、政府は新カリキュラムの導入を発表し、同年7月よりいくつかの学校において試行を開始した。新カリキュラムは「2013カリキュラム（Kulikulum 2013）」と呼ばれている。新カリキュラムの導入の背景には、子どもたちがあまりにも勉強に追われ、そのはけ口として彼らが暴力をふるうようになり、大きな社会問題となっているという状況がある。教育文化副大臣の演説でも「多くの若者は人格を失い、他者に対する尊敬の念や思いやる気持ちが欠けている」[2]という点が指摘され、よりよい市民の育成と一刻も早く強い道徳観を養い人格を形成していくことが必要とされたのである。

　「2013カリキュラム」には注目すべきいくつかの大きな特徴がある。一つは、ITによるカリキュラムの提供である。従来のように紙ベースでのカリキュラムではなく、教育文化省のウェブサイトからカリキュラムにアクセスできるようになった。二つ目は、教科数の大幅な削減である。例えば、初等教育においてKTSPでは11教科目であったが、「2013カリキュラム」では6教科とされた。特に大きな議論を巻き起こしたのは、小学校低学年での理科と社会のインドネ

表10-2　KTSPで定められた教科目

	初等教育	前期中等	後期中等			
年齢 学年	6-11 1-6	12-14 7-9	15 10	16-17 11-12 *4		
宗教（Religion）	✔	✔	✔	✔		
パンチャシラ（Pancasila）*1	✔	✔	✔	✔		
体育（Physical Education）	✔	✔	✔	✔		
情報技術（ICT）	✔	✔	✔	✔		
インドネシア語（Indonesian Language）	✔	✔	✔	✔		
英語（English）	✔	✔	✔	✔		
民族語（スンダ、ジャワ、バリ等）	✔*2	✔*2	✔	✔		
外国語（中、アラビア、日、独、仏、韓等）			✔	✔		
算数・数学（Mathematics）	✔	✔	✔	✔		
物理（Physics）	✔*3	✔*3	✔	✔		
生物（Biology）			✔	✔		
化学（Chemistry）			✔	✔		
歴史（History）			✔	✔	✔	✔
地理（Geography）	✔*3	✔*3	✔	✔		
経済（Economics）			✔	✔		
社会学（Sociology）			✔	✔		
人類学（Anthropology）						✔
インドネシア文学（Indonesian Literature）						✔
上級外国語（Foreign Language Higher Level）						✔
芸術（Music, Painting, Dance）	✔	✔				

注：表中の「✔」はカリキュラムで定められた教科目であることを示す
＊1：「パンチャシラ（Pancasila）」はインドネシア建国五原則のことで、「唯一神信仰」、「人道主義」、「国の統一」、「民主主義」、「社会的公正」の五つを指す
＊2：民族語あるいは外国語の選択
＊3：合科として、「理科（IPA）」や「社会（IPS）」として実施
＊4：「自然科学」、「社会科学」、「人文学」のコース分けが行われ、コースによって履修科目が異なる
出典：Wikipedia, *Education in Indonesia* 及び教育省ウェブサイト情報から筆者作成

シア語への統合、小学校での英語の廃止、すべての教育段階での情報技術（ICT）教育の廃止、である。合科教育を進めることによって教科数を減らすという基本的な考え方については理解できなくもないが、理科と社会を全く系統やアプローチの異なるインドネシア語という言語教育の中に包含したり、KTSPでは重視されていた言語教育（英語や民族語を含む）や情報技術教育を軽視するような大幅な変更に対して、子どもたちの学力は本当に維持できるのかと疑問視されたのである。

表10-3　2013カリキュラムで定められた教科目

	初等教育	初等教育	前期中等	後期中等
年齢 学年	6-8 1-3	9-11 4-6	12-14 7-9	15-17 10-12
宗教（Religion）	✔	✔	✔	✔
パンチャシラ・公民（Pancasila and Civics）	✔	✔	✔	✔
体育（Physical Education）	✔	✔	✔	✔
工作（Prakarya）			✔	✔
インドネシア語（Indonesian Language）	✔	✔	✔	✔
英語（English）			✔	✔
算数・数学（Mathematics）	✔	✔	✔	
科学（Physics, Biology）		✔	✔	
社会（History, Geography, Economics）		✔	✔	✔*1
芸術（Music, Painting, Dance）	✔	✔	✔	✔*2
専門教科（Peminatan Akademik）				✔
専門グループ（Kelompok Peminatan）				✔*3

注：表中の「✔」はカリキュラムで定められた教科目であることを示す
＊1：「経済（Economic）」のみ開設
＊2：「音楽（Music）」及び「美術（Painting）」のみ開設
＊3：自然科学、社会科学、言語学それぞれ一教科、合計三教科から構成されるもので、「数学・歴史・インドネシア語」、「物理・地理・英語」、「生物・経済・民族語」、「化学・社会学・外国語」という組み合わせがある
出典：Wikipedia, Education in Indonesia 及び教育省ウェブサイトから筆者作成

　三つ目は、テーマ学習（Thematic Learning Method）の本格的な導入である。これは、まずテーマを設定し、このテーマに沿って各教科において学習を進めていくという方法である。実は、KTSPでもこの方法は取り入れられていたが、その導入は小学校低学年だけに限定されていた。それを今回のカリキュラムでは初等から中等、さらには職業教育にまで広く導入したのである。教育文化省からは取り扱うべきテーマの一覧と時間数が示され、その概要は表10-4の通りである。

　四つ目として、児童生徒が習得すべき資質・能力レベル（Competency Standards）が明確に定義され、それが各教育段階において関係性と一貫性をもちながらその発達が求められているという点である。KTSPでも習得すべき能力は定められていたが、その中心は認知レベルのものにとどまり、また各教育段階間での繋がりが不明確であった。今回のカリキュラムは、この点を改良しコンピテンシーとして認知レベルはもちろん、態度やスキルをも含むものとして設定された点が注目される。

表10-4 テーマの一覧(一部抜粋)

小学1年生	小学4年生	小学6年生
・自分 ・私の趣味 ・私の活動 ・私の家族 ・私の体験や経験 ・清潔・健康と環境 ・私の周りのもの・動物・植物 ・自然現象	・団結 ・省エネルギー ・生き物を大切に ・協働 ・私たちの英雄 ・美しいわが国土 ・私の大志 ・私の隣人 ・健康的で栄養のある食品	・生き物を救う ・多様性の中の団結 ・優秀な人物と発明者 ・グローバリゼーション ・起業 ・公衆衛生

出典：教育文化省のウェブサイトからの情報より筆者作成

なお、2014年12月にメディアによって、バスウェダン(Anies Rasyid Baswedan)教育文化大臣が「2013カリキュラム」の試行を一時停止するように指示したことが伝えられた。この理由としては、学校現場において新カリキュラムの実践のための十分な準備ができていないことが政府による調査で明らかになったことがあげられている[3]。

3. コンピテンシー・スタンダード(Competency Standards: SKL)

「2013カリキュラム」においては、コンピテンシー・スタンダード(Competency Standards、インドネシア語ではStandar Kompetensi Lulusan: SKL)が定められている。SKLは態度、スキル、知識の三つから構成され、それぞれの内容は以下のように定義されている。

①態度

態度の発達プロセスは、受容→行動→尊敬→賞賛→実行、という段階を経る。また、その種類としては個々人が個人として示す態度、社会に対する態度及び自然に対する態度がある。

- **個々人が個人として示す態度**
  信仰、道徳感(正直、規律、責任、思いやり、礼儀正しさ)、好奇心、美学、自信、内的動機など
- **社会に対する態度**
  寛容、相互協力、協働、コンセンサスなど

- 自然に対する態度

  健康的なライフスタイル、環境への配慮、愛国心、平和を愛する心など

②スキル

スキルの発達プロセスは、観察→質問→試行→加工→推論→理由付け→創造、という段階を経る。また、スキルの種類には普遍的スキルと具体的スキルとがある。

- 普遍的スキル

  読む、書く、計算する、描くなど
- 具体的スキル

  活用する、変更する、構成する、解析する、創造するなど

③知識

知識の発達プロセスは、知る→理解する→応用する→分析する→評価する、という段階を経る。また知識には、人間についての知識、国民についての知識、国土についての知識、国家についての知識、世界についての知識（主体）があり、それらの知識の及ぶ存在（客体）として科学、技術、芸術、文化がある。

以上が、「2013カリキュラム」で定められたコンピテンシー・スタンダード（SKL）であるが、従来のカリキュラムが知識のみを重視していたのに対し、「2013カリキュラム」では、知識のほか、態度やスキルにも焦点を当てた点に特徴がある。ただし、これら三つの内容をよく見ると、教育目標の分類学として提唱されたクラスウォール（David R. Krathwohl）の態度領域の分類、ダイヤース（Jeff Dyers）のスキル領域の分類、ブルーム（Benjamin Bloom）の認知領域の分類と酷似しており、これらをもとに開発されたものであることは明らかである。

4. 教育実践例：バンドン第二中学校（SMP Negeri 2 Bandung）のグローバル市民育成に向けた取り組み

■学校概要

バンドン第二中学校は、西ジャワ州（ジャワ島）のバンドン市の中心部に位置

する前期中等教育（第7学年～第9学年）を提供する公立学校である。設立は1948年と長い歴史をもっている。また学校名が「バンドン第二」となっていることからもバンドン地区の有名校であり進学校でもある。なお同校は2011年に「国際標準校」に認定されている[4]。また、同校は三学年全体で28

バンドン第二中学校

クラス、千名強の生徒を抱える大規模校でもある。正規の教育課程は言うまでもなく課外活動にも力を入れており、スポーツ、外国語、ICTなど多様な分野の課外活動が行われている。

■学校カリキュラム

　現在、バンドン第二中学校では「KTSP」と「2013カリキュラム」の両方をもとにして学校カリキュラムを作成し教育活動を行っている。インドネシアも他のアジア諸国と同様、近年、地方分権の流れが加速しているとは言いながらも、やはりナショナル・カリキュラムの力は依然として強く、それに忠実に沿った学校カリキュラムとなっている。

　同校では、誠実で責任感をもった勤勉な生徒を育成していくこと、質の高い教育を提供すること、調和と民主的で国を愛する精神を尊重することなどを目標に教育活動が展開されている。また、「国際標準校」の認定を受けた学校ということもあって、地元の文化を国内外に発信するなど、世界をも視野に入れたグローバルな教育活動を積極的に行っている。特に、英語の学習時間を中心にした「総合学習（Integrated Learning）」という同国では珍しいカリキュラムを開発していることは注目に値する。以下で紹介する教育活動はその一例である。

■グローバル市民の育成に向けた教育活動

　同校は、イギリスの国際開発省（DfID）とブリティッシュ・カウンシルが共同実施する「教室をつなぐ（Connecting Classrooms）」プロジェクトに参加している西ジャワ州35校のうちの一つである。このプロジェクトはイギリスの学校と世界各地の学校とをICTで結び付け、お互いに情報交流することを通じて

異文化に対する理解を深めグローバルな視点をもった人材を育成していこうというものである[5]。

　同校は、定期的にイギリスの中学校とインターネットを使って授業交流を行っている。この活動は主として英語の授業時間を使った「総合学習」という枠組みの中で行われており、同校の生徒にとっては、英語のコミュニケーションスキルの向上はもちろん、イギリス文化という異文化に触れ、その中でこれまで親しんできたインドネシア文化との違いを実感しながら、多様なものの考え方や見方のあることを学ぶよい機会となっている。

　また、同校はイギリスだけでなく、タイ、マレーシア、台湾、インド、さらにエジプトなどの国々の学校の教職員や生徒とも積極的に交流を行っており、例えば、タイの学校とはビデオ・カンファレンスのほか、お互いの学校への訪問・視察、マレーシア及び台湾の学校とは電子メールを媒介に特定のテーマ（例：「食」、「紙幣のデザイン」など）について意見交換を行う教育プロジェクトの展開、インドやエジプトの学校とはお互いの学校や自宅周辺について情報収集（例：建造物の歴史的な変遷と将来の予想される変化）を行いそれをもとに自分たちの住んでいる地域の歴史と現況を紹介し合う「トラベル・ガイド」プロジェクトという活動を行っている。

　さらに、年に一回行われているブリティッシュ・カウンシル主催の「教室をつなぐ国際教育祭り（Connecting Classrooms International Education Expo）」にも同校は積極的に参加し、これまでに実施してきた活動の成果を発表したり、他校の生徒たちと交流を深めたりしている。

■ナショナル・カリキュラムとの関係

　上記の教育活動は、「KTSP」や「2013カリキュラム」で定められた教科「英語」の枠組みを活用しながらも学校の裁量権を最大限に用いて「総合学習」という独自のアプローチのもとで実施されている。

　グローバル市民の育成に向けたこの教育活動は、英語教育の観点から見ると、コンピテンシー・スタンダード（SKL）に含まれる知識（英語の言語構造や英語文化圏の理解など）及びスキル（英語のリテラシー）の育成を目指す活動であると言える。他方、その活動方法あるいは手法の観点から見ると、知識やスキルの向上はもとより、生徒の学習に向かう態度の育成という面に大きな特色があ

る。つまり、インターネットを介した授業交流やカンファレンス、電子メールでのテーマ学習を通じた交流、「トラベル・ガイド」プロジェクトなど、生徒の主体的な活動を前面に据えることで生徒一人ひとりの学習に対する興味関心を高めると同時に、生徒間の協力と協働、さらに相互理解を促進し、そうした学習環境の中で責任感や他者を思いやる気持ち、他人に対する礼儀など、グローバル市民として社会で生きていく上で不可欠な道徳観や社会観を養っていこうとしているのである。

5. 学びを支える環境

インドネシアにおいて、上記のような創造的・革新的な新しい学びの実践を促進、支援しているものとしてはいくつかある。その主なものをあげると、一つは政府、具体的には教育文化省からの学校に対する財政支援、二つ目は授業の質的向上を目指した地域及び学校単位の協力や連携、三つ目として外国の組織や団体からの機会提供とプログラムを通じた連携である。以下、それぞれについて見ていこう。

■政府からの財政支援制度

インドネシア政府は、学校に対する財政支援の方法として二つの主要なプログラムを実施している。一つは「学校運営資金助成プログラム（Bantuan Operasional Sekolah: BOS）」というもので、主に学校施設の維持や更新、基本的な学校施設の整備などの目的で助成されるプログラムである。助成金額は在学している児童生徒数によって決められるため大規模校には多くの助成金が配賦される傾向にある。

もう一つは「教育無償化プログラム（Free Education Program: FEP）」と呼ばれるもので、これはBOSに比べ多様な活動に使うことが可能であるため、校長はじめ学校の教職員の金銭的な動機付けになっていると言われている。つまり、給与や手当てといった人件費に充当することもできるからである。また、貧困層の児童生徒に対する補助などにも充当可能である。

こうした政府からの二つの財政支援プログラムを有効に活用することによって、バンドン第二中学校のように新しい教育活動を考案・実践したり、そのた

めに必要な機材や教材あるいは活動費の捻出を行ったりすることが可能となっている。

■授業の質的向上のための地域ベースの協力

　同国では、従来から教師中心の知識詰め込み型の教育実践が広く行われてきた。しかし、2007年頃からこうした従来の教育方法を児童生徒を中心に据えた学習方法へ転換しようという動きが見られる。この動きの原動力となったのが「授業研究(現地ではレッスン・スタディ〈Lesson Study〉)」と呼ばれる活動であり、この動きは日本政府(実施主体は独立行政法人国際協力機構〈JICA：ジャイカ〉)が同国の教育開発支援の一環として「授業研究」を紹介して以来全国に広がり今や同国における教育改革の大きな流れとなっている[6]。

　現在、同国のレッスン・スタディ発信の中心は西ジャワ州バンドン市にあるインドネシア教育大学(Universitas Pendidikan Indonesia: UPI)である。同校は国内の教育系高等機関の中では最大規模を誇り、国内で最も有名な教育大学である。同校は、政府からレッスン・スタディの普及と促進のための研究費が配賦されており、積極的にバンドンやその近隣地区の学校と連携してレッスン・スタディの実践と普及を行っている。また、レッスン・スタディ実践の効果についての研究分析も行っており、その成果は報告書や各種出版物、同大学ウェブサイトなどを通じて広く発信されている。

　レッスン・スタディは授業の質的向上を直接的な目標としているが、そのためには教員の力量形成が必要不可欠であるという考え方のもと、日頃の授業実践を通じた日常的なプロフェッショナル・ディベロップメント(教材研究とその理解、教授アプローチ、児童生徒の学習動機付けなど)を習慣化していくことにも力を入れている。こうした日頃からの地道な努力により、教員一人ひとりの力量が向上し、授業実践の質だけでなく、創造性・独自性をもった多様な授業実践が可能になっていくと考えられている。

■外国からの機会提供と連携

　先にも述べたように、バンドン第二中学校のグローバル市民の育成に向けた教育活動はDfIDとブリティッシュ・カウンシルが共同で行っている「教室をつなぐ(Connecting Classrooms)」プログラムの支援を受けて行われている。同プ

グラムでは、ブリティッシュ・カウンシルが実施主体となり活動に必要な資金の提供のほか、教員を対象とした継続的なプロフェッショナル・ディベロップメント（Continuous Professional Development: CPD）やワークショップの提供が行われる。

また、ブリティッシュ・カウンシルのウェブサイトには研修資料やその他関連資料が多数掲載されており、自由にダウンロードすることができる。現在、ダウンロード可能な資料として

出典：www.britishcouncil.or.id/en/programmes/education/connecting-classrooms
ブリティッシュ・カウンシルの「教室をつなぐ」ウェブサイト（インドネシア版）

は、『教室をつなぐ入門ガイド（Introduction to Connecting Classrooms）』、『グローバル市民のための教育（Education for Global Citizenship）』、『異文化間及びグローバル意識（Inter-Cultural and Global Awareness）』、『持続可能なパートナーシップ（Sustainable Partnerships）』などがあり、どれもグローバル市民の育成を目指す教育実践者には有用なものである。

さらに、プログラム参加校の動機付けのために表彰及び認定制度も設けられており、一定の条件を満たした学校に対して「国際学校賞（International School Award）」という資格が授与される。ちなみに、この資格授与は三年ごとに行われ、その都度、資格授与希望学校は申請書及び自校のこれまでの経験について詳細な説明書を作成しなければならない。認定条件は三年ごとにその内容に変更が加えられるので一度認定された学校が三年後も同じように資格を得られるという保証はない。

以上、インドネシアの教育制度、ナショナル・カリキュラムとその変遷、現行ナショナル・カリキュラムで重視されている資質・能力、バンドン第二中学校でのグローバル市民育成に向けた教育活動とそれを支える教育環境について

概観してきた。

　近年、インドネシアは様々な政治改革や経済改革を積極的に実施しており、教育分野についても例外ではない。21世紀に入ってから、これまで中央集権的な性格の強かった教育政策を地方分権の方向へ大きく舵を切ったことはその表れでもあろう。KBKやKTSPといった地方政府や学校の裁量権を認めたナショナル・カリキュラムの導入によって、本章で取り上げたバンドン第二中学校のように「総合学習」という独自のアプローチを開発し、グローバル市民の育成に向けた教育活動を積極的に行っている学校も見られるようになってきている。

　しかし残念なことに、こうした学校は同国内ではまだほんの一握りでしかなく、それもジャカルタやスラバヤ、バンドンといった比較的国際色豊かな大都市地域に限られているというのが実情である。地方にある大部分の学校では、KTSPで認められた学校裁量の部分をどのように活用すればよいのか分からず、結局、政府の基準をそのまま踏襲した何の独自性もない標準的なカリキュラムをそのまま使って教育活動を行っているという事実があることも理解しておく必要があろう。

　なお、2013年に導入され、一部の学校で試行が始まっていた新しい「2013カリキュラム」は、世界の教育動向をいち早く取り入れた斬新なカリキュラムという印象がある。隣国オーストラリアと同様、ウェブサイトによるカリキュラム発信をはじめとして、教科の統合による教科数の削減、認知、態度、スキルの三つを含む資質・能力レベルの明確化などは同国カリキュラムの先進性を謳う上での典型的な例であろう。他方、ICT教育の廃止やテーマ学習の導入はかなり独創的な特徴と言わなければならない。同国では過去においてICT教育の充実を強調し、中学校や高等学校さらに小学校にまでコンピュータ教室を設置し児童生徒にICT教育を進めてきた経緯がある。このため政府は莫大な予算を教育費に充ててきた。しかし、多くの学校現場において適切な指導者の不足から施設や設備が適切に活用されていないという状況が明白となっていた。今回のカリキュラムはそのような反省を踏まえたものなのであろう。

　ただし、「2013カリキュラム」が今後どのように施行され普及されていくかについては一抹の不安がないわけでもない。というのは、同国のこれまでの教育実践状況を振り返った際に、KTPSが多くの学校で十分に機能していなかっ

たという現実から見て、KTPS以上に斬新な新カリキュラムが果たして学校現場に歓迎され実践されていくかについては大きな疑問が残されているからである。2014年12月に報じられた教育文化大臣による新カリキュラム試行の一時中止というニュースはその疑念をさらに強めるものであると言えるだろう。今後、同国の教育がどのようになっていくのか、果たして新カリキュラムは本格的に導入されるのか、注視していく必要があろう。

〈注〉
1) インドネシアの正式な独立は1949年12月であるが、それ以前の1947年8月に国連安全保障理事会で独立戦争停戦及び平和的手段による紛争解決が提示されており、その時期から独立国としての準備が進められた。
2) カシム (Musliar Kasim) 教育副大臣による2013年11月の演説 (International Education 2012 – Addressing the 2013 curriculum in Indonesia)。
3) 教育文化省ウェブサイト内に掲載された2014年12月5日付の新聞記事「Menteri Pendidikan dan Kebudayaan (Mendikbud) Anies Rasyid Baswedan memutuskan untuk menghentikan pelaksanaan Kurikulum 2013 (教育文化大臣は2013カリキュラムの実施を停止することを決めた)」を参照。
4) インドネシアの学校の名称は、その学校の立地地区と番号からなっており、通常、設立の古い学校から番号が振られている。例えば、「○○第一学校」はその○○地区で最も古い学校を意味する。また、歴史のある学校ほど地区の有名校や進学校となっており、政府からの補助金も豊富で設備等も充実している。加えて、設備の充実度や教育活動の成果などが高く、政府の設定する基準を満たせば、「国家標準校」や「国際標準校」という格付けが与えられる。こうした学校は通常一地区にわずかに数校のみである。
5) 「教室をつなぐ (Connecting Classrooms)」の詳細は、本書の「第2章　イギリスの挑戦」、p.46を参照のこと。
6) 「授業研究」とは、我が国に起源をもつ学校現場の教員による校内における独自の教育活動の一つであったが、1990年代の後半にアメリカで日本の授業の質の高さの秘訣は授業研究にあると紹介されたことから、世界的に知られるようになった。2000年代半ば頃からは、我が国の政府開発援助 (ODA) の一環として行われている開発途上国に対する教育支援においても「授業研究」の手法が積極的に活用され、現在までに30カ国以上で「レッスン・スタディ」が実践されている。インドネシアもその一例であり、2008年に我が国の教育支援によって初めて同国に紹介されてから、急速に全国に広がっている。

第11章

ベトナムの挑戦
—愛国心をもった能力ある人材—

　ベトナムは正式名をベトナム社会主義共和国といい、インドシナ半島東部に位置する社会主義共和制国家である。国土は南北に長く、北は中国、西はラオス、南はカンボジアに接し、東は東シナ海を挟んでフィリピンと相対している。また、同国内には56の民族が居住し多民族国家となっている。歴史的には、千年にも及ぶ長期にわたって中国に従属した北属期、19世紀に入ってからのフランス植民地時代、20世紀になってからの日本による占領期及び三度にわたるインドシナ戦争と南北分裂期など複雑な歴史をもっている。

　1986年には「ドイモイ」と呼ばれる改革による市場経済の導入が図られ、近年著しい経済発展を見せている。

　主要な都市としては、ハノイ（Hanoi）とホーチミン市（Ho Chi Minh City）があり、前者は国土の北部に位置する同国第二の都市であると同時に、政治及び文化の都として知られている。他方、後者は国土の南部に位置し、以前は「サイゴン（Saigon）」と呼ばれ同国第一の経済都市として繁栄している。

1. ベトナムの教育制度

　ベトナムは、我が国と同様に単線型の教育制度を採用している。初等教育は6歳から開始され5年間小学校で行われる。その後、前期中等教育が基礎中学校（以下、中学校）において4年間、後期中等教育が普通中学校（以下、高校）あるいは各種の技術職業訓練学校において3年間行われる。現行の教育法（2009年改定）では12年間の基礎教育課程のうち初等教育5年と前期中等教育4年の合計9年間が義務教育と定められている。

　後期中等教育機関は、上述のように高校と中等職業学校があり、前者は高等教育機関に進学するための準備教育や職業教育を3年間行う。他方、後者は中

級レベルの職業的知識と技能を備えた技術者及び専門職人材を養成するために3～4年間の職業専門教育を行う。ただし、高校卒業者に対しては教育期間は1～2年に短縮される。

　後期中等教育を修了した者には高等教育機関への進学の道が開かれる。同国の高等教育はもともと旧ソビエト連邦の影響が強く、工業、農林水産、教育、

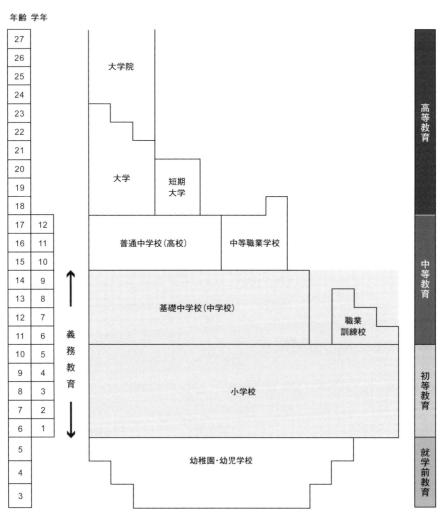

出典：ベトナム教育訓練省（MOET）へのインタビューにより筆者作成
図11-1　ベトナムの学校系統図

医学など専門単科大学を中心として展開されてきたが、ドイモイ政策以降、国家大学、地方総合大学などの新しい形態の教育機関が設置されている。修学年限は専攻によって異なるが、一般的に大学の学士課程は4年（工学部は5年、医学部は6年）、大学院修士課程は2年、博士課程は修士号取得者で3年、修士号未取得者で4年が標準となっている。短期大学は3年が一般的である。

　就学前教育は、近年、都市部を中心に整備・普及が進められており、生後3カ月から3歳までの乳幼児を預かる託児所と3歳から6歳までの幼児を預かる幼稚園がある。加えて、託児所と幼稚園の両方の機能を備えた幼児学校もある。

　ベトナムの学校制度が全国的に一本化されたのは1989年になってからであり、1975年の南北統一以前はそれぞれで異なった学校制度が採用されていた。統一後6年経った1981年にようやく旧南ベトナムで採られていた制度を全国的に採用することが決まり、その後、少しずつ改定されながら現在の制度に至っている。

　なお、ベトナムの学校、すなわち小・中・高・大学を含むすべての学校は基本的に国によって設置され、中央教育行政機関である教育訓練省（Ministry of Education and Training: MOET）が監督している。教育訓練省は地方の各省及び各郡にそれぞれ教育訓練局（Department of Education and Training: DOET）、教育訓練部（Bureau of Education and Training: BOET）と呼ばれる出先機関をもっており、中央政府の指示や命令が末端の学校に行き渡るように組織されている。ただし、一部の学校、例えば医科薬科系の大学、美術系の大学などはそれぞれ厚生省や文化情報省などに属し教育訓練省の監督権限の外にある。

2. ナショナル・カリキュラム

　ベトナムにおける戦後の教育改革・カリキュラム改革を概観すると、1945年の新教育制度の構築を振り出しに、1950年の第一回教育改革、1956年の第二回教育改革、1975年の第三回教育改革、1986～2005年にわたる第四回教育改革、と五つの段階を経てきたことが分かる。第一回目の教育改革は、「人民の、人民による、人民のための教育」の実現を目指して実施され、9年間の基礎教育課程を定めた。第二回目の教育改革は、第一回目の基本的な考え方を北部地域一体に普遍化することを目的に実施、さらに第三回目の教育改革は、

南北統一を機に統一的な教育制度の全国普及をねらったものである。また、この時期には12年間の一般教育（General Education）が設定され、新しいカリキュラムが導入された。その後1986年からは社会主義的市場経済の原理を取り入れた教育改革が徐々に進行し、2000年には約20年ぶりに新しいカリキュラムが編成、実施された。これまでの一連の教育改革を時系列に纏めたのが下の表である。

現行の「2000年カリキュラム」は、同国の教育訓練省（MOET）の主導のもとに開発されたが、実際の開発作業にあたったのは国立教育科学研究所（National Institute of Educational Sciences: NIES）にあるカリキュラム開発・教育方法センター（Research Centre for Curriculum Development and Teaching Methodology）であった。カリキュラム改定の基本的な方針としては、①毎日の生活において応用できる基

表11-1　ベトナムの近年の教育制度及びカリキュラムの変遷

改革名（通常）	特徴
1945年新教育制度	**教育の基礎構築** ホーチミン大統領の主導 スローガンは「非識字の撲滅」 法的枠組みの構築（1946年）：基礎教育（4年）、中等普通教育（普通科4年、専門科3年）、中等職業教育（1年準備コース・1〜3年職業コース）、高等教育（最短3年、文学、科学、法律など）
1950年教育改革 （第1回目）	**人民の、人民による、人民のための教育実現** 教育目標：将来の市民育成、人民の政府への忠誠、人民奉仕の能力、戦争に対して抵抗する力 基礎教育（9年）
1956年教育改革 （第2回目）	**北部全体への拡大** 教育目標：全人的発達、よい市民育成 基礎教育（4+3+3、10年）
1975年教育改革 （第3回目）	**全国統一制度の普及** 旧教育制度の放棄 教育目標：全人的発達の基礎作り、教育の普遍化（科学・テクノロジー・文化の融合）、労働市場のニーズに基づいた研修・訓練 一般教育（12年） 12年制カリキュラムの導入
1986-2005教育改革 （第4回目） （現行）	**社会主義的市場原理の導入** 社会主義的市場原理に基づいた制度 基礎教育（5+4+3、12年）及び就学前教育の拡充 「2000年カリキュラム」導入

注：ベトナムでは、1976年の南北統一以前までは南北各政府が異なった教育制度及びカリキュラムを用いていた。上表では詳細は省略して同国における主流な動きのみを対象として記載した
出典：World Bank, *Education in Vietnam: Development History, Challenges and Solutions*, 2007 を参考に筆者作成

本的・実践的内容への焦点化、②近代社会における科学及び科学技術等の発展に基礎を置いた内容、③学習における児童生徒の創造性や独創力を発展させる手助けとなる教授学習方法の導入、④各児童生徒の能力、特に自学自習のための能力及び方法の開発、⑤人文主義的及び国際的な教育に関する十分な考慮、⑥ベトナムのナショナル・アイデンティティの保持と国際社会への参加、⑦「知ることを学ぶ、為すことを学ぶ、人間として生きることを学ぶ、共に生きることを学ぶ (Learning to know, Learning to do, Learning to be, Learning to live together)」[1]という国際カリキュラムへの焦点化、といった七つの点があげられた。

　こうして開発された「2000年カリキュラム」では、21世紀に向けて目指されるべき教育として、(1) 社会主義を維持するための公民教育、道徳教育、愛国教育、マルクス・レーニン主義教育の強化及び各教育段階におけるホーチミン思想の導入、(2) 世界における開発動向に応じるための法律教育、審美教育、環境教育、人口教育、体育教育の強化及び外国語教育と情報教育の拡大、という二つが重要な柱として据えられることになった。

　「2000年カリキュラム」には、上記の教育目標に加え、各学年の教育内容、カリキュラムについての説明、諸外国のカリキュラム開発の考察、方法と方針及び学習支援、児童生徒の学習成果の評価とその組織化の方法などについても明記されている。「2000年カリキュラム」の実施に際しての具体的な特徴としていくつかの点をあげることができる。まず、どの教科においても基準が設けられたこと、二つ目として内容の10～15％程度を地方に密着した内容(例えば、地方特有の地理、歴史、経済、文化など)が組み込まれたこと、三つ目として学校現場の教師に自由裁量権を与え地域特有のバリエーションを認めたこと、などである[2]。

　「2000年カリキュラム」で定められた教科目は、小学校低学年(第1学年～第3学年)が6教科、高学年(第4学年～第5学年)が7教科、中学校では13教科及び選択教科とその他活動、高等学校では12教科及び活動訓練となっている。詳細は以下の通りである。

　なお、現在同国では基礎教育課程(初等教育から後期中等教育までの12年間)のカリキュラム改革が検討されており、その基本的な方針について教育大臣や教育訓練省などがメディアを通じて伝えている。ベトナム・ニュース (Viet Nam News) (2014年9月27日付)[3]によれば、その特徴は合科教育の促進 (Integrated

Curriculum）であるとされている。従来のような個々の教科学習では断片的な知識しか身に付かず、これでは日常生活において何の役にも立たないという。したがって、個別の教科学習で習得可能な知識をお互いに関係付けながら、児童生徒が日常生活で実際に役立てられる能力や知識を醸成するためにも合科教育は重要であるというのである。また、これまで各教科には政府指定の教科書（国

表11-2 「2000年カリキュラム」で定められている教科目

	初等教育		前期中等	後期中等
年齢 学年	6-8 1-3	9-10 4-5	11-14 6-9	15-17 10-12
ベトナム語（Vietnamese Language）	✔	✔	✔	
ベトナム文学（Vietnamese Literature）				✔
外国語（英語・仏語）（Foreign Languages）			✔	✔*1
算数・数学（Mathematics）	✔	✔	✔	✔
自然社会科学（Natural and Social Sciences）	✔			
科学（Science）		✔		
物理（Physics）			✔	✔
化学（Chemistry）			✔	✔
生物（Biology）			✔	✔
地理（Geography）		✔	✔	✔
歴史（History）			✔	✔
道徳教育（Moral Education/Civics）	✔	✔	✔	✔*2
体育（Physical Education）	✔	✔	✔	✔
芸術（Arts）	✔	✔		
美術（Fine Art）			✔	
音楽（Music）			✔	
テクノロジー（Technology）			✔*3	✔*4
情報技術（Information Technology）				✔
軍事教育訓練（Military Education and Training）				✔
選択教科（Optional Subjects）			✔	
職業訓練活動（Vocational-Oriented Activities）			✔	
学校・学級活動（School/Class Activities）			✔	

注：表中の「✔」はカリキュラムで定められた教科目であることを示す
＊1：学校によっては中国語またはロシア語が開講されている
＊2：「公民（Civics）」には経済、哲学、政治、法律、倫理が含まれる
＊3：家庭科（Home Economics）、農林水産業（Agriculture, Forestry and Aquaculture）、工業（Industry）を含む
＊4：農業（Agriculture）、園芸（Horticulture）、機械（Mechanics）、電気（Electronics）、デザイン（Design）を含む
出典：World Bank, *Education in Vietnam: Development History: Challenges and Solutions, 2007* 及び Wikipedia, *Education in Vietnam* を参考に筆者作成

定教科書)が準備されていたが、今後は各教科において適切と思われる教科書を複数指定し、その中から選択できる体制をとる計画があるということである。

3. コンピテンシー（Competencies）

　同国の「2000年カリキュラム」においては、近年多くの欧米諸国のカリキュラムに見られるような21世紀の社会に必要とされる能力やスキルを取り出してその習得を強調するという傾向は見られない。どちらかと言うと、最近のイギリスのナショナル・カリキュラムのように教科教育の中に内包された能力やスキルとして定められていると言えよう。これらは「コンピテンシー（Competencies）」と呼ばれており、知識やスキルだけではなく求められる価値観や態度までを含むものとなっている。この点では、我が国の「生きる力」やインドネシアの「コンピテンシー・スタンダード（SKL）」と類似しているとも言える。

　同国ナショナル・カリキュラムでは、特に初等教育と前期中等教育の一貫性、継続性が重視されており、それぞれにおいて習得が期待されているコンピテンシーにもその意図がうかがえる。初等教育修了時に習得が期待されているコンピテンーとして以下の九点があげられている[4]。

①基本的な文章を読めるとともにその意味が理解でき作文ができる。また人の意見を聞いてメモがとれる（**言語リテラシー**）。

②自然数、分数、小数の加減乗除、量を表す単位（長さ、面積、体積、時間など）の使い方、様々な図形（正方形、長方形、三角形、台形、平行四辺形、円、直方体、立方体など）の周長や対角線、直径の長さ、表面積の計算ができる（**数学的スキル**）。

③自然環境や社会環境についての基本及び生物の再生産について理解できる（**科学的知識**）。

④19世紀末から現在に至る時代の歴史的出来事や状況、人々について理解できる。またベトナム及び他国の自然環境、人口、経済活動などについて理解を示すことができる。さらに歴史的及び地理的な情報収集のために地図や図

表を読み取ることができる (**社会的知識・スキル**)。

⑤自分自身及び家族を助ける技能 (修理、裁縫、刺繡、料理など) を身に付ける。また植物や動物の育て方を理解できる (**ライフスキル**)。

⑥いろいろな形や人、動物を描いたり粘土などで創作できる。また絵や彫像などを鑑賞し、それらに対する感想が言える (**芸術的スキル・態度**)。

⑦学んだ唱歌を正確に歌えるとともにリズムを知り簡単な楽譜が読める。また音楽の鑑賞の仕方がわかる (**音楽的スキル・態度**)。

⑧迅速かつ正確に整列することができる。体全体を動かして運動することができる。様々な競技やスポーツをすることができる (**身体的スキル**)。

⑨家庭や学校において自分自身の権利と責任を正しく行使することができるとともに、美しいもの、素晴らしいもの、正しいものを追求し、かつ母国とその平和を愛する (**道徳・公民的価値観・態度**)[5]。

また、前期中等教育修了時に習得が期待されているコンピテンシーとしては以下の三点があげられている[6]。

①年齢及び前期中等教育の目標に相応しい人格の形成 (**価値観**)
・国家を愛し独立及び社会主義の理想を信じること
・国家建設の歴史に誇りをもち、国家の文化的アイデンティティを維持し、世界的な問題や課題に関心をもつこと
・勉学、勤労、公共の福祉を通じて公正で文化的な国家の発展に貢献すること
・健全で誠実な生き方をし、家庭や学校、地域や社会において協働しながら責任を果たし勤労を重んじること。また規則や決まりに従って行動できること

②各教育段階において求められる基本的な知識の習得 (**知識**)
・物事の本質について理解できること。そうすることで人文、社会科学、自然

科学、テクノロジー分野における様々な知識を効果的に学ぶことができる
・個々人の生活や家族及び地域社会に有用な知識を習得すること
・将来の学習や興味関心のある職業に応じて、科学やテクノロジーなどの分野について深い理解をもつこと

③習得した知識を有効に活用するためのスキルの習得（**スキル**）[7]
・観察力、情報の収集・分析力
・課題解決のための知識の創造的活用力
・簡単な課題解決のための基本的スキル
・文学や芸術における美の鑑賞力及び美を創造することを愛する態度
・清潔にし健康を維持する能力
・精神及び肉体的活動のバランス、労働と休息のバランスを適正に保つ能力
・学習や労働においてものごとを決定する能力
・知識やスキルを用いて効果的に行動できる能力
・変化に適応する能力（主体性、柔軟性、創造性など）
・礼儀正しく他者とコミュニケーションをとったり、振る舞ったりできる能力
・常に自己を訓練し、公正に自己評価でき、自分自身に対して自信をもつこと

　以上のように、現行のナショナル・カリキュラムにおいては、求められる資質・能力として「コンピテンシー」が定められており、初等教育課程においては、言語的、数学的、自然科学及び社会科学的、ライフスキル的、芸術的、身体的、道徳的なコンピテンシーが具体的に列挙されている。また前期中等教育課程では、価値観と知識とスキルという三分野のコンピテンシーから構成され、特にスキルにおいては個人的なスキルから社会的なスキルまでが包含されている。

4. 教育実践例：イェン・ホア中学校（Yen Hoa Secondary School）のグローバル市民育成に向けた取り組み

■学校概要
　イェン・ホア中学校は、首都ハノイ市の北西部にあるコージャイ（Cau Giai）地区に位置している。同校の設立は1954年と歴史は古いが2000年に現在の場所

に移転したため校舎などの設備は新しい。教員数は75名、生徒数も2,000名を超える大規模校である。同校は、これまで学力やスポーツにおいて優秀な成績をおさめ、同国政府から数々の賞を授与されてきた。また、海外の学校との交流を積極的に行っており、そうした活動を通じて先進的で国際的な教育活動を展開している。また同校は

イェン・ホア中学校

「国際グローバル校（Global International School）」と呼ばれており、海外からの視察団なども多い[8]。

■学校カリキュラム

　ベトナムの教育は中央集権的な色合いが非常に強いため、同校のカリキュラムも基本的にはナショナル・カリキュラムに則った形で作成されている。ただし、同校が他校と大きく異なる点は、ナショナル・カリキュラムに定められた学校裁量の部分を最大限に活用しながら教育活動を実施している点である。特に、児童生徒が国際的な視野をもちグローバルな市民として成長していけるようにカリキュラムを編成している。

■グローバル市民の育成に向けた教育活動

　同校は、イギリスのDfIDとブリティッシュ・カウンシルが共同実施する「教室をつなぐ（Connecting Classroom）」プロジェクトに参加しているベトナム国内でも数少ない貴重な学校である。このプロジェクトはイギリスの学校と世界各地の学校とをICTで結び付け、お互いに情報交流することを通じて異文化に対する理解を深め、グローバルな視点をもった人材を育成していこうというものである[9]。

　同校はイギリスのウェールズにあるカントニアン中等学校（Cantinian High School）及びリラニシェン中等学校（Llanishen High School）の二校と国際的な学校交流を図っている。交流の方法は主としてインターネットを通じた定期的な授業交流や電子メールでの意見交換であり、例えば、7年生のクラスではお互いの国の文化的行事を紹介するためにビデオを作成しそれをお互いに鑑賞しな

がらベトナムとイギリス（ウェールズ）の文化や考え方の違いを学んでいく活動が行われている。ベトナム側からは正月のお祭り（テト祭り）、イギリス側からは復活祭（イースター）が紹介されていた。また、「私の好きなもの、嫌いなもの」というテーマで食べ物や趣味、ペットなどについての意見交換も行っている。これらの授業実践は主として教科「英語」の時間を使って行われている。

こうしたICTを活用した授業交流以外にも、双方の学校の教職員や生徒がお互いの学校を訪問し、授業を見学し合ったり、話し合いの機会をもったり、親睦を深めるためのイベントに参加したりしている。

イギリスの学校との国際交流以外にも、同校はマレーシアやインドの学校とも同様の活動を行っており、「教室をつなぐ」活動がベトナムとイギリスの学校間という枠を超えてアジアの国々との連携にまで広がっていることはグローバル市民の育成のための教育という観点からは大きく評価できる。

さらに、同校では生徒が英語で日頃の学習成果を学校関係者や父兄に披露する「英語祭り（English Festival）」、グローバル市民の育成をテーマにした活動を全校生徒の協力のもとで行う「サマーキャンプ（Summer Camp）」、国内にある国際学生協会（International Students Organization）に所属する留学生との交流なども積極的に行っている。

■ナショナル・カリキュラムとの関係

イェン・ホア中学校のグローバル市民育成に向けた教育活動は、主として既存のナショナル・カリキュラムに定められた教科「英語」の時間を活用して行われている。この活動はイギリス、マレーシア、インドなど英語が広く用いられている国々の学校との交流であり、当然、交流言語は英語である。同校の生徒はこうした英語での交流を通じて、教科「英語」の目標である英語のリテラシーを高めようとしている。

また、ナショナル・カリキュラムで強調されている国際的な視点を養うという点においてもこの教育活動は最適な活動と言える。このことは同校の生徒及び教職員の感想からも明らかである[10]。さらに、こうした新しい学習形態は生徒の興味関心を高めるだけでなく、彼らの創造性や独創力を開発していく可能性ももっている。加えて、同国が従来から強調してきたベトナムのナショナル・アイデンティティの保持及び愛国心という点についても、他国を知ることで初

めて自国の良さや特徴を理解することが可能になり、それ故にこうした異文化理解の活動を通して生徒の自国に対する理解と愛する気持ちがより高められると考えられる。

5. 学びを支える環境

　ベトナムの教育は中央集権的で、実際に教育実践を行う学校ではナショナル・カリキュラムで定められた内容（具体的には教科書に記載された内容）を如何に正確にかつ決められたスケジュールで教えるかに多くの努力が払われてきた。そのため教科書の内容を教えること以上の教育活動はほとんど行われてこなかったばかりか、各学校での教授学習アプローチも知識詰め込み型の暗記学習が広く浸透し、これ以外の方法を使った授業実践の試みもほとんど見られなかった。

　しかしながら、「2000年カリキュラム」の導入によってこうした状況は徐々にではあるが変化が見られるようになった。イェン・ホア中学校などの先進的な教育実践が行われるようになったのもその証拠の一つである。以下では、こうした新しい学びを支えるために近年になってようやく行われるようになった試みの中から代表的なものを見ていきたい。一つは政府による教授学習アプローチ改革の試み、もう一つは外国からの機会提供と連携である。

■教育訓練省（MOET）による教授学習アプローチ改革

　ベトナム政府は、教育現場に古くから浸透している知識詰め込み型の講義式教授アプローチ及び暗記中心の学習アプローチによる弊害を十分に認識しており、「2000年カリキュラム」の施行以来、従来のこうした教授学習アプローチの改革を試みてきた。具体的には「アクティブ・ティーチング・ラーニング（Active Teaching and Learning: ATL）」という手法の採用とその全国普及のための教員研修及びワークショップの実施である[11]。

　ATLとは、児童生徒が主体的に学習活動を行いながらその中で必要な知識やスキルを習得していくというもので、授業の主体は児童生徒であり、教師は児童生徒の学習を促進するための支援者と位置付けられている。ただ、このATLは従来のアプローチと比較すると、教育実践自体のパラダイム転換を伴うもの

であり、研修に参加した現場の教師からは「頭では理解できても、それを実践するのはかなりの技術が必要で実際にできるか自信はない」といった意見が出されていた。ただ、なかには先述のイェン・ホア中学校のように新しいアプローチを最大限に活用して児童生徒の学習の質を向上させている例もある。

現在、ATLは全国において認知されるまでに至っており、各学校の教員は日々の授業実践においてATLの積極的な活用に努力している。

■外国からの機会提供と連携

先にも述べたように、イェン・ホア中学校のグローバル市民育成に向けた教育活動はDfIDとブリティッシュ・カウンシルが共同で行っている「教室をつなぐ(Connecting Classrooms)」プログラムの支援を受けて行われている。同プログラムについては、第2章及び第10章で説明しているので、それらを参照していただきたい。なお、右に示したように、ブリティッシュ・カウンシルではベトナム国内版「教室をつなぐ」プログラムのウェブサイトを開設して、その普及や宣伝を行っている。

出典：www.britishcouncil.vn/en/programmes/education/connecting-classrooms

ブリティッシュ・カウンシルの「教室をつなぐ」ウェブサイト(ベトナム版)

以上、ベトナムの教育制度、ナショナル・カリキュラムとその変遷、現行カリキュラムで重視されている資質・能力、イェン・ホア中学校の先進的な教育実践とそうした新しい学びを支える教育環境について概観してきた。

これまで見てきたように、同国の教育政策や教育制度は厳格に中央集権化されており、極端な例を引き合いに出せば、本日の何時何分においては全国どこの学校でも教科書の○○ページを□□という教材を使いながら△△という方法を用いて教えているという驚くべき統一的拘束のもとで教育実践が行われてき

たと言える。しかしながら、「2000年カリキュラム」の施行以降、その状況に徐々にではあるが変化が見られるようになってきた。

「2000年カリキュラム」では、これまでの知識詰め込みの暗記暗唱型の学習の反省を踏まえ、毎日の生活に応用できる知識の習得が重視されるようになり、教授学習方法についても児童生徒の創造性や独創力を発展させる手助けとなる学習アプローチを用いることが提唱された。こうしたなかで登場したのがATLという参加型・活動型の学習方法である。さらに、同カリキュラムでは児童生徒に習得させる資質・能力を「コンピテンシー」と定め、それらの能力について具体的に記述されている。初等教育では教科学習における基礎的・基本的な能力の習得が求められており、前期中等教育では価値観と知識とスキルの調和のとれた習得が要請されている。さらに、同カリキュラムでは地方に密着した学習内容の開発や学校現場の教員にカリキュラム実施の一部について自由裁量権を与えるなど、これまでにはなかった新しい実践が認められるようになった。

こうした状況の中で、イェン・ホア中学校のような新しい学びを実践する学校が登場してきたと言える。同校は、国内でも数少ない名門校ではあるが、こうした学校が積極的、主体的に新しい試みを行うことは同国の教育を改善していく上で大きな一歩であると考えられる。

現在、「2000年カリキュラム」に次ぐ新しいナショナル・カリキュラムの検討が行われようとしている。一部伝えられるところによれば、合科教育の推進や教科書の民営化など、これまでには考えられなかった内容が盛り込まれるようである。21世紀のグローバル時代に直面しているベトナムの教育は、今後、どのように進化していくのか、注視していく必要があろう。

〈注〉

1) これはユネスコ（UNESCO）による『Learning: The Treasure Within（学習：その秘められた宝）』（1996年）の中で、教育の重要な点として示されたものである。
2) 出口真弓「ベトナムの道徳教育カリキュラムの分析」、『広島大学大学院教育学研究科紀要 第三部 第52号』、広島大学、2004年、p.115-117を参照。
3) vietnamnews.vn/opinion/260639/curriculum-changes-take-time.htm（2014年12月18日アクセス）。
4) Do Dinh Hoan, *National Curriculum for Baisc Education in Vietnam*, UNESCO, 2000., p.6-7を参照。(http://www.ibe.unesco.org/curriculum/Asia%20Networkpdf/VIETNAM.pdf#search='National+C

urriculum+for+Basic+Education+in+Vietnam')
 5）各コンピテンシーの最後の太字は筆者による。
 6）Do Dinh Hoan、前掲書、p.7-8 を参照。
 7）各コンピテンシーの最後の太字は筆者による。
 8）同校教員へのインタビューによる情報（2014年9月）。
 9）「教室をつなぐ（Connecting Classrooms）」の詳細は、本書の「第2章　イギリスの挑戦」、p.46 を参照のこと。
10）2014年9月にヤンゴンで開催されたブリティッシュ・カウンシル主催のセミナー「ASEAN Deep Learning Policy Series: Empower Students with 21st Century Deep Learning Skills」において、同校教員のThieu Thi Minh Tamによる発表が行われた。彼女の発表資料には、同活動についての生徒及び教職員、さらに保護者の評価（感想）が含まれており、それによれば非常に成果が上がっていることが分かる。
11）ATLアプローチを活用した授業実践の質的向上には、我が国も政府開発援助（ODA）の一環として2004年から三年間の技術協力を実施してきた。この技術協力は、首都ハノイの北部に位置するバクザン省という一省のみを対象とした協力であったが、この協力の成果は様々な形で全国に普及された。

第12章

ミャンマーの挑戦
―21世紀を生きるための人材養成―

　ミャンマーは正式名をミャンマー連邦共和国[1]というインドシナ半島の西部に位置する東南アジアの共和制国家であり、1989年までは「ビルマ」と呼ばれていた。国土はおよそ67万 km^2 あり、東南アジアではインドネシアに次ぐ大国で、北東に中国、東にラオス、南東にタイ、西にバングラデシュ、北西にインドと国境を接している。国内には6割を占めるビルマ族のほか、カレン族、カチン族、カヤ族、ラカイン族など135にも及ぶ民族が存在する多民族国家である。

　歴史的には19世紀初頭以来イギリスとの幾度もの戦争を経験し、その後長らくイギリスの植民地となり、また第二次世界大戦中は一時日本の統治下におかれた。戦後、独立を果たすも、しばらくして軍部が政権を握ると国際的には孤立した状態が続いた。2007年になってようやく政治改革が行われ、新憲法の発布とともに民主化の道を歩み始めた。2010年には現在の国名への変更とともに国旗も新しくなった。

　なお、同国最大の都市であり古くはラングーン（Rangoon）として知られてきたヤンゴン（Yangon）は長らく首都として政治及び経済、文化の中心を担ってきたが、2006年にタン・シュエ（Than Shwe）率いる軍事政権により突然ネピドー（Naypyidaw）に首都が移された。政府機関関係者のトラックによる首都機能移転のための大移動が行われたことはいまだ記憶に新しい。

1. ミャンマーの教育制度

　ミャンマーの現行の学校制度は、基礎教育課程においては初等教育5年、前期中等教育4年、後期中等教育2年という5-4-2制の11年の単線型制度を採っている。

　初等教育は小学校（Primary School）で5歳児から開始され、第5学年（Grade 5）

まで行われる。うち、第1学年〜第3学年までを低学年（サイクル1）、第4学年及び第5学年を高学年（サイクル2）としている。教育省の統計によると、小学校の純就学率は84.6%となっており、一部の僻地などを除くと入学資格のある子どもの大部分が就学している状況にある[2]。その後、前期中等教育機関として中学校（Middle School）に進学することになるが、中学校の純就学率は50%以下[3]でいまだかなり限定的である。その後の後期中等教育は高校（High School）で行われるが、この就学率に至っては30%とかなり低い状況である[4]。

　ミャンマーは、1997年まで小学校から高校に至るまで各学年の最後に試験を行い、その合否判定に基づく進級制度を採用していた。したがって、初等教育段階においても各学年で常に留年者が出ていた。この状況を改善するために、1998年からは各教科の単元末テスト（Chapter End Test: CET）や学年末試験によって児童生徒の学習達成度を評価する学力継続評価制度（Continuous Assessment and Progress System: CAPS）を採るようになり、初等教育段階では基本的に自動進級となった。また、ここでの評価は中学校に進学する際の重要な資料となっている。

　ミャンマーでは長らく義務教育年限が定められていなかったが、2011年より初等教育段階の5年間が義務教育と定められ無償で提供されている。また、2014年からは前期中等教育も義務教育ではないものの無償で提供されるようになった。ただし、同国における義務教育は、仮に児童が就学しなくてもそれに対して父兄に罰則が科せられるといったことはない。というのも、同国では戸籍等による各家庭における子どもの数や名前といった登録制度が十分に整備されているとは言い難く、政府による一元的な把握ができていないという背景がある[5]。

　なお、ここで、同国の基礎教育制度における少し複雑な事情について説明しておかなければならない。つまり、学年の呼称が統一されていないという問題である。同国では長い間、幼児教育（Kindergarten: KGと呼ぶ）から始まり、その後、

表12-1　ミャンマーにおける新旧呼称の比較

	5歳	6〜9歳	10〜13歳	14〜15歳
旧呼称	KG 幼児教育	Standards1〜4 初等教育	Standards 5〜8 前期中等教育	Standards 9〜10 後期中等教育
新呼称		Grades1〜5 初等教育	Grades 6〜9 前期中等教育	Grades10〜11 後期中等教育

出典：筆者作成

244 第Ⅲ部 アジア新興諸国における新しい教育への挑戦

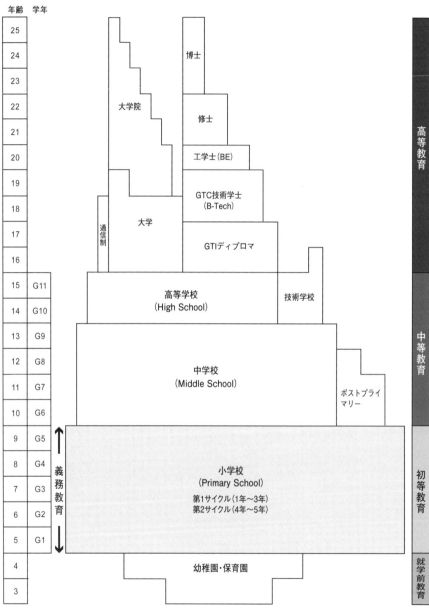

注：Grades 1~5 の「義務教育」という呼称については議論あり
出典：ミャンマー教育省（MOE）提供の資料を参考に筆者作成
図12-1 ミャンマーの現行学校系統図

第1学年（Standard 1と呼ぶ）、第2学年（Standard 2）となり、第10学年（Standard 10）が基礎教育課程の最終学年となっていた。この制度のもとでは初等教育が4年しかなく、基礎教育全体を見ても10年と、諸外国に比べてかなり短い履修年限となっていた。そこで、政府は対外的な体面もあって、2004年からKGを第1学年（Grade 1と呼ぶ）、Standard 1を第2学年（Grade 2）と読み替えるようになったのである。この読み替えによって表面的には5-4-2制（11年）となり、履修年限において諸外国とそれほど見劣りすることはなくなったと言える。ただ、問題はいまだに古い呼称が完全には消滅しておらず、新呼称と旧呼称が混在しているという点である[6]。

現行教育制度に話を戻そう。後期中等教育の最終年（第11学年）で、高校修了と大学入試を兼ねたミャンマー試験委員会（Myanmar Examination Board）[7]による「全国共通試験（Matriculation Examination）」が実施される。試験教科はミャンマー語、英語、数学の必須三教科及び三つの選択科目（物理、化学、生物、歴史、地理、経済、選択ミャンマー語より選択）の合計六教科で行われる。各教科の試験時間は三時間で二日間にわたって実施される。高等学校修了と認められるにはこの試験に合格する必要があるが、そのためにはすべての教科において40%以上の正答率が必要とされる。一教科でも正答率が40%に満たないと不合格となり高等学校修了と見なされない。毎年の同試験の合格率は全受験者のおよそ35%と言われておりかなり低い。不合格者は、翌年再挑戦できるが、生徒本人はもちろん家族にとっても心理的に大きなプレッシャーとなっている。

この試験で好成績をおさめた生徒は高等教育に進学する道が開かれる。古くからのヤンゴン大学やマンダレー大学といった総合大学（Arts and Science University）のほか、専門教育機関（Professional Institute）、単科大学（Degree College）、短期大学（College）など多様な機関がある。通常、学士課程は3年（法律は4年）、修士課程は2年、博士課程は少なくとも4年必要とされている。その他、種々の短期コース（3カ月〜1年程度）も開設されている。

同国の就学前教育については、3歳から5歳までの子どもを対象として既存の小学校に併設された幼児クラスで行われるものと、0歳から5歳までの乳幼児を対象に保育園で行われるものとがある。前者は教育省（Ministry of Education: MOE）の管轄であり、後者は社会福祉救済復興省（Ministry of Social Welfare, Relief and Resettlement: MSWRR）が監督している。

さて、ミャンマーの教育制度を語る上で触れておかなければならない重要な点がもう一つある。それは寺院学校（Monastic School）と呼ばれる施設で行われている教育である。寺院学校とはもとは主として貧しい子どもたちに教育の機会を与えようと主唱する僧侶によって開設された施設であり、その管轄は当該寺院にあり教育省とは全く別系統となっている。全国には1,500程度あり数量的には全学校の3〜4％程度[8]であるが、同国では古くから教育実践を行ってきた組織として依然として無視することはできない。ちなみに、教育内容は基本的には教育省管轄の学校と同様で教育省発行の教科書を使用して教育活動が行われている。

2. 現在進行中の一大教育改革

現在、ミャンマーでは大規模な教育改革が実施されており、この一環として学校制度も変更される予定である。現時点（2015年5月時点）の計画案では、基礎教育課程については、初等教育6年（KG及びGrades 1~5）、前期中等教育4年（Grades 6~9）、後期中等教育3年（Grades 10~12）というKG-5-4-3制とし、そのうち当面はKGからGrade 5までを義務教育とし、今後段階的に延長していく予定である[9]。また、これまで10年以上行われてきた学力継続評価制度（CAPS）にも大きな変更が加えられる。つまり、小学校の最終学年（Grade 5）と中学校の最終学年（Grade 9）で卒業試験が導入されることが決定しており、教育省では2014年末から同試験制度の構築と問題作成を進めてきた。そして、2015年2月末には全国の小中学校で一斉に実施された。同試験において基準点に満たなかった児童生徒は各学校で実施される補習を受け、新年度開始前に実施される再試験を受けることになっている[10]。

高等教育課程については、高等教育機関に運営面、学術研究面、人材面、財政面などを含むあらゆる面での自治権を与え質の向上を強化する計画である。従来からあるヤンゴン大学やマンダレー大学をはじめとする国立大学や専門高等機関だけでなく、新たな私立大学の設立も積極的に奨励していくようである。さらに、小学校から高等学校までの教師を育成する教員養成校の改革も検討されており、現在の二年制から四年制に延長するという案なども出されている。

次頁に示した新学校系統図（案）は、現時点までにすでに承認されている教

第12章　ミャンマーの挑戦　247

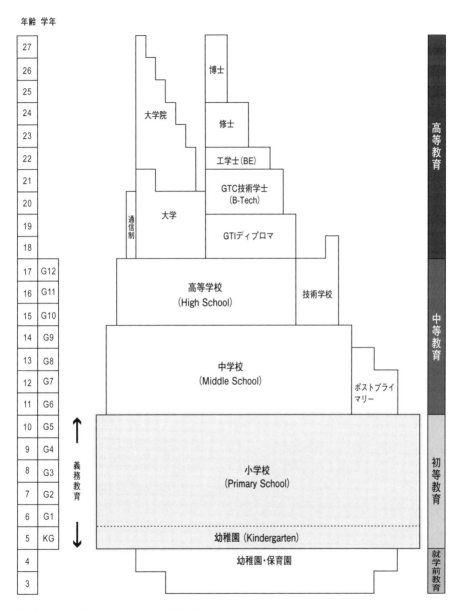

注：上記新制度は、現時点（2015年5月時点）において検討中であり、今後多少の変更等はあり得る。
また、KG～Grade 5 までの「義務教育」という呼称には議論あり
出典：ミャンマー教育省（MOE）提供の資料を参考に筆者作成
図12-2　ミャンマーの新学校系統図（案）

育基本法（2014年11月承認）**11**をはじめ、内容（案）が公表されている基礎教育法（案）、義務教育無償教育法（案）、高等教育法（案）、教師教育法（案）などから筆者が推測して作成したものであり、まだ今後の変更は十分にあり得ることを了承いただきたい。

3. ナショナル・カリキュラム

　同国の現行カリキュラムの大枠は基礎教育法（Basic Education Law、1973年制定、1989年改正）によって規定されており、同法第1条にカリキュラム、シラバス、教科書についての定義がある。それによると、「カリキュラムは学校で教授される教科及び校内、校外で行われる訓練を含めた実践的教育活動を指し、シラバスはそれら教科及び実践的教育活動の教授についての詳細な内容、教科書とは基礎教育カリキュラム・シラバス・教科書委員会によって発行された印刷物を指す」と明記されている**12**。ここから分かることは、同国のカリキュラムは教科区分を基本とし様々な知識をその枠組みで分類・構成しており、教科を教えることでこれらの知識が効率的に習得できるという伝統的なカリキュラム編成、いわゆる教科デザイン（Subject-Based Curriculum Design）を採用していると言える。

　ただし、同国における教科デザインによる現行カリキュラムにおいて指摘しておかなければならないことはその運用において誤解があることである。すなわち、「カリキュラム＝教科」というあまりにも強い認識から、カリキュラム編成のグランドデザインとも言うべきフレームワークが存在せず、基礎教育の教育目標、各教科の設定理由、学習評価のあり方など、教育活動において大前提となる基本的事項が不明瞭なまま教科による教育活動が行われているということである。

　実際、同国のカリキュラムの中身を知るものとしては教科書と教員用指導書がすべてである。当然、教科書や教員用指導書には教授学習内容が中心に記載されており、これがカリキュラムであるという同国の教育方針のもとでは内容中心のカリキュラム編成（Content-Based Curriculum）であるとも言える。

　同国の現行カリキュラム（教科）は1999年に策定されたものである。その構造（あるいは教科の構造）は、主要教科（Core Curriculumと呼ばれている）とそれ以

表12-2 設定されている教科目

	初等教育		前期中等	後期中等
	サイクル1	サイクル2		
年齢	5-7	8-9	10-13	14-15
学年	1-3	4-5	6-9	10-11
主要教科（Core Curriculum）				
ミャンマー語（Myanmar）	✔	✔	✔	✔
英語（English）	✔	✔	✔	✔
算数・数学（Mathematics）	✔	✔	✔	✔
総合学習（General Studies）				
自然理科（Natural Science）	✔			
道徳・公民（Moral and Civics）				
ライフスキル（Life Skills）				
理科（Basic Science）		✔	✔	
社会（Social Studies）				
地理・歴史（Geography and History）		✔		
道徳・公民（Moral and Civics）				
ライフスキル（Life Skills）				
地理（Geography）			✔	
歴史（History）			✔	
選択コース（下記より1コース選択）（Core Curriculum）*¹				
経済学・物理・化学（Economics, Physics, and Chemistry）				✔
経済学・地理・歴史（Economics, Geography and History）				✔
地理・歴史・選択ミャンマー語（Geography, History and Optional Myanmar）				✔
経済学・歴史・選択ミャンマー語（Economics, History and Optional Myanmar）				✔
歴史・物理・化学（History, Physics and Chemistry）				✔
物理・化学・選択ミャンマー語（Physics, Chemistry and Optional Myanmar）				✔
物理・化学・生物（Physics, Chemistry and Biology）				✔
地理・物理・化学（Geography, Physics and Chemistry）				✔
それ以外の教科（Co-Curriculum）				
道徳・公民（Moral and Civics）			✔	
ライフスキル（Life Skills）			✔	
農業*² （Agriculture）	✔	✔	✔	
体育（Physical Education）	✔	✔	✔	✔
芸術（Aesthetic Education）				
音楽（Music）	✔	✔	✔	✔
美術（Drawing）				

＊1：選択コースは後期中等教育のみ
＊2：教科「農業」は、2013年より実施された新教科である
出典：ミャンマー教育省（Ministry of Education）への聞き取りにより筆者作成

外の教科（Co-Curriculumと呼ばれている）、さらに後期中等教育では選択コース[13]から構成されており、詳細は表12-2の示す通りである。

　同国の教科構造における大きな特徴は初等教育に見られる合科教育である。表12-2のように、初等教育低学年では「総合学習」、高学年では「社会」という教科が設定されている。これは、いわゆる「融合カリキュラム（Fused Curriculum Design）」と呼ばれる編成方法で、教科の学習を中心としながらも教科内容を問題の範囲に関連して再編成したものである。しかしながら、その中身を見てみると、前者は「自然理科」、「道徳・公民」、「ライフスキル」、後者は「地理・歴史」、「道徳・公民」、「ライフスキル」というように、それぞれ三分野から構成されており、これらの分野を関連させて再編成したというより、個別に独立したままの状態で「総合学習」や「社会」という大きな括りを用いたに過ぎないことが分かる。言い方を変えれば、学校現場では「自然理科」、「道徳・公民」、「ライフスキル」、「地理・歴史」も一つの教科あるいは科目のように扱われているということである。

　ここからは筆者の個人的な考えであるが、もともと同国政府は現行カリキュラムの策定の際に融合カリキュラムとしての総合学習や社会を導入したが、実務レベル、すなわち教科書編成の段階においてはその意図が十分に反映されず相関カリキュラム（Correlation Curriculum Design）のレベルにとどまってしまったのではないのだろうかと推測される。なお、この疑問に対する同国政府からの明確な回答は得られていない。

　またもう一つの特徴として、2013年から新しく導入された教科「農業」をあげることができる。教育省によれば、この導入は大統領の指示によって急遽行われたもので、この導入のために既存の課外活動（School Activities）などの時間が削られたり廃止されたりしたということである。

　先述のように、ミャンマーにはカリキュラム全体を俯瞰するグランドデザインというものがなく、教科書あるいは教員用指導書がカリキュラムのすべてである。そして、各教科の目標や配当時間数、さらに年間教授学習計画などはすべて教科書あるいは教員用指導書に記載されている。ただし、すべての教科において教科書及び教員用指導書が編纂されているわけではない。教育省では2000年代中頃までに教科書及び教員用指導書の準備を徐々に進めてきたものの、例えば、初等教育ではいまだに体育と芸術の教科書はなく、ミャンマー語

と農業については教員用指導書がない。

　このように、現行のカリキュラム、正確には教科書及び教員用指導書が策定された時期はかなり古く、記載内容が現状と乖離していることが学校現場から指摘されている[14]。他方、専門家からはカリキュラム編成の基礎となる全体のフレームワークがないために、各教科における個々の目標は分かっても各教育段階においてどのような学力や能力を習得させたいのかが不明瞭であるという指摘もある。加えて、異なった教科及び学年の間の学習内容に一貫性や系統性を欠く箇所が散見されるという指摘もある。こうした状況のもと、同国政府はようやく現行のカリキュラム改定を検討し始めることとなった。

4. 21世紀のための新しいカリキュラムの開発

　同国では2011年3月の新政権発足後、教育の拡充は国家の重要政策課題の一つとされ、現在大規模な教育改革が進行している。この教育改革は教育関連法規はもちろん、教育制度や学校制度、カリキュラム、教授法、教員養成のあり方にまで及ぶ包括的なものとなっている。2014年11月には新しい教育基本法（National Education Law）の内容もほぼ固まり、それをもとにいよいよ本格的な教育改革が始動した[15]。なお、同法施行細則、基礎教育法、義務教育法、高等教育法、職業訓練教育法、教師教育法など関連法案の策定は現在も着々と進められている。

　カリキュラムに関しては、2015年5月時点において、初等から後期中等を含む基礎教育段階のフレームワークが開発され、教育省によって正式に承認されている。この新しいカリキュラム・フレームワークは、先述のように「カリキュラム＝教科」というこれまでの考え方を打ち破るもので、同国における初めての試みでもある。

　この大きな特徴は、まず幼稚園（KG）から12年生（Grade 12、高校3年生に相当）を基礎教育課程として、合計13年間の教育を包括的に捉えていることである。また、同国の現行学校制度5-4-2制とその対象年齢5歳から15歳という長らく続いてきた制度をKG+12（KG+5-4-3制）及び対象年齢5歳から17歳に変更するものでもある。

　二つ目の特徴として、習得すべき能力・スキルを前面に出して強調したことで

表12-3　新カリキュラム・フレームワークにおける教科目（案）

	初等教育	前期中等	後期中等 文系	後期中等 理系
年齢	6-10	11-14	15-17	
学年	1-5	6-9	10-12	
ミャンマー語（Myanmar）	✔	✔	✔	✔
英語（English）	✔	✔	✔	✔
算数・数学（Mathematics）	✔	✔	✔	✔
理科（Science）	✔	✔		
物理（Physics）			✔*1	✔
生物（Biology）				✔
化学（Chemistry）				✔
社会（Social Studies）	✔			
地理（Geography）		✔	✔	
歴史（History）		✔	✔	✔*2
経済（Economics）			✔	
体育（Physical Education）	✔	✔	✔	✔
ライフスキル（Life Skills）	✔	✔	✔	✔
芸術（Arts）				
音楽（Performing Arts）	✔	✔	✔	✔
図工（Visual Arts）	✔	✔	✔	✔
道徳・公民（Morality and Civics）	✔	✔	✔	✔
情報・メディア技術（Information, Media and Technology）			✔	✔
就職技術・人格形成（Employability and Personal Development）		✔	✔	✔
地方裁量（Local Curriculum）	✔	✔	✔	✔

＊1：選択コースとして「物理」、「生物」、「選択ミャンマー語」が設定されている
＊2：選択コースとして「地理」、「歴史」、「経済」が設定されている
出典：ミャンマー教育省（MOE）への聞き取りにより筆者作成（上記案は2015年5月時点の情報であり、今後、変更の可能性あり）

ある。新しいカリキュラム・フレームワークでは「21世紀型スキル（21st Century Skills）」の習得が強調されており、これはアメリカのP21によって開発された枠組みを取り入れようという試みである。

　三つ目の特徴として、「よき市民（Good Citizenship）」の育成が重視されていることがあげられる。現行の「道徳・公民」の学習においても「よき公民（Good Citizens）」ということが目標の一つとなってはいるが、ここで言う「よき公民」は礼節や忠誠といった主従関係における道徳的価値観が重んじられてきた。他方、新しいカリキュラム・フレームで重視される「よき市民」とは民主主義社

会の中できっちりと責任を果たし、権利を行使できる市民であり、それを育成することが中心課題となっている。

最後の特徴として、現行の主要教科とその他の教科という区別を廃止し、すべての教科を主要教科（Core Curriculumあるいは Core Subject）として位置付けた点である。現行制度では主要教科においては児童生徒の学習到達度を評価することが求められているが、その他の教科では評価が求められていない。したがって、学校によってはその他の教科を実質上実施していないという状況も多々報告されている。新しいカリキュラム・フレームワークでは、すべての教科は児童生徒の人間的発達を支援するものであるという考え方から、すべての教科におけるバランスを重視し、多様な方法を用いて児童生徒の学習状況を評価することを義務付けようとしている。

5. 21世紀の学びのための五大能力（Five Strengths Targeted for Learning in the 21st century）

新しいカリキュラム・フレームワークには、グローバル化が進み複雑化する21世紀の社会を生きていくために必要な能力として「21世紀の学びのための五大能力（Five Strengths Targeted for Learning in the 21st Century）」が設定されている。この能力は同フレームワークで重視されている「市民」がもつべき「コンピテンシー（Competencies）」であるとされている。五大能力とは、①知的能力、②身体的能力、③道徳・倫理的能力、④社会的能力、⑤経済的能力、を指す。以下、それぞれの能力についてもう少し詳細に見ていこう。

①知的能力（Intellectual Strength）
知的能力は、大きく知識とコンピテンシーに分けられ、前者には言語についての知識、数学についての知識、科学についての知識を含む学問的リテラシー（Academic Literacy）と環境についての知識（Environmental Literacy）が含まれる。後者には読み書き能力（Language/Literacy Skills）、数的能力（Mathematical Skills）、科学的能力（Scientific Skills）、ICTスキル（Technology〈ICT〉Skills）、創造力と革新能力（Creative and Innovation Skills）が含まれる。

②身体的能力（Physical Strength）

　身体的能力も、大きく知識とコンピテンシーに分けられ、前者には保健に関する知識（Health Literacy）、後者には保健に関連したライフスキル（Health-related Lifeskills）、健康的で持続可能な環境を創造する能力（Healthy and Sustainable Environment）が含まれる。

③道徳・倫理的能力（Moral and Ethical Strength）

　道徳・倫理的能力は、価値観に基づいた知識を意味し、具体的にはグローバルな認識と市民としてのリテラシー（Global Awareness and Civic Literacy）と道徳的・倫理的・美的リテラシー（Moral, Ethical and Aesthetic Literacy）が含まれる。

④社会的能力（Social Strength）

　社会的能力は、大きく見て個人間能力（Interpersonal Skills）と個人内能力（Intrapersonal Skills）の二つからなり、前者には他者との関係構築能力（Social Skills）、平和構築能力（Peace Building Skills）、コミュニケーション能力（Communication Skills）が含まれ、後者には自己動機付け能力（Self-Motivated Learning）や生涯学習能力（Life-Long Learning）などが含まれる。

⑤経済的能力（Economic Strength）

　経済的能力は、知識とコンピテンシーから構成され、前者には金融に関する知識（Financial Literacy）、経済に関する知識（Economic Literacy）、ビジネスに関する知識（Business Literacy）、起業に関する知識（Entrepreneurial Literacy）が含まれる。後者には就職に役立つスキル（Vocationally Relevant Skills）と就職に必要なスキル（Employability Skills）が含まれる。

⑥分野横断的なスキル及びコンピテンシー（Cross Cutting Skills and Competencies）

　新しいカリキュラム・フレームワークでは、上記の五つの能力のほか、それらの能力群すべてに共通する能力として、高度な思考力（Higher Order Thinking Skills）、認知能力・創造的思考力・問題解決能力（Cognitive Skills, Creative Thinking Skills and Problem Solving Skills）、指導力（Leadership Skills）の三つが定められている。

6. 教育実践例：ヤンキン教員養成校付属校（Yankin Education College Practicing School: YECPS）の児童中心主義の教育

■学校概要

ヤンキン教員養成校付属校（Yankin Education College Practicing School: YECPS）は、ヤンゴン市の北部に位置するヤンキン地区にある初等教育から前期中等教育まで（Grades 1~9）を提供する国立学校である。同校は名前の通りヤンキン教員養成校（YEC）の付属学校であり同じ敷地内にある。YEC

ヤンキン教員養成校付属校

はヤンゴン市内にある三つの教員養成校のうちの一つで、三つの中では最も有名な学校である。したがって、その付属校である同校も地域の名門校となっている。

なお、ミャンマーの付属校は我が国の状況とは異なっており、その母体となる教員養成校の実験校としての役割や教育実習生の受け入れといったような教育活動での連携はない。教育行政上、教員養成校と同じ教師教育訓練局（Department of Teacher Education and Training: DTET）の管轄になっており、一般校のように基礎教育局（Department of Basic Education: DBE）の管轄とはなっていないだけの違いである[16]。現在、教員数は50名、児童生徒数は2,000名を超えている[17]。

■学校カリキュラム

同校は教員養成校の付属校ではあるが、ミャンマーの一般の公立学校と同様、基本的には1999年以来の現行カリキュラム（教科）に則って教育活動が行われている。すなわち、教育省によって決定された教科を決められた時間数に従って学校カリキュラムが作成されている。通常は朝8時から授業が開始され、午後2時までにはすべての授業が終了する。正規の授業が終了すると児童生徒は直ちに下校する。我が国のようにクラブ活動や課外活動はない。

ただし、同校は2000年より我が国の独立行政法人 国際協力機構（Japan International Cooperation Agency: JICA〈以下、ジャイカ〉）の技術協力支援の実験校[18]

となっており、古くから根強く浸透している暗記暗唱を中心とした講義形式の授業に代えて児童の興味関心を重視した児童中心主義の教育 (Child-Centered Approach: CCA) の推進校と位置付けられてきた。同校の教員は CCA のための授業実践の研修を受けており、それについての理解も深い。そして、日常の授業実践においても CCA に基づいた教育活動を行っている。

■児童中心主義の教育実践

上記のように、同校は2000年から2011年までの約11年間にわたって日本政府 (ジャイカ) の支援による CCA を取り入れた授業の質的改善のためのプロジェクトの実験校として位置付けられてきた。特に、プロジェクトの対象教科であった算数、理科、総合学習、社会については、プロジェクトで開発された『CCA 実践のための教員用指導書 (CCA Teacher's Guide)』をはじめ、CCA 実践のために必要な教材・教具の配布、さらに当該教科担当教員への CCA 研修などが行われてきた。

このため同校の教員は、今なおミャンマーの学校で根強く浸透している教師 (教える人) から児童生徒 (教えられる人) に対して行われる一方的な教授活動についての弊害を十分に理解しており、こうした従来の方法に代えて、児童生徒を主体とした教授学習活動の実践に日々努力している。授業の中では、教師は

YECPS における CCA 授業実践の風景

もはや権威者ではなく、あくまでも児童生徒の学習を支援するファシリテータの役割を演じなければならないことを強く認識している。

　CCAを実践するために、同校の教員は事前に周到な教材研究を行うことはもちろん、自ら指導案を作成し、また授業で用いる学習教材を準備し授業実践に臨んでいる。そして、授業実践の中では児童の興味関心を惹きつける様々な努力と並行して、児童の発するつぶやきや意見に注意深く耳を傾けながら彼らの理解状況を確認し、その状況に応じて授業進度や説明の仕方を調整していくなど柔軟な姿勢をもって授業実践に臨んでいる。

　同校の教員が実践する授業では、協働学習が積極的に取り入れられている。そのため、従来の教師と児童が対面するような机の配置に代えて、多くの教室では6〜8名からなる小グループを単位とした机の配置が取り入れられている。簡単な学習内容についての説明の後、児童による学習活動が開始される。学習活動においては児童が学習を進めていく上で必要な情報や教材が提供される。イラストであったり、地図であったり、新聞記事であったり、またある時には植物や食品であったりする。これら実物教材を使って児童は主体的に学習活動を行っていくのである。小グループの中で児童はお互いに意見を交換しながら各自の考え方を共有していく。その際、自分自身が意見を発表することも大切であるが、それ以上に他者の意見や考え方に耳を傾けることが重要であるということが常に教師から注意事項として繰り返される。こうして、児童は自分自身の意見や考え方を洗練させながらより明確で確かなものにしていくのである。

　ある程度、各児童が自分自身の意見を形成したところで、今度はクラス全体での意見交換に移る。教室の前に出て自分の意見を発表するのである。ある児童が発表した後に他の児童から質問やコメントが出される。こうして、学習テーマについての意見や考え方がより研ぎ澄まされるとともに多様な意見があることを児童一人ひとりが実感として学んでいくのである。

■ナショナル・カリキュラムとの関係

　上記のYECPSの教育実践と現行カリキュラム（教科）との間に明確な関係性は見い出せない。というのも、現行カリキュラムは教授学習内容については規定しているものの、そのアプローチについては明確な記載がないからである。

ただし、2000年以降ジャイカを中心とした我が国の教育支援によって普及・浸透が図られたCCAはミャンマー政府から大きな評価を得て、全国の学校で積極的に実践していくことが奨励されている。その意味ではYECPSの教育活動は、同国の政策に沿ったものと言える。

実は、YECPSのCCAの実践は新しく開発されたカリキュラム・フレームワークが目指すものと密接な関係がある。すでに触れたように、新しいカリキュラム・フレームワークでは21世紀の学びのための五大能力が明確に示されている。YECPSのCCA実践は、児童生徒が主体的に学びに参加することで学習内容の深い理解を促し、それぞれの教科学習を通して読み書き能力や数的能力、科学的能力を習得していくことが目指されている。また、学習を進めていく方法として協働学習が積極的に活用されている。この相互的な学習活動は個人間能力や個人内能力の育成を促進することを可能にする。さらに、学習教材を媒介にしてお互いに意見を交換したり考え方を共有したりしながら、徐々に自分自身の意見や考え方を洗練させていくという学びの過程では、高度な思考力、他者の意見や意図した内容について認知する能力、新しいものの見方を創造する能力、ある課題に対処する方法を見い出す問題解決の能力などが養成されていく。こうした能力はまさに新しいカリキュラム・フレームワークで示されている知的能力であり、社会的能力であり、分野横断的なスキル及びコンピテンシーであると言える。以上のことを総合すると、YECPSでのCCA実践はまさに新しい教育のあり方を先取りしたものであると言える。

7. 学びを支える環境

ご存じのように、ミャンマーでは長らく軍事政権による支配が続き、同政権下では国内の教育活動は厳しく管理、制限されてきた。また、教育分野における開発はそれほど重視されなかったことから、同国の教育の質は低下することはあっても、決して高まることはなかった。軍事政権時代には欧米諸国による同国への政治批判などもあり、諸外国との交流はかなり限定的であった。

こうした状況において、YECPSの実践に見られるような新しい学びを支える環境はなかなか育ちにくかったと言える。民主化路線を標榜した現在でこそ、欧米各国はじめオーストラリア、中国、韓国などの政府機関やNGOなどが多

数支援を開始し、同国に新しい学びを推進するための環境が構築されようとしているが、それ以前はほんのわずかな国や地域からの支援のみが上記のようなYECPSでのCCA実践を支えてきたと言っても過言ではない。CCA実践を支援してきた主な機関としては、我が国のジャイカと国連機関であるユニセフ（UNICEF）をあげることができる。以下、これら二組織による新しい学びに向けた支援について見ておこう。

■ジャイカによる小学校でのCCAの展開と普及

　ジャイカがミャンマーにおいてCCAの実践に対する支援を開始したのは1998年からである。まず基礎教育カリキュラム改善技術専門家を派遣し、同国で当時計画されていたカリキュラム改定に対して助言や提案を行っている。ここで検討された内容の一つに児童中心主義の教育があり、新しい教授学習方法としてのCCAがあった。その後、ジャイカは2000年より「ミャンマー国基礎教育分野開発調査（Myanmar Basic Education Sector Study: MBESS）」を実施し、当時新設されたばかりの「理科」、「社会」、「総合学習」の三教科についての教員用指導書の開発支援を行った。この教員用指導書はミャンマー教育省による教科書内容を如何にCCAを使って効果的に教授するかという方法と手順を示した手引書である。

　2004年からは「児童中心型アプローチ強化（Strengthening CCA : SCCA）プロジェクト」が開始され、上記MBESSで開発された三教科の教員用指導書の全国普及が目指された。また、SCCAプロジェクトでは追加的に「算数」の教員用指導書も開発され、合計四教科におけるCCAの全国普及が目指された。普及方法としては、主としてカスケード方式による現職教員研修と学校単位の授業研究（Lesson Study）という二つの方法が用いられた。これによって、全国の小学校においてCCAの知識と方法論が紹介され、日々の授業実践においてCCAを積極的に取り入れていくことが奨励されたのである。このプロジェクトは2011年まで実施された。

　現在、CCAの実践はミャンマー教育省の主導に委ねられ、引き続き全国の学校への普及とモニタリング活動が続けられている。近年、小学校だけでなく中等学校でもCCAの実践を展開、普及していこうという動きがあり、ミャンマー教育界では大きな動きとなっている。なお、現在審議中の各種教育法案に

おいてCCAは基礎教育分野における有効な教授学習アプローチとして認知され、教育実践においてはCCAを用いることが明記される予定である[19]。

■ユニセフによるチャイルド・フレンドリー・スクール（Child Friendly School: CFS）の展開

ユニセフも古くからミャンマーの基礎教育分野を支援してきた組織の一つである。特に、新しい学びという点から見るとチャイルド・フレンドリー・スクール（CFS）の展開があげられる。CFSとは、すべての子どもに、安全で安心して過ごせる学校環境を提供することを目的に世界の多くの開発途上国で実施されているユニセフ独自の教育プロジェクトである。ミャンマーでは2000年前半から開始され全国約4,000の小学校がその恩恵を得た。

CFSでは、教育の質的向上のためにCCAを積極的に推進し、そのための現職教員を対象にした研修や必要な副教材の開発などが行われてきた。特に注目すべきは「ライフスキル」の教科書開発である。これまで「ライフスキル」には教科書がなく、現場の教員からは「教科書がないので教えにくい」などの苦情が出されていた。そこでユニセフはその開発に取り組み、2005年に完成した。ライフスキルの教科書は既存の教科書と比べて大きな違いがある。それは多色刷りでイラストや写真が多用されており、文字による説明がかなり抑えられている点である。このことは、児童にとっては非常に魅力的な教科書になると同時に、教科書の記載内容をひたすら暗記暗唱させる従来の教授方法をCCAに転換するために大きな効果をもたらした。

ユニセフ関係者によれば、ライフスキル教育を通じて子どもたちが日常生活を営んでいく上で必要な知識（主に保健や環境に関すること）を身に付けていくことはもちろん、その学習を通して創造的思考力や批判的思考力、他者との意思疎通能力など、これからの社会で求められる能力やスキルを習得していくことを期待しているということであった[20]。

以上、ミャンマーの現行教育制度とカリキュラム、現在進行中の教育改革と新しいナショナル・カリキュラムの概要、そのなかで重視されようとしている資質・能力、ヤンキン教員養成校付属校（YECPS）での児童中心主義の教育実践（CCA）、それを支えてきた教育環境について概観してきた。

ミャンマーは長らく軍事政権のもとで国を閉ざしてきただけに、「古き良き時代」が残っていると言えば聞こえは良いが、実際は政治面でも経済面でもあらゆる分野で近代化から数十年以上も遅れている状況にある。これは教育面でも例外ではない。その証拠に1999年に策定されたカリキュラム（教科書）が今なお当時の内容そのままで全国の学校で使われ続けている。

　2011年3月に新政権が発足し、ようやく民主化路線を歩み始めた同国は現在、歴史的な一大教育改革を実施中である。これは教育法規から教育制度、カリキュラム、教授学習方法、評価制度などすべてを含んだ改革である。ただ、この改革を主導していく高度な人材が同国内において著しく不足しているという大きな問題がある。実は、現職の教育省の官僚や大学教授の中にこのような教育改革を過去に担ってきた人材がほとんどいないのである。大部分の現職の関係者にとってこの改革は初めての経験であるために、どのように進めていくべきかという方法論はもちろんのこと、どのような方向に改革を導いていくべきかというビジョンすらはっきりしないという問題を抱えている。したがって、ミャンマー政府はこの改革を効率的に進めるために積極的に外国の支援を要請しており、現在、様々な国や組織が同国の教育改革をバックアップしている。古くから教育支援を行ってきた我が国やユニセフもこれまで以上に支援を行っている。

　現在、同国初のグランドデザインとしてのカリキュラム・フレームワークが策定され、そこには21世紀の社会をよりよく生きていくために必要な資質・能力として五つの能力カテゴリーとその具体的なスキルが示されている。この五大能力カテゴリーはアメリカのP21によって提唱された「21世紀型スキル」をもとにしており、ミャンマーが21世紀のグローバル社会に求められる教育を志向していることは明らかである。

　本章で取り上げたヤンキン教員養成校付属校では、同国で今なお根強く浸透している講義型の教授方法と暗記暗唱型の学習方法を払拭すべく、児童中心主義の教育実践を積極的に推進していた。こうした新しい学びの実践は、ジャイカやユニセフの長年の技術支援の成果もあって決して少なくない学校で行われている。そして、こうした新しい学びの実践に触れた教員たちの授業実践に対する意識は確実に変化してきている。今後、こうした学校や教員たちが、新しいナショナル・カリキュラムのもとで児童生徒の思考力や問題解決能力、探究力といった21世紀の社会に必要不可欠な能力やスキルの養成を担うリー

ダー的存在となって同国の教育全体を牽引していってくれることを期待したい。そのためにも、現在進行中の教育改革の進捗については、しばらくの間、慎重に見守っていく必要があろう。

〈注〉

1) ミャンマーは近年幾度にもわたる国名変更を行っている。国名の変遷を独立後から追ってみると、ビルマ連邦（1948～1974年）、ビルマ連邦社会主義共和国（1974～1988年）、ビルマ連邦（1988～1989年）、ミャンマー連邦（1989～2010年）、そして現在のミャンマー連邦共和国（2010年～）となる。
2) Ministry of Education, *Education for All: Access to and Quality of Education in Myanmar*, 2012 を参照。
3) Ministry of Education、前掲書、を参照。
4) Ministry of Education、前掲書、を参照。
5) 同国では子どもの登録制度が十分に整備されている環境ではないため、本来の意味での「義務教育」ではないと主張する教育関係者も少なくない。したがって、「義務教育」という用語は用いず、単に「無償教育」とだけ述べている資料や書類なども多々見られる。
6) 同国における2004年以降の教育統計を見ると、新呼称のもとで数値を示している年度と旧呼称のもとで示されている年度が混在している。
7) 2015年4月の教育省再編により、ミャンマー試験委員会は「ミャンマー試験局（Department of Myanmar Examination: DME）」となったため、今後の全国共通試験はDMEによって実施される。
8) Ministry of Education, *Education Statistic Year Book*, 2014 を参考。
9) 現行制度のもとでも問題となっているように、同国では住民登録制度が十分に整備されていないことから、「義務教育」としても、実際にはすべての子どもが就学しているかどうかの把握ができない。そのため、「義務教育」という呼称を用いることについての反対もあり、「無償教育」という呼称を使うべきという意見が強い。
10) 同国メディア（2015年4月24日付「New Light of Myanmar」紙）によって伝えられたところによると、第1回目である2015年2月実施の同試験の合格率は、マンダレー地区で79.55%であり、基準点に満たなかった児童生徒は4月22日から29日まで各学校で行われる補習を受け、5月14日から3日間の予定で実施される再試験を受験しなければならないということである。なお、再試験においても基準点に満たなかった場合、どのようになるのかについての正確な情報は現時点では入手できていない（2015年5月現在）。
11) 教育基本法は2014年11月に国会において承認されたが、その後学生による反対運動が起こり政府はそれへの対応のため、学生側の要求事項を検討し、それを教育基本法に反映させることを約束したため、2015年5月現在、再度内容について検討中である。
12) Ministry of Education, *The Basic Education Law*, 1989（英訳版）を参照。
13) 後期中等教育における選択コースは2000年より導入されたもので、これは主要教科（Core Curriculum）と位置付けられている。
14) 例えば、初等「算数」の教科書における貨幣の単位、同じく初等「社会」における道徳的価

15) 先に触れたように、教育基本法が成立して間もなく、学生による反対運動が起こり政府は同法の再検討を迫られている。そのため現時点においてもまだ施行はされていない（2015年5月時点）。
16) 2015年4月の教育省再編で新設の教師教育訓練局（Department of Teacher Education and Training: DTET）の管轄になった。再編前は教育計画訓練局（Department of Educational Planning and Training: DEPT）の管轄であった。
17) 2015年5月現在の情報。YECPSへの聞き取りによる。
18) ジャイカは政府開発援助（ODA）の一環として、我が国とミャンマーとの両国の合意に基づいた教育改善プロジェクトを2000年から2011年まで行ってきた。この11年間にわたるプロジェクトは児童中心主義の教育（CCA）の導入と全国の小学校へのその普及を目指したものであり、算数、理科、総合学習、社会の四教科が対象であった。またジャイカは、2014年から新しいカリキュラム開発の支援を開始し、初等教育カリキュラム及び教科書の開発をミャンマー政府と共同で行っている。
19) ミャンマー教育省関係者へのインタビューによる（2014年10月）。
20) ユニセフ・ミャンマー事務所関係者へのインタビューによる（2014年10月）。

第IV部
新しい教育に向けた我が国の進路

第13章
我が国の教育課程と今後の方向性

　これまで七つの教育先進国及び四つのアジア新興諸国における21世紀の社会を生き抜くための教育的挑戦について見てきた。彼らの挑戦は、それぞれの国の状況を反映してその中身に違いはあるものの、新しい能力やスキルの必要性を十分に認識しているという点では共通しており、その能力やスキルの内容も本書の第1章で見た国際的な能力枠組みをある程度踏まえたものとなっていることが分かった。

　そこで本章では、これまでに論じてきた各国の動向を参考にしながら、今一度「我が国の公教育は一体どのような方向に進むべきなのか？」という課題について少し考えてみたいと思っている。ただし、私自身は政府の教育政策決定者でも教育課程策定者でもなく、また高等教育機関における教育研究者でもないので上記の課題に答えを見い出そうという考えは毛頭ない。むしろ、読者の皆さんと一緒に将来的な我が国の公教育のあり方を考えていくためのきっかけになればと思い、私自身の頭の整理も含めて本章を展開していきたいと思っている。

　本章では、まずこれまでの我が国の教育課程とその中に見られる能力観について触れた後、現在検討されている新しい能力観の試案について紹介する。

1. 我が国の教育課程

　我が国における教育課程は、戦後1947（昭和22）年に最初の学習指導要領が策定されて以来、およそ10年周期で改訂を繰り返してきた。現行の学習指導要領は、幼稚園、小学校、中学校については2008（平成20）年、高等学校については2009（平成21）年に改訂されたものであり、戦後7回目の改訂を経たものということになる。現行の学習指導要領の特徴を一言で言うと、「生きる力」

第13章　我が国の教育課程と今後の方向性

志向を従来以上に熟成させた教育課程と言える[1]。

　我が国のこれまでの改訂を振り返ってみると、まず、1977（昭和52）年改訂で高度経済成長を目指した能力開発路線から「ゆとりある充実した学校教育」に転換し、それ以来、1989（平成元）年の「新しい学力観にたつ学習指導」への改訂、1998（平成10）年の「生きる力」への改訂、そして2008年（平成20）年の新「生きる力」という一連の改訂として捉えられる。

　1998年改訂によって初めて導入された「生きる力」は、当時、児童生徒の学習への関心と意欲の低下が顕著になり、不登校、いじめ、自殺などの問題が表面化してきたという社会状況を踏まえ、不透明な時代の諸課題に対して積極的に解決できる力を育むことの必要性から提唱されたものである。同時に「総合的な学習の時間」が新たに導入され、それによって学んだ知識を総合化し、現代社会の課題を解決する能力を身に付けることと、その過程で調べ方、纏め方、発表の仕方などの学習方法を学ぶことで、自分自身にとっての学習の意味、生き方やあり方を自覚的に捉えられるようになること、そしてひいては「生きる力」の獲得につながることが期待されたのである。しかしながら、この改訂は学校完全週5日制の施策と重なり、そのために大幅な学習内容及び時間の縮減を伴ったことから、本来の趣旨が十分に理解されることなく、「ゆとりの学習指導要領」として批判的に議論されるようになった。

　この結果が2003（平成15）年の学習指導要領の一部改正による「確かな学力」への補正措置、そして2008（平成20）及び2009（平成21）年改訂による新「生きる力」の登場である。ただし、ここで押さえておかなければならないことは、これまでの「生きる力」及び「総合的な学習の時間」に対して、政府は決して批判的ではなかったということである。むしろ、「総合的な学習の時間」の意義を高く評価するとともに、「『生きる力』をはぐくむという理念はますます重要になっている」[2]という肯定的な見解を発表していることからも分かるように、これらを重要視していたと言えるのである。

2.「生きる力」と求められる能力

　では、この「生きる力」とは一体どのような力を指すのだろうか。以下で詳細に見ていこう。

■導入当初の「生きる力」(1998年〜)

まず、「生きる力」が初めて教育課程に導入される二年前の1996（平成8）年に中央教育審議会では以下のような議論があった[3]。少し長いが重要な部分を引用しておこう。

「……今日の変化の激しい社会にあって、いわゆる知識の陳腐化が早まり、学校時代に獲得した知識を大事に保持していれば済むということはもはや許されず、不断にリフレッシュすることが求められるようになっている。…（中略）…このように考えるとき、我々はこれからの子供たちに必要となるのは、いかに社会が変化しようと、自分で課題を見つけ、自ら学び、自ら考え、主体的に判断し、行動し、よりよく問題を解決する資質や能力であり、また、自らを律しつつ、他人とともに協調し、他人を思いやる心や感動する心など、豊かな人間性であると考えた。たくましく生きるための健康や体力が不可欠であることは言うまでもない。我々は、こうした資質や能力を、変化の激しいこれからの社会を『生きる力』と称することとし、これらをバランスよくはぐくんでいくことが重要であると考えた。……」

続いて、「生きる力」については以下のように述べられている。

「『生きる力』は、これからの激しい社会において、いかなる場面でも他人と協調しつつ自律的に社会生活を送っていくために必要となる、人間としての実践的な力である…（中略）…単に過去の知識を記憶しているということではなく、初めて遭遇するような場面でも、自分で課題を見つけ、自ら考え、自ら問題を解決していく資質や能力である…（中略）…また、『生きる力』は、理性的な判断力や合理的な精神だけでなく、美しいものや自然に感動する心といった柔らかな感性を含むものである。さらに、よい行いに感銘し、間違った行いを憎むといった正義感や公正さを重んじる心、生命を大切にし、人権を尊重する心などの基本的な倫理観や、他人を思いやる心や優しさ、相手の立場になって考えたり、共感することのできる温かい心、ボランティアなど社会貢献の精神…（中略）…そして、健康や体力は、こうした資質や能力などを支える基盤として不可欠である」

上記答申から分かることは、「生きる力」は次のような要素から構成されるということである。

・自分で課題を見つけ、自ら学び、自ら考え、主体的に判断し、行動し、よりよく問題を解決する資質や能力
・自らを律しつつ、他人とともに協調し、他人を思いやる心や感動する心など、豊かな人間性
・たくましく生きるための健康や体力

ただしこの時点では、これら三点は単純に併記されるにとどまり、それぞれがどのように異なり、またそれぞれがどのように関連するのかまでは判断できない。この段階では、かなり抽象的な表現にとどまっていると言えよう。

■「生きる力」の具体化（2003年〜）

2003（平成15）年の中央教育審議会答申では学習指導要領の一部改正の目的として、「基本的なねらいは『生きる力』の育成。各学校では、家庭、地域社会との連携の下、『生きる力』を知の側面からとらえた『確かな学力』育成のための取組が必要」と述べられ、初めて、「確かな学力」、「豊かな人間性」、「健康・体力」の三つからなる「生きる力」を具体的に図に示し、特に「確かな学力」については、知識や技能に加え、思考力・判断力・表現力などまでを含むもので、

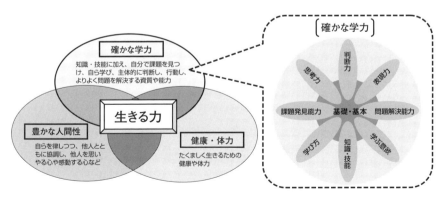

出典：中央教育審議会答申（2003年10月7日）より引用
図13-1　「生きる力」及び「確かな学力」の概念図

学ぶ意欲を重視した、これからの子どもたちに求められる学力と定義された[4]。

ここで示された「生きる力」は、基本的には1998（平成10）年導入の「生きる力」と同様である。なお、「確かな学力」の構成要素である「判断力」、「表現力」、「問題解決能力」などをはじめとする八つの能力はこれまで指摘されてきた資質・能力に新たな能力を加えて再整理されたものであると言える。

■新しい「生きる力」（2008・2009年〜）

現行の学習指導要領の骨子となっている「生きる力」は、基本的な理念や哲学においては従来の考え方と同様であるが、1990年代半ばから顕著になってきた知識基盤社会（knowledge-based society）がより考慮されていることから、これまでのものと区別する意味で、本書では「新しい『生きる力』」と呼ぶことにする。

2008（平成20）年に出された中央教育審議会答申では、まず知識基盤社会についてその特徴を以下のようにあげている。

「例えば、①知識には国境がなく、グローバル化が一層進む、②知識は日進月歩であり、競争と技術革新が絶え間なく生まれる、③知識の進展は旧来のパラダイムの転換を伴うことが多く、幅広い知識と柔軟な思考力に基づく判断が一層重要になる、④性別や年齢を問わず参加することが促進される、などを挙げることができる」

続いて、このような社会においては国際競争が加速化されると同時に、共存・協力の必要性が高まってくると述べられている。そこで前者においては、「基礎的・基本的な知識・技能やそれらを活用して課題を見い出し、解決するための思考力・判断力・表現力等」が必要となり、後者においては、「自己との対話を重ねつつ、他者や社会、自然や環境と共に生きる、積極的な『開かれた個』であること」、「自らの国や地域の伝統や文化について理解を深め、尊重する態度を身に付けること」が重要となってくると述べられている[5]。

また、同答申では2006（平成18）年の改正教育基本法及び2007（平成19）年の学校教育法一部改正に触れ、そこに「生きる力」、あるいは「学力」が明確に示されているとしている。つまり、改正教育基本法の第2条の「知・徳・体の

調和のとれた発達」(第1号)、「個人の自立」(第2号)、「他者や社会との関係」(第3号)、「自然や環境との関係」(第4号)、「日本の伝統や文化を基盤として国際社会を生きる日本人」(第5号)という観点、改正学校教育法の「生涯にわたり学習する基盤が培われるよう、基礎的な知識及び技能を習得させるとともに、これらを活用して課題を解決するために必要な思考力、判断力、表現力その他の能力をはぐくみ、主体的に学習に取り組む態度を養うことに、特に意を用いなければならない」という点が「生きる力」の定義であるということである[6]。

　以上の議論から、新しい「生きる力」は、①基礎的・基本的な知識・技能の習得、②知識・技能を活用して課題を解決するために必要な思考力・判断力・表現力等、③学習意欲、と定義されたと言える。

　この新しい「生きる力」は、従来の「生きる力」、特に「確かな学力」として定義されてきたものと少し異なっていることが分かる。従来の「確かな学力」では、基礎・基本を中心に八つの異なった能力が示されていた。他方、新しい「生きる力」(あるいは「学力」と呼んだ方が適切かもしれない)では、下の図のように三層構造から成っていると考えられ、特に知識基盤社会において求められる能力が知識・技能を活用して課題を解決するために必要な能力(すなわち「活用能力」)とされ、思考力、判断力、表現力があげられている。この「活用能力」はPISA型リテラシーをかなり意識したものであると考えられる。

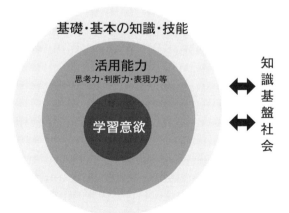

出典：水原克敏『学習指導要領は国民形成の設計書』東北大学出版会、2010年、p.236より引用
図13-2　新しい「生きる力」の概念図

3.「21世紀型能力」の試案と今後の方向性

　現在、OECDはじめ様々な組織や機関によって新しい能力やスキルの枠組みが提唱されてきたことはすでに見てきた通りである。そして、世界の多くの国々がこうした新しい能力やスキルを自国のカリキュラムに積極的に導入しながら、新しい教育実践を模索しているところである。新しい能力やスキルの必要性は、21世紀の社会を生き抜いていく上でもはや疑う余地はない。こうした世界的な大きな潮流の中で、近年、我が国においても文部科学省、特に国立教育政策研究所を中心に検討が始まっている。

　国立教育政策研究所の2013年3月発行の報告書[7]では、これからの教育課程を編成するためには次の三点を共通認識しなければならないとしている。一つは、社会の変化に対応できる汎用的な資質・能力を教育目標として明確に定義すること、二つ目は、人との関わりの中で課題を解決できる力など、社会の中で生きる力に直結する形で教育目標を構造化する必要があること、三つ目として、資質・能力の育成は教科内容の深い学びで支える必要があること、である。

　また同報告書では、上記の共通認識を今後の検討の出発点として具体的な教育目標を構想しなければならないとしている。その際、21世紀の社会を考えた場合、読み書き計算といった基礎的なリテラシーが必要であることは言うまでもない。そして、諸外国の教育政策の動向などを踏まえると、未知の問題に答えが出せるような思考力と他者と協力して解決していける実践力が重要になってくると述べられている。そこで、現行の教育課程で重視されている「生きる力」を21世紀を生き抜く力であると考えると、この根幹となる具体的な能力は実践的な思考力であると認識されている。

　以上の議論と認識を踏まえて、2013年に「21世紀型能力」と呼ばれる概念が国立教育政策研究所によって提案された。この新しい能力枠組みでは、その中核に「思考力」が位置付けられている。これはすでに触れたように、21世紀の社会においては一人ひとりが自ら学び判断し、自分の考えをもって他者と話し合い、考えを比較吟味しながら、よりよい答えや新しい知識を作り出す力が必要不可欠となり、それがまさしく思考力にあたるという考え方がもとになっている。そして、この思考力を支えるのが言語や数、ICTを目的に応じて適切に使いこなすスキルとされ、これが「基礎力」と位置付けられている。さらに、

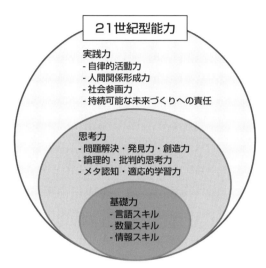

出典：国立教育政策研究所『教育課程の編成に関する基礎的研究報告書5：社会の変化に対応する資質や能力を育成する教育課程編成の基本原理』、2013年、p.83 より引用
図13-3　21世紀型能力の概念図（試案）

思考力を使って日常生活の中に問題や課題を見つけ出し、自分のもっている知識を総動員して自分自身やコミュニティ、社会全体にとって価値ある答えを導くことが実社会で生きていく上で最終的に必要となる能力で、これを「実践力」と名付け、最も外側に位置付けられた。

では、この「21世紀型能力」を構成している能力及びスキルの詳細について見ていこう[8]。

基礎力
言語的リテラシー、数量的リテラシー、情報リテラシーが含まれ、それらの十分な習得を目指すことが求められる。

①言語的リテラシー
・理解：聞く・読む・見るといった理解に関わる言語スキル
②数量的リテラシー
・理解：数学的情報の理解に関わる数量的スキル（数式、図、グラフなどの理解）

・表現：数学的な情報の表現に関わる数量的スキル（数式、図、グラフなどを用いた効果的な表現）
③情報リテラシー
・ICT活用：検索・コミュニケーション・表現といったICT活用に関するスキル
・情報モラル：ICTを活用する際に求められる情報モラルの知識

思考力
　基礎力をもとに、記憶や理解、応用、分析、評価、構造化などを行うことで、論理的・批判的思考力、問題発見解決能力・創造力、メタ認知力などが含まれる。

①論理的・批判的思考力
・比較・関連付け：ものごとを比較したり、関連付けたり、また組織的・体系的に考える能力
・理由付け・判断力：状況に適切な理由付けを行ったり、情報や証拠を効果的に分析・評価し判断する力
②問題発見解決能力・創造力
・問題発見解決力的思考力：問いを発見し、それを解決するプロセスをデザインし実行する能力
・創造的思考力：アイデアを創造する広い手法を活用し、それを熟考・洗練・分析・評価する能力
・協働による創造力：集団的なインプットとフィードバックの活動を活用し、失敗に学びながら新しいアイデアを開発し実施する能力
③メタ認知力
・モニター力：学習課題を解いている相手や自分自身をモニターし、問題を見つけたり、学習課題を遂行するプロセスをデザインする能力
・コントロール力：効果的な学習方法を自分自身で決め、学習状況を調整する能力

実践力
　基礎力を基盤として身に付けた思考力は実生活や社会における問題解決にお

いて具体的な実践として発揮される。現実の問題や課題に直面した際にそれを解決していく力である。自律的活動力、人間関係形成力、社会参画力、持続可能な未来への責任などが含まれる。

①自律的活動力
　自分の行動を調整するとともに、自分の生き方を考え、キャリアを設計する能力。節制、向上心、主体性、自尊などの価値と結びついている。
②人間関係形成力
　他者と効果的なコミュニケーションをとり、協力してよりよい人間関係を築く能力。他者理解、表現力、礼儀、思いやり、共同・協働、役割と責任、合意形成といった価値と結びついている。
③社会参画力・持続可能な未来への責任
　これからの社会において、グローバルあるいはローカルな場面で起こりうる様々な倫理的問題に積極的に関わり、市民的責任を自覚して行動する能力。規範意識、社会連帯、文化尊重、公徳心、権利と義務、起業家精神、正義と公正、寛容といった社会的な価値観、防災・安全、生命尊重といった命に関わる価値観、身近な自然から地球環境や生態系の保護・保全といった自然に関わる価値観などと結びついている。

　以上が国立教育政策研究所によって提案され、将来の学習指導要領の改訂において検討されていくであろう新しい能力・スキル枠組みである。この枠組みはOECDの提唱するキー・コンピテンシーの能力観及びPISA型リテラシーで強調される能力、さらには21世紀型スキルとして世界中の注目を集めている能力群などを、我が国の文脈において再構成・再整理したものと考えることができる。
　では、この21世紀型能力を育成していくにはどうすればよいのであろうか。同研究所によれば、国内の様々な教育実践・授業実践の実例を収集・分析をしているが、その方法は多様であり、現段階ではどのような授業実践がこうした新しい能力やスキルの育成に有効であるかという知見は見い出されていない。さらなる情報収集及び分析が必要であり、そうすることで目標と子どもの学びをつなげる学習活動の指針が得られるとしている。

ただし、こうした新しい能力の習得のためには、従来の教科学習はもちろんのことながら、現代的教育課題として要請されている、例えば、持続可能な開発のための教育（ESD）、市民性教育（シティズンシップ教育）、キャリア教育、健康教育といった教育活動をも含めた広範囲にわたる学習課題について考えていく必要があるとされている[9]。

〈注〉
1) 水原克敏『学習指導要領は国民形成の設計書』東北大学出版会、2010年、p.229を参照。
2) 中央教育審議会答申（2008年1月17日）「2　現行学習指導要領の理念」、p.8。
3) 中央教育審議会答申（「21世紀を展望した我が国の教育の在り方について」）（1996年7月19日）「(3) 今後における教育の在り方の基本的な方向」。
4) 中央教育審議会答申（「初等中等教育における当面の教育課程及び指導の充実・改善方策について」）（2003年10月7日）「1　新学習指導要領や学力についての基本的な考え方等」。
5) 中央教育審議会答申（2008年1月17日）（「幼稚園、小学校、中学校、高等学校及び特別支援学校の学習指導要領等の改善について」）「2　現行学習指導要領の理念」。
6) 前掲答申。
7) 国立教育政策研究所『教育課程の編成に関する基礎的研究報告書5：社会の変化に対応する資質や能力を育成する教育課程編成の基本原理』、2013年。
8) 国立教育政策研究所、前掲書、p.84-91を参照。
9) 国立教育政策研究所、前掲書、p.92を参照。

あとがき

　本書の執筆を終えた今、執筆開始当初から現在までを振り返ってみると、実に長い年月が経過してしまったということに改めて気付かされます。というのも、本書の構想を思いついたのが2011年6月でしたから、完成までに4年以上かかったことになるのです。

　ご存じのように、2011年というのは我が国において新しい学習指導要領が小学校で施行された年です。この学習指導要領では、知識のグローバル化、絶え間ない技術革新、幅広い知識と柔軟な思考力に基づく判断の重要性といった21世紀の社会の特徴を十分に踏まえ、こうした社会で生きていくためには新しい能力の育成が必要であることが強調されました。本書で取り上げたOECDのキー・コンピテンシー（2003年）やPISA型リテラシー（2000年）、アメリカのP21による21世紀型スキル（2002年、2007年）といった能力概念が出され、世界中の関心を集めて以来、我が国で最初の改訂学習指導要領でもありましたので、教育関係者のみならず、多くの一般の方々からも注目を集めました。文部科学省からはメディアを通して、「『ゆとり』か『詰め込み』かではなく、基礎的・基本的な知識・技能の習得と思考力・判断力・表現力等の育成の両方が必要です」と新学習指導要領の特徴が宣伝されていました。

　こうした状況の中で、私自身も我が国の教育が大きく変わっていこうとしていることが実感できました。そして、我が国の状況はもちろん、世界各国の教育状況についても知りたいという強い欲求が私自身の中に生まれてきたのです。しかし、世界中の主要な国々の教育について調査することは時間的にも経済的にも大変なことです。そのような時、幸運にも、独立行政法人 国際協力機構（JICA〈ジャイカ〉）の実施する「グローバル化時代の国際教育のあり方国際比較調査」（2011年12月〜2014年3月実施）に参加をする機会を得ました。同調査では、文部科学省 国立教育政策研究所の協力を得て、世界の主要な教育先進国における教育課程と国際教育の実践状況について詳細な現地調査を行いました。特に、教育課程の部分は各国を専門に研究されている大学の先生方の協力も得られました。本書の内容の一部は、上記調査において得られた知見をもと

に筆者が再構成、再執筆した部分も含まれていることを申し添えておきます。

　さて、本書では世界11カ国を取り上げ、それぞれの国々の教育制度、カリキュラム、重視されている資質・能力、先進的な教育実践、新しい学びを支える環境について考察してきました。各国の記述は紙幅の関係から20〜30頁前後といずれも概要程度にとどまっているという批判は免れませんが、執筆に際しては、できるだけ各国が目指している「21世紀における新しい教育の姿」を明らかにできるように配慮したつもりです。すでに見てきたように、各国のカリキュラムとそこで重視されている資質や能力は、細かい点では異なっているものの、その大枠においてはかなり共通していることが分かってきました。すなわち、いずれの国においても、言語能力、数的能力、ICT活用力などを含む基礎的リテラシー、批判的思考力や創造的思考力に代表される認知スキル、そして協調性や自己管理力、異文化理解能力といった社会スキルの三つの能力がバランスよく考慮されているということです。この点においては最終章で取り上げた我が国の「21世紀型能力」(試案)も例外ではありません。

　また、本書ではこうした新しい資質や能力の育成を促進するための新しい学びの実践例についても紹介してきました。これらの教育実践例は、専門的な用語を用いるとすれば、「国際理解教育」や「開発教育」、あるいは「持続可能な開発のための教育」や「環境教育」などと呼ばれる教育活動であると言えるかもしれません。したがって、読者の中にはこうした特別な教育活動こそが新しい学びのための教育実践であると思われた方々も少なからずおられるのではないでしょうか。ただ、私自身はあまりそのような専門的な分類や呼称を強調したくはありませんし、こうした特別な教育活動こそが新しい学びであると言うつもりも毛頭ありません。

　以前、ある学校関係者の方とお話をしていた際、「わが校は"国際理解教育"はある程度やっているんだけれど、"開発教育"はちょっと(できない)ね…」という意見がその方の口から飛び出しました。その理由をよくよく聞いてみると、「開発教育」というのは政治的な要素や思惑が含まれているようで公平中立を謳う公教育には合わないとその方は思われているようでした。もう一つ別の例をあげると、公立高校の数学の教員をされている方が「私の専門は数学なので、正直、国際理解教育やESDといったものはあまり関係ないと思ってい

るんですよ」と意見されていたのを思い出します。我が国には「国際理解教育」や「開発教育」、「持続可能な開発のための教育」といった、ある種の専門化された特別な教育活動に対して少なからず偏見というか、誤解があるように思えます。残念なことに、こうした偏見や誤解は学校現場における多様な教育実践の機会を奪ってしまっているのではないかと考えています。こうした偏見や誤解を容易に払拭できればよいのですが、現状を見る限りではそう簡単ではないようです。

　少し前になりますが、2012年3月にオーストラリア国際開発庁（AusAID、当時）を訪問した際、同国が「開発教育（Development Education）」という従来の呼称に代えて「グローバル教育（Global Education）」という新しい名称を用いている理由について尋ねたことがありました。すると、当時グローバル教育総括責任者であったバーチ（Aurther Burch）氏からは次のような答えが返ってきました。「これまで多くの学校関係者から"開発教育"という用語からはその内容を十分にイメージしにくいという批判が出されていました。また、私自身も"開発教育"という名称ではその内容が正しく理解されないと考えています」。彼のこの意見は、不思議なことに一瞬にして私の腑に落ちたのです。よくよく考えてみれば、この意見は「開発教育」を専門に研究し、その普及に努力してこられたNGOや研究者の方々から大きな反発が起こりそうな発言です。バーチ氏はさらに続けて言われました。「"グローバル教育"という教育実践も洗練されてくると一定の立場を確立してくることも考えられますが、それを絶対視するべきではないと思っています。大事なことは多様な教育実践が生まれることなのです」と…。私が本書で言いたかったのは、まさにこのことなのです。多様な教育実践こそが21世紀の教育に求められており、そうすることで21世紀の社会を生きていく上で必要な資質や能力が養われていくのだと…。この考えに立って、私は、本書で多様な教育実践を取り上げたつもりです。

　偶然にも、近年の世界各国では、「開発教育」をはじめ、「多文化教育」や「異文化間教育」といった従来から行われてきた歴史ある教育活動は、いずれも地球全体の平和と共生を目指すという点において共通の目標をもった教育だということで、グローバルな教育とかグローバル・シティズンシップを育成する教育というように大きな枠の中で捉えようとする動きが起こっています。繰り返しになりますが、私はこうした視点が、今、教育に求められているのだと思い

ます。「国際理解教育」と「開発教育」の違いといった細かいことに拘る必要はないのです。数学が専門だからといってグローバルな視点をもたずに教育活動を行うことはもはや許されないのです。最終章の最後で述べた国立教育政策研究所の「こうした新しい能力の習得のためには、従来の教科学習はもちろんのことながら、現代的教育課題として要請されている…（中略）…教育活動をも含めた広範囲にわたる学習課題について考えていく必要がある」（本書276頁）という意見は、まさにこのことを意味していると、私は考えています。

　最後になりましたが、本書の執筆におきましては直接的あるいは間接的に多くの方々からの助言や協力を頂きました。各国の教育を専門的に研究されている二宮皓先生、新井浅浩先生、卜部匡司先生、青木麻衣子先生、島津礼子先生、佐々木司先生、下村智子先生、国際教育の分野で豊富な知見をおもちの多田孝志先生、山西優二先生、また国立教育政策研究所の松尾知明先生、白水始先生、埼玉県立進修館高校の羽田邦弘校長、国際協力機構（JICA）の関係者皆様、そして私の同僚である高杉真奈さん、安室奈美さんをはじめとする多くの方々にはこの場をかりてお礼を申し上げたいと思います。

　また、本書は一般財団法人 国際開発センターの元理事 高瀬国雄氏が私財を投じて設立された「21世紀開発基金」から一部助成を受けて作成されました。同基金がなければ本書の完成はなかったことを思うと改めて同基金及び高瀬氏への感謝の意を表さずにはおれません。

　本書の出版に際しては、明石書店の神野斉編集長及び森富士夫さんにたいへんお世話になりました。幾度にもわたる私からの書き替えや追記などの要求に毎回丁寧に応じて下さったことにはとても感謝しています。本当に有難うございました。

　最後に、海外出張が多く日本で家族と一緒に過ごす時間が少ない状況にもかかわらず、今回の本書の執筆のために家族団欒の貴重な時間までも犠牲にしてきた私に対して、常に温かい目で見守り、励ましてくれた妻のジンジャーと娘のみあに本書を捧げたいと思います。

2015年5月

田中義隆

参考文献・引用文献

〈第1章　21世紀に求められている新しい能力〉
和文文献

アップル、M.（大田直子訳）『右派の／正しい教育−市場、水準、神、そして不平等』世織書房、2008年

江原武一他編著『現代教育改革論−世界の動向と日本のゆくえ』放送大学教育振興会／NHK出版、2011年

大桃敏行他編『教育改革の国際比較』ミネルヴァ書房、2007年

グリフィン、P.、マクゴー、B.（三宅なほみ監訳）『21世紀型スキル−学びと評価の新たなかたち』北大路書房、2014年

経済協力開発機構（OECD）（岩崎久美子訳）『個別化していく教育』明石書店、2007年

経済協力開発機構（OECD）（立田慶裕監訳）『教育のトレンド2−図表で見る教育の潮流と教育の課題』明石書店、2011年

経済協力開発機構（OECD）（立田慶裕監訳）『教育のシナリオ−未来思考による新たな学校像』明石書店、2006年

経済協力開発機構（OECD）（平沢安政訳）『デマンドに応える学校−教育の社会的な要素と供給』明石書店、2007年

経済協力開発機構（OECD）（渡辺良監訳）『PISAから見る、できる国・頑張る国−トップを目指す教育』明石書店、2011年

国際協力機構（JICA）『グローバル化時代の国際教育のあり方国際比較調査　最終報告書（第1分冊）』国際開発センター、2014年

志水宏吉、鈴木勇編著『学力政策の比較社会学［国際編］−PISAは各国に何をもたらしたか』明石書店、2012年

鈴木崇弘他編著『シチズン・リテラシー−社会をよりよくするために私たちにできること』教育出版、2005年

田中義隆『カリキュラム開発の基礎理論』国際開発センター、2006年

日本国際理解教育学会編著『グローバル時代の国際理解教育−実践と理論をつなぐ』明石書店、2010年

原田信之編著『確かな学力と豊かな学力−各国教育改革の実態と学力モデル』ミネルヴァ書房、2007年

松下佳代編著『〈新しい能力〉は教育を変えるか−学力・リテラシー・コンピテンシー』ミネルヴァ書房、2010年

山内祐平「10年後の教室」、『PC online's weekly』2012年（http://pc.nikkeibp.co.jp/article/column/20120508/1048402/）

ライチェン、D.S.（立田慶裕監訳）『キー・コンピテンシー−国際標準の学力をめざして』明石書店、2006年

リブリー、A.（北和丈訳）『世界教育戦争−優秀な子供をいかに生み出すか』中央公論新社、2014年

英文文献

Bellanca, J., Brandt, R.(eds.), *21st Century Skills: Rethinking how students learn*, Solution Tree Press,

2010.
Glatthorn, A., Boschee, F., & Whitehead, B., *Curriculum Leadership: Strategies for Development and Implementation*, Sage Pubns, 2008.
Jacobs, H., & Johnson, A., *The Curriculum Mapping Planner: Templates, Tools, and Resources for Effective Professional Development*, Assn for Supervision & Curriculum, 2009.
Japan International Cooperation Agency (JICA), *Comparative Study on International Education for the Global Age*, IDCJ, 2014.
Marzano, R.J., *Designing a New Taxonomy of Educational Objectives*, Corwin Press, 2000.
NCREL, *NCREL's enGauge: 21st Century Skills – Digital Literacies for a Digital Age*, 2002.
OECD, *Measuring student knowledge and skills*, 1999.
OECD, *The Definition and Selection of Key Competencies: Executive Summary*, 2003.
OECD, *21st century skills and competences for new millennium learners in OECD countries*, EDU working paper No.41, 2009.
Ornstein, A. C., & Hunkins, F. P., *Curriculum: Foundations, Principles, and Issues*, Allyn and Bacon, 1998.
Parkay, F. W., & Hass, G., *Curriculum Planning: A Contemporary Approach*, Allyn and Bacon, 2000.
P21, *P21 Framework Definitions*, 2009.
Tanner, D., & Tanner, L., *Curriculum Development: Theory into Practice*, Pearson, 2007.
Wiles, J., & Bondi, J., *Curriculum Development: A Guide to Practice*, Merrill Prentice Hall, 2002.

ウェブサイト
「ATC21S」のウェブサイト（www.atc21s.com/21st-century-skills.html）
「ISTE」のウェブサイト（http://isteemergingtech.wordpress.com/about-21st-century-skills-and-emerging-technologies/）
「OECD」のウェブサイト（http://skills.oecd.org/skillsoutlook.html）
「P21」のウェブサイト（www.p21.org/）

〈第2章　イギリスの挑戦〉
和文文献
新井浅浩「教育課程の編成に関する基礎的研究　国際研究班報告書（イギリス）」、『教育課程の編成に関する基礎的研究　報告書6　諸外国の教育課程と資質・能力－重視する資質・能力に焦点を当てて』国立教育政策研究所、2013年、p.33-36
江口勇治他編著『市民教育への改革』東京書籍、2010年
オスラー、A.＆スターキー、H.（清田夏代他訳）『シティズンシップと教育－変容する世界と市民性』勁草書房、2009年
木村一子『イギリスのグローバル教育』勁草書房、2000年
国際協力機構（JICA）『グローバル化時代の国際教育のあり方国際比較調査　最終報告書（第1分冊）』国際開発センター、2014年
小玉重夫『シティズンシップの教育思想』現代書館、2003年
佐貫浩『イギリスの教育改革と日本』高文研、2002年
杉本厚夫他著『教育の3C時代－イギリスに学ぶ教養・キャリア・シティズンシップ教育』世界

思想社、2008年
スタイナー、M.編（岩崎裕保他監訳）『グローバル・ティーチャーの理論と実践－英国の大学とNGOによる教員養成と開発教育の試み』明石書店、2011年
多文化社会研究会編訳『多文化主義－アメリカ・カナダ・オーストラリア・イギリスの場合』木鐸社、1997年
中山あおい他『シティズンシップへの教育』新曜社、2010年
日本グローバル教育学会編著『グローバル教育の理論と実践』教育開発研究所、2007年
二宮皓編著『市民性形成論』放送大学教育振興会/NHK出版、2007年
パイク、G. & セルビー、D.（中川喜代子監修）『地球市民を育む学習－Global Teacher, Global Learner』明石書店、1997年
嶺井明子編著『世界のシティズンシップ教育－グローバル時代の国民/市民形成』東信堂、2007年
武藤孝典他編著『ヨーロッパの学校における市民的社会性教育の発展－フランス・ドイツ・イギリス』東信堂、2008年
レヴィ、C. L., 他編著（中里亜夫他監訳）『欧州統合とシティズンシップ教育－新しい政治学習の試み』明石書店、2006年

英文文献

Department for Education, *The national curriculum in England: Key stages 1 and 2 framework document*, 2013.
Department for Education, *The Framework for the National Curriculum – A report by the Expert Panel for the National Curriculum Review*, 2011.
Japan International Cooperation Agency (JICA), *Comparative Study on International Education for the Global Age*, IDCJ, 2014.
OFSTED, *The school inspection report- Leatherhead Trinity School and Children's Centre*, 2013.
DfID, *Developing the Global Dimension in the School Curriculum*, 2005.
OXFAM-UK, *Education for Global Citizenship (EGC) Guideline*, 2005.

ウェブサイト

「Global Dimension」のウェブサイト（http://globaldimension.org.uk）
「Christian Aid」のウェブサイト（http://learn.christianaid.org.uk/globalexplorerswhiteboard/index.html）
「OXFAM UK」のウェブサイト（www.oxfam.org.uk/）
「Think Global」のウェブサイト（http://think-global.org.uk/）
「UK Government」のウェブサイト（www.gov.uk/national-curriculum）

〈第3章　ドイツの挑戦〉
和文文献
天野正治、村田翼夫編著『多文化共生社会の教育』玉川大学出版部、2001年
天野正治編著『ドイツの異文化間教育』玉川大学出版部、1997年
岩本俊一「PISAの結果がドイツの教育にもたらしたもの－その反省と改革」、『研究室紀要 第30号』東京大学大学院教育学研究科 教育学研究室、2004年、p.125-134

櫛田敏宏、稲吉宣夫『平成20年度愛知県職員海外派遣事業報告書－生物多様性を中心とした環境教育を含むESDの推進』2008年

国際協力機構 (JICA)『グローバル化時代の国際教育のあり方国際比較調査　最終報告書（第1分冊）』国際開発センター、2014年

佐藤真久「ESDの指標開発と主要な資質・能力－国際的な国別指標開発の実施動向と個人の資質・能力（コンピテンシー）に関する議論に基づいて」、2009年（ESD円卓会議発表資料）

高雄綾子「公教育制度におけるESDの意義の考察－ドイツの「ESDコンピテンシー・モデル」をめぐる議論と評価から」、『環境教育』Vol.20-1、日本環境教育学会、2010年、p.35-47

高雄綾子、佐藤真久「ドイツにおける学校ESD推進策とコンピテンシー育成の関係－Transfer 21プログラム参加校と全日制学校およびPISA結果の検証から」、『「持続可能な開発のための教育（ESD）」の国際的動向に関する調査研究（平成21年度横浜市業務委託調査）』東京都市大学環境情報学部、2009年、p.78

田中達也「ドイツにおける教育改革の現状－ハンブルク市を中心に」、『佛教大学教育学部学会紀要』第9号、2010年

地理教育懇話会『地理教育フォーラム　第9号－地理教育懇話会2008年度研究報告』2008年

土持ゲーリー法一「占領下ドイツの教育改革－アメリカ対独教育使節団報告書と高等教育改革」、『大学論集　第19集』広島大学教育研究センター、1990年

東京都市大学環境情報学部『「持続可能な開発のための教育（ESD）」の国際的動向に関する調査研究』（平成21年度横浜市業務委託調査）、2009年

トランスファー21編著（由井義通他監訳）『ESDコンピテンシー－学校の質的向上と形成能力の育成のための指導指針』明石書店、2012年

原田信之「事実教授カリキュラムとコンピテンシーの育成－諸州共同版学習指導要領（2004年）の検討」、『岐阜大学教育学部研究報告書　人文科学』第56巻　第1号、岐阜大学教育学部、2007年、p.181-191

原田信之編著『確かな学力と豊かな学力』ミネルヴァ書房、2007年

原田信之『ドイツの統合教科カリキュラム改革』ミネルヴァ書房、2010年

アベナリウス、ヘルマン（結城忠監訳）『ドイツの学校と教育法制』教育開発研究所、2004年

マックス・プランク教育研究所（天野正治他監訳）『ドイツの教育のすべて』東信堂、2006年

武藤孝典他編著『ヨーロッパの学校における市民的社会性教育の発展－フランス・ドイツ・イギリス』東信堂、2008年

嶺井明子編著『世界のシティズンシップ教育－グローバル時代の国民／市民形成』東信堂、2007年

文部科学省『諸外国の教育動向2007年度版』明石書店、2008年

吉田成章「現代ドイツのカリキュラム論に関する研究－コアカリキュラム（Kerncurriculum）論を中心に」、『カリキュラム研究』第19号、日本カリキュラム学会、2010年、p.15-28

英文文献

BMZ, *A Cross-Curricular Framework: Global Development Education in the Context of Education for Sustainable Development*, 2007.

German Commission for UNESCO, *Bonne Recommendations on Education for Sustainable Development beyond 2014*, 2015.

German Commission for UNESCO, *UN Decade of Education for Sustainable Development 2005-2014:*

National Action Plan for Germany, 2011.
Japan International Cooperation Agency (JICA), *Comparative Study on International Education for the Global Age*, IDCJ, 2014.
Transfer 21, *Developing Quality at "ESD Schools": Quality Areas, Principles & Criteria*, 2007.
Transfer 21, *Guide: Education for Sustainable Development at Secondary Level: Justifications, Competences, Learning Opportunities*, 2007.
Weinert, F.E., *Definition and Selection of Competencies: Concepts of Competence*, OFS BFS UST, NCES and OECD, 1999.

その他言語文献
Transfer 21, *Zukunft gestalten lernen: Ganztagsschule lebensnah gestalten durch Bildung für eine nachhaltige Entwicklung*, 2007.

ウェブサイト
「Transfer 21」のウェブサイト（www.institutfutur.de/transfer-21/daten/materialien/T21_ganztag2.pdf）

〈第4章　オーストラリアの挑戦〉
和文文献
バーカン、アラン（笹森健監訳）『オーストラリア教育史』青山社、1995年
石附実、笹森健編『オーストラリア・ニュージーランドの教育』東信堂、2001年
木村裕「オーストラリアにおけるグローバル教育実践の具体像－単元『水は金よりも大切？』の授業分析を通して」、『紀要 教育方法学研究』第34号、日本教育方法学会、2008年、p.37-48
木村裕「オーストラリアの学校教育の場における開発教育カリキュラムの特徴と意義－『グローバル・パースペクティブ・シリーズ』の単元分析を通して」、『教育目標・評価学会紀要』第17号、教育目標・評価学会、2007年、p.57-67
木村裕「オーストラリアのグローバル教育プロジェクトの基本的構想とその特質」、『京都大学大学院教育学研究科紀要』第55号、京都大学大学院教育学研究科、2009年、p.377-390
木村裕「現代オーストラリアの教育改革が開発教育に及ぼす影響に関する一考察－南オーストラリア州に着目して」、『教育方法の探究』第11巻、京都大学大学院教育学研究科・教育方法学講座、2008年、p.9-16
木村裕「コルダーとスミスの開発教育論に関する一考察－オーストラリアにおける理論的到達点を探る」、『京都大学大学院教育学研究科紀要』第53号、京都大学大学院教育学研究科、2007年、p.246-259
木村裕「日本におけるオーストラリアの開発教育研究の動向と今後の課題」、『オセアニア教育研究』第15巻、オセアニア教育学会、2009年、p.73-84
木村裕「フィエンの開発教育論に関する一考察－開発教育と批判的教育学との関わりに焦点をあてて」、『京都大学大学院教育学研究科紀要』第54号、京都大学大学院教育学研究科、2008年、p.193-205
国際協力機構（JICA）『グローバル化時代の国際教育のあり方国際比較調査　最終報告書（第1分冊）』国際開発センター、2014年
佐藤博志編著『オーストラリアの教育改革－21世紀型教育立国への挑戦』学文社、2011年

佐藤博志編著『オーストラリア教育改革に学ぶ−学校変革プランの方法と実際』学文社、2007年
田中圭治郎『多文化教育の世界的潮流』ナカニシヤ出版、1996年
多文化社会研究会編訳『多文化主義−アメリカ・カナダ・オーストラリア・イギリスの場合』木鐸社、1997年
松尾知明『多文化共生のためのテキストブック』明石書店、2011年
見世千賀子「オーストラリア−ナショナル・アイデンティティの再構築」、嶺井明子編著『世界のシティズンシップ教育−グローバル時代の国民／市民形成』東信堂、2007年、p.97-107
山田真紀「オーストラリアの教育改革−全国評価プログラムに注目して」、『椙山女学園大学研究論集』第42号（社会科学篇）、椙山女学園大学、2011年、p.111-128

英文文献

Australian Education Systems Officials Committee, *Statement of Learning for Civics and Citizenship*, Curriculum Corporation, 2006.
Australian Government, *Living Sustainably: The Australian Government's National Action Plan for Education for Sustainability*, 2009.
AusAID, *Global Perspectives: A Statement on Global Education for Australian Schools*, 2002.
AusAID, *Global Perspectives: A Framework for Global Education in Australian Schools*, 2008.
Curriculum Cooperation, *Go Global*, 1999.
Curriculum Cooperation, *Look Global*, 1999.
Curriculum Cooperation, *Statement of Learning for Civics and Citizenship*, 2006.
Curriculum Cooperation, *Think Global*, 1999.
Japan International Cooperation Agency (JICA), *Comparative Study on International Education for the Global Age*, IDCJ, 2014.

ウェブサイト

「Australian Curriculum」のウェブサイト（www.australiancurriculum.edu.au/）
「Australian Curriculum Implementation Timeline」のウェブサイト（www.acara.edu.au/verve/_resources/State_and_Territory_F-10_Australian_Curriculum_Implementation_Timelines_August_2014.pdf）
「Australian Education」のウェブサイト（www.wca-au.com/education.htm）
「Global Education」のウェブサイト（www.globaleducation.edu.au/）

〈第5章　ニュージーランドの挑戦〉
和文文献

石原敏秀「ニュージーランドの教育制度−初等、中等学校を中心として」、『岐阜聖徳学園大学紀要』第43号、岐阜聖徳学園大学、2004年、p.1-9
石附実、笹森健編『オーストラリア・ニュージーランドの教育』東信堂、2001年
泉貴久「ニュージーランドにおける地理教育の特色−教科書・Syllabusを手掛かりにして」、『日本ニュージーランド学会誌』第1巻、日本ニュージーランド学会、1995年、p.28-43
大庭由子「先住民マオリの文化再生と教育政策−ニュージーランドにおける教育及び国民意識に与えた影響」、『社学研論集』vol.1、早稲田大学大学院社会科学研究科、2003年、p.121-133
大庭由子「多文化教育の問題点−ニュージーランドの視点から」、『社会科学研究科紀要別冊』

vol.10、早稲田大学大学院社会科学研究科、2002年、p.109-124

大庭由子「多文化社会における文化教育」、『社学研論集』vol.5、早稲田大学大学院社会科学研究科、2005年、p.265-271

大庭由子「多様性の理解と多文化教育－アメリカ、ニュージーランドの事例から日本の多文化教育の可能性を探る」、『社会科学研究科紀要別冊』vol. 9、早稲田大学大学院社会科学研究科、2002年、p.111-127

大庭由子「ニュージーランドにおける総合学習」、『国際教育』第10号、日本国際教育学会、2004年、p.116-123

片田玲子、鳥海順子「子どもたちの発達段階や個を育むための小学校低学年教育のあり方」、『教育実践学研究8』、山梨大学教育学部附属教育実践研究指導センター、2003年、p.57-67

国際協力機構（JICA）『グローバル化時代の国際教育のあり方国際比較調査　最終報告書（第1分冊）』国際開発センター、2014年

島津礼子「ニュージーランド」、『教育課程の編成に関する基礎的研究 報告書6 諸外国の教育課程と資質・能力－重視する資質・能力に焦点を当てて』国立教育政策研究所、2013年、p.121-136

英文文献

Conner, L., *Implementing the New Zealand Curriculum: Vision and Reality*, 2008.

Japan International Cooperation Agency (JICA), *Comparative Study on International Education for the Global Age*, IDCJ, 2014.

Ministry of Education, *The New Zealand Curriculum*, 2007.

Ministry of Education, *Building Conceptual Understandings in the Social Sciences*, 2011.

Ministry of Education, *Approaches to Social Inquiry*, 2008.

Ministry of Education, *Belonging and Participating in Society*, 2008.

Ministry of Education, *Being Part of Global Communities*, 2009.

Ministry of Education, *Education Statistics of New Zealand: 2009*, 2010.

その他言語文献

Ministry of Education, *Te Marautanga o Aotearoa*, 2007

ウェブサイト

「Global Focus Aotearoa」のウェブサイト（www.globalfocus.org.nz/）

「Ministry of Education」のウェブサイト（www.minedu.govt.nz/）

「New Zealand Curriculum online」のウェブサイト（http://nzcurriculum.tki.org.nz/）

「World Vision New Zealand」のウェブサイト（www.worldvision.org.nz/）

〈第6章　アメリカの挑戦〉
和文文献

アメリカ教育学会編『現代アメリカ教育ハンドブック』東信堂、2010年

石井英真『現代アメリカにおける学力形成論の展開－スタンダードに基づくカリキュラムの設計』東信堂、2011年

オスラー、A. & スターキー、H.（清田夏代他訳）『シティズンシップと教育－変容する世界と市民性』

勁草書房、2009年
桐村豪文「世界の教育事情第4回：クリントン政権以降のアメリカの教育改革の特徴－自由化と科学化」、未来教育研究所、2014年（www.mirai-kyoiku.or.jp/）
国際協力機構（JICA）『グローバル化時代の国際教育のあり方国際比較調査　最終報告書（第1分冊）』国際開発センター、2014年
CS研レポートvol.46「諸外国の教育改革は今－アメリカ編」教科教育研究所、2002年
佐々木司、佐藤仁「アメリカの教育課程の概要」、『教育課程の編成に関する基礎的研究 報告書6 諸外国の教育課程と資質・能力－重視する資質・能力に焦点を当てて』国立教育政策研究所、2013年、p.85-104
田中圭治郎『多文化教育の世界的潮流』ナカニシヤ出版、1996年
多文化社会研究会編訳『多文化主義－アメリカ・カナダ・オーストラリア・イギリスの場合』木鐸社、1997年
松尾知明『多文化共生のためのテキストブック』明石書店、2011年
嶺井明子編著『世界のシティズンシップ教育－グローバル時代の国民／市民形成』東信堂、2007年
歴史学研究会編『南北アメリカの500年　第5巻統合と自立』青木書店、1993年

英文文献

Asia Society, *Educating for Global Competence: Preparing Our Youth to Engage the World*, 2011.
Asian Society, *Ready for the World: Preparing Elementary Students for the Global Age*, 2010.
Aveson Charter Schools, *Aveson School of Leaders: School Accountability Report Card, 2012-2013*, 2013.
National Center for Education Statistics, *Digest of Education Statistics 2012*, 2012.
P21, *P21 Common Core Toolkit: A Guide to Aligning the Common Core State Standards with the Framework for 21st Century Skills*, 2011.
The Center for Civic Education, *National Standards for Civics and Government*, 1994.
U.S. Department of Education, *Helping Your Child Become A Responsible Citizen*, 2005.

ウェブサイト

「Asia Society」のウェブサイト（http://asiasociety.org/education/）
「Aveson Charter Schools」のウェブサイト（www.aveson.org/aveson-difference）
「Common Core State Standards Initiative」のウェブサイト（www.corestandards.org/Math/Content/HSA/SSE/）
「iEARN」のウェブサイト（www.iearn.org/）
「iEARN-USA」のウェブサイト（www.us.iearn.org/）
「P21」のウェブサイト（www.p21.org/members-states/partner-states）
「World Savvy」のウェブサイト（www.worldsavvy.org/）

〈第7章　カナダの挑戦〉
和文文献

国際協力機構（JICA）『グローバル化時代の国際教育のあり方国際比較調査　最終報告書（第1分冊）』国際開発センター、2014年
小林順子『ケベック州の教育－1600年から1990年まで』東信堂、1994年

小林順子他編著『21世紀にはばたくカナダの教育』東信堂、2003年
小林誠「国際学力調査(PISA)上位に位置する多文化国家カナダの教育－ブリティッシュ・コロンビア州の教育改革」、『早稲田大学大学院教育学研究科紀要』別冊16号2、早稲田大学大学院、2009年、p.209-215
新川敏光編著『多文化主義社会の福祉国家－カナダの実験』ミネルヴァ書房、2008年
財団法人自治体国際化協会編『カナダにおける義務教育制度の概要』、2007年
ブシャール、ジェラール他編（竹中豊他訳）『多文化社会ケベックの挑戦－文化的差異に関する調和の実践　ブシャール＝テイラー報告』明石書店、2011年
下村智子「教育課程の編成に関する基礎的研究 カナダ報告書」、『教育課程の編成に関する基礎的研究 報告書6 諸外国の教育課程と資質・能力－重視する資質・能力に焦点を当てて』国立教育政策研究所、2013年、p.73-83
関口礼子編著『カナダ多文化主義教育に関する学際的研究』東洋館出版社、1988年
関口礼子他編著『多様社会カナダの「国語」教育－高度国際化社会の経験から日本への示唆』東信堂、2006年
高柳彰夫「カナダの開発協力におけるNGOと政府機関との関係の考察(2)」、『一橋研究』第17巻第2号、一橋大学、1992年、p.91-113
多文化社会研究会編訳『多文化主義－アメリカ・カナダ・オーストラリア・イギリスの場合』木鐸社、1997年
中村隆之「教育財政と民主主義－カナダ・オンタリオ州の歴史から」、『鹿児島経済論集』第48巻第1-4号合併号』鹿児島国際大学、2008年、p.99-123
ヒラバヤシ、R.（山下克彦訳）「カナダの多文化教育」、『僻地教育研究』第48巻、北海道教育大学僻地教育研究施設、1994年、p.121-128
日本カナダ学会編『史料が語るカナダ－16世紀の探検時代から21世紀の多元国家まで　1535-2007』有斐閣、2008年
牧野篤『多文化コミュニティの学校教育－カナダの小学校より』学術図書出版社、1999年
ビビー、レジナルド・W.（太田徳夫他訳）『モザイクの狂気－カナダ多文化主義の功罪』南雲堂、2001年

英文文献

Council of Ministers of Education, Canada, *Education Indicators in Canada: Handbook for the Pan-Canadian Education Indicators Program*, 2011.
Department of Citizenship and Immigration Canada (CIC), *Discover Canada: The Rights and Responsibilities of Citizenship*, 2009.
Japan International Cooperation Agency (JICA), *Comparative Study on International Education for the Global Age*, IDCJ, 2014.
Ontario Ministry of Education, *Growing Success: Assessment, Evaluation, and Reporting in Ontario Schools*, 2010.
Ontario Ministry of Education, *21st Century Teaching and Learning: Winter 2014 Quick Facts*, 2014.

ウェブサイト

「Department of Citizenship and Immigration Canada（CIC）」のウェブサイト（www.cic.gc.ca/english/）

「Department of Canadian Heritage（CH）」のウェブサイト（www.pch.gc.ca/eng/1266037002102/1265993639778）

「Dr. Eric Jackman Institute of Child Study Laboratory School」のウェブサイト（www.oise.utoronto.ca/ics/Laboratory_School/）

「Employability skills」のウェブサイト（www.conferenceboard.ca/topics/education/learning-tools/employability-skills.aspx）

「Foreign Affairs, Trade and Development Canada」のウェブサイト（www.acdi-cida.gc.ca/aboutcida）

「Ontario Council for International Cooperation（OCIC）」のウェブサイト（www.ocic.on.ca/）

「Ontario Ministry of Education」のウェブサイト（www.edu.gov.on.ca/eng/curriculum/elementary/index.html）

「Ontario Skills Passport（OSP）」のウェブサイト（http://skills.edu.gov.on.ca/OSPWeb/jsp/en/login/jsp）

〈第8章　シンガポールの挑戦〉
和文文献

石森広美「シンガポールにおけるTLLM政策と教師の意識−能動的学習への転換」、『東北大学大学院教育学研究科研究年報』第58集第1号、東北大学、2009年、p.293-304

小川佳万、石森広美「シンガポールにおける学力観の変容−ジュニアカレッジの教育課程に焦点をあてて」、『東北大学大学院教育学研究科研究年報』第56集第2号、東北大学、2008年、p.1-14

川上昭吾、森本弘一他「シンガポールの教育　特に、ストリームについて」、『愛知教育大学教育創造開発機構紀要』vol.1、愛知教育大学、2011年、p.39-45

国立教育政策研究所『諸外国における学校教育と児童生徒の資質・能力』、2007年

日本教育工学振興会（JAPET）調査団「シンガポール・教育の情報化状況実態調査報告」、『JAPET』vol.167、JAPET、2011年、p.11-13

原田信之編著『確かな学力と豊かな学力』ミネルヴァ書房、2007年

三重県教育委員会『シンガポール教育改革調査報告書』、2003年

英文文献

Ministry of Education, *Contact: Transforming Learning*, 2005.

Ministry of Education, *Primary School Education: Preparing your child for tomorrow*, 2012.

Ministry of Education, *The Desired Outcomes of Education*, 2012.

ウェブサイト

「Ministry of Education」のウェブサイト（www.moe.gov.sg/education/21cc/）

「Nan Chiau Primary School」のウェブサイト（www.ncps.moe.edu.sg/index.php/curriculum/ncps-programme）

「Singapore Education System」のウェブサイト（www.moe.gov.sg/education/landscape/）

〈第9章　フィリピンの挑戦〉
和文文献

ウィ・ホック・チェア「東南アジア教育大臣機構（SEAMEO）有効な地域教育協力の一例」、p.1-4（第9回国際教育協力日本フォーラムでの発表資料）

北村友人「フィリピンにおける基礎教育カリキュラムの導入−『愛国心（マカバヤン）』教育と学

力向上への影響」、『上智大学教育学論集』第45号、上智大学総合人間科学部教育学科、2010年、p.39-50

佐々木謙一「フィリピン・ケソン市における初等・中等教育の質の課題」、『大阪商業大学論集』第6巻第3号、2011年、p.71-80

冨澤由佳「フィリピンにおける幼児教育」（科学研究費助成研究成果報告書）、2007年

長濱博文「フィリピン統合科目における価値教育理念の検証−異教徒間の国民的アイデンティティ形成に着目して」、『比較教育学研究』第33号、2006年、p.116-136

長濱博文「フィリピン中等教育におけるマカバヤン導入の意義−価値教育の展開を中心に」、『九州大学大学院教育コース院生論文集』第4号、2004年、p.127-149

ユネスコ『第4回ユネスコスクール全国大会　持続発展教育（ESD）研究大会−ESDの実践上の課題解決に向けて（抄録集）』2013年

英文文献

Department of Education, *The 2002 Basic Education Curriculum*, 2002.

Department of Education, *Official Gazette: The K to 12 Basic Education Program*,（www.gov.ph/k-12/）

Department of Education, *Strengthening the student technologists and entrepreneurs of the Philippines (STEP) to enhance the technology and livelihood education (TLE) of the basic education curriculum (BEC)*, 2003.

ウェブサイト

「Department of Education」のウェブサイト（www.deped.gov.ph/k-to-12/About/curriculum-guides）

「2013 SEAMEO-Japan ESD Award」のウェブサイト（www.seameo.org/index.php?option=com_content&view=category&layout=blog&id=103&Itemid=558）

〈第10章　インドネシアの挑戦〉

和文文献

田中義隆『インドネシアの教育−レッスン・スタディは授業の質的向上を可能にしたのか』明石書店、2011年

西谷泉「JICAインドネシア初中等理数科教育拡充プロジェクト」群馬大学教育学部、2006年

英文文献

Anderson, L. W. & Krathwohl, D. R, (eds.), *A Taxonomy for Learning, Teaching, and Assessing: A Revison of Bloom's Taxonomy of Educational Objectives*, Longman, 2001.

Sulfasyah, *Investigating the Implementation of the Indonesian KTSP (School-Based Curriculum) in the Teaching of Writing in Year Two*, Edith Cowan University, Perth, Western Australia, 2013.

Susana, Dyah, *Global Citizenship: The world is in young people hands*, 2014.（2014年9月にヤンゴンで開催されたブリティッシュ・カウンシル主催のセミナー「ASEAN Deep Learning Policy Series: Empower Students with 21st Century Deep Learning Skills」での発表資料）

その他言語文献

Pndok Cabe, *Implementasi Kurikulum 2013, Kementerian Pendidikan dan Kebudayaan*, 2014.

Kementerian Pendidikan dan Kebudayaan, *Konsep dan Implementasi Kurikulum 2013*, 2014.
Kementerian Pendidikan dan Kebudayaan, *Perubahan Pola Pilir dalam Kurikulum 2013*, 2014.

ウェブサイト
「Ministry of Education and Culture」のウェブサイト（www.kemdikbud.go.id）
「日本国外務省　国際協力：政府開発援助（Official Development Assistance: ODA）」のウェブサイト
　（www.mofa.go.jp/mofaj/gaiko/oda/shiryo/hyouka/kunibetu/gai/h11gai/h11gai019.html）
「British Council Indonesia」のウェブサイト（www.britishcouncil.id/en/program/pendidikan/connecting-
　classrooms）

〈第11章　ベトナムの挑戦〉
和文文献
﨑川勝志「ベトナム・ハノイ市における学力問題の現状を見る－経済発展がもたらす学力向上と学力格差の実態」、『BERD』No.10、ベネッセ教育総合研究所、2007年、p.36-41
関口洋平「ベトナム高等教育における国際化の展開－市場経済体制下での戦略的対応」、『留学交流』vol.38、日本学生支援機構、2014年、p.1-8
高馬絵吏子「ベトナムにおける近年の教育動向と中等教育改善」、『上智教育学研究』第26号、上智大学教育学研究会、2013年、p.21-43
田中義隆『ベトナムの教育改革－「子ども中心主義」の教育は実現したのか』明石書店、2008年
セン, V. V.（近田政博訳）「ベトナム教育法（翻訳）」、『名古屋高等教育研究』第1号、名古屋大学高等教育研究センター、2001年、p.183-220
出口真弓「ベトナムの道徳教育カリキュラムの分析」、『広島大学大学院教育学研究科紀要』第三部 第52号、広島大学大学院教育学研究科、2004年、p.115-122

英文文献
Baker, F.J. and Giacchino-Baker, R., *Lower Secondary School Curriculum Development in Vietnam*, 2001.
Board of Studies, New South Wales, *Vietnamese K-10 Syllabus*, 2003.
Do Dinh Hoan, *National Curriculum for Basic Education in Vietnam*, UNESCO, 2000.
Nguyen Thi Minh Phuong, Cao Thi Thang, *Vietnam: Curriculum planning, development and reform*, 1998.
Thieu Thi Minh Tam, *How do we develop students as global citizens?*, 2014.（2014年9月にヤンゴンで開催されたブリティッシュ・カウンシル主催のセミナー「ASEAN Deep Learning Policy Series: Empower Students with 21st Century Deep Learning Skills」での発表資料）
UNESCO, *Learning: The Treasure Within*, 1996.
World Bank, *Education in Vietnam: Development History, Challenges and Solutions*, 2007.
N/A, *Contexualized INEE Minimum Standards for Vietnam*, 2011.
N/A, *Vocational Education and Training in Vietnam*, 2009.

ウェブサイト
「British Council Vietnam」のウェブサイト（www.britishcouncil.vn/en/programmes/education/connecting-

classrooms）

〈第12章　ミャンマーの挑戦〉………………………………………………………………
和文文献
国際協力機構（JICA）『ミャンマー国基礎教育改善に係る専門家派遣（基礎教育改善アドバイザー）業務完了報告書』、2013年
国際協力機構（JICA）『ミャンマー国教育セクター情報取集・確認調査（カリキュラム分析・評価）業務完了報告書』国際開発センター、2014年
国際協力機構（JICA）『ミャンマー国教育セクター情報取集・確認調査 ファイナルレポート』国際開発センター、2013年
田中義隆「21世紀のミャンマーの教育への挑戦」、『国際開発ジャーナル』10月号、国際開発ジャーナル社、2014年
田中義隆「ミャンマー人と教育」、『REGIONALTREND』国際開発センター、2014年、p.2-15
増田知子「ミャンマー軍事政権の教育政策」、『ミャンマー軍事政権の行方　調査研究報告書』アジア経済研究所、2010年、p.5-20

英文文献
Education Promotion and Implementation Commission (EPIC), *Working Group for Child-Centered Approach (Preliminary Report)*, 2014.
Japan International Cooperation Agency (JICA), CESR Phase 2 Report: Primary Curriculum, Textbooks and Learner Assessment Processes (Grades 1-5), 2014.
Japan International Cooperation Agency (JICA), *Data Collection Survey on Education Sector in Myanmar (Final Report)*, 2013.
Japan International Cooperation Agency (JICA), *National Curriculum Review in Myanmar: Technical input for CESR Working Group*, 2013.
Japan International Cooperation Agency (JICA), *Report on The CCA Implementation Monitoring*, 2011.
Khine Mye, *Higher Education Law (Draft)*, 2015（政策会議での発表資料）
Khine Mye, *Higher Education Rules (Draft)*, 2015.（政策会議での発表資料）
Ministry of Education, *Curriculum Framework (1st Draft)*, 2014.
Ministry of Education, *The Basic Education Law*, 1989
Ministry of Education, *The Basic Education Law (2nd Draft)*, 2014
Ministry of Education, *Basic Education Rules (Draft)*, 2014.（政策会議の発表資料）
Ministry of Education, *Education Statistic Book*, 2014.
Ministry of Education, *National EFA Review Report*, 2014.
Ministry of Education, *The National Education Law*, 2014.
Ministry of Education, *Free Compulsory Primary Education Law (Draft)*, 2014.（政策会議での発表資料）
Ministry of Immigration and Population, *Population and Housing Census of Myanmar 2014: Provisional Results*, 2015.
Ministry of Immigration and Population, *Population and Housing Census of Myanmar 2014: Summary of Provisional Results*, 2015.

Myint Thein, *A Nation at A Critical Turnning Point: A Blueprint for Educational Reform in Myanmar*, Kaung Thant Publishing House, 2014.

Win Aung, *Critical Thinking in Myanmar's Classrooms: the past, the present and the future*, 2014.（ブリティシュ・カウンシル主催セミナーでの発表資料）

UNESCO Bangkok, *Education Systems in ASEAN+6 Countries: A Comparative Analysis of Selected Educational Issues*, 2014.

World Bank, *A pilot study of student's Reading Abilities and Teacher Behavior relating to reading instruction in the early primary grades in the Yangon Department of Basic Education 3 – Myanmar (Draft)*, 2014.

〈第13章　我が国の教育課程と今後の方向性〉
和文文献

安彦忠彦『改訂版 教育課程編成論－学校は何を学ぶところか』放送大学教育振興会、2006年

安彦忠彦『教育課程編成論－学校で何を学ぶか』放送大学教育振興会／NHK出版、2002年

安彦忠彦編『新版カリキュラム研究入門』勁草書房、1999年

岩木秀夫『ゆとり教育から個性浪費社会へ』ちくま新書、2004年

加藤幸次編『教育課程編成論　第2版』玉川大学出版部、2011年

国立教育政策研究所『教育課程の編成に関する基礎的研究報告書1：諸外国における教育課程の基準と学習評価』、2010年

国立教育政策研究所『教育課程の編成に関する基礎的研究報告書2：諸外国における教育課程の基準』、2011年

国立教育政策研究所『教育課程の編成に関する基礎的研究報告書4：諸外国における教育課程の基準－近年の動向を踏まえて』、2013年

国立教育政策研究所『教育課程の編成に関する基礎的研究報告書5：社会の変化に対応する資質や能力を育成する教育課程編成の基本原理』、2013年

国立教育政策研究所『教育課程の編成に関する基礎的研究報告書6：諸外国の教育課程と資質・能力－重視する資質・能力に焦点を当てて』、2013年

田中博之『カリキュラム編成論－人間発達科学プログラム』放送大学教育振興会／NHK出版、2013年

中央教育審議会答申（「21世紀を展望した我が国の教育の在り方について」）（1996年7月19日）

中央教育審議会答申（「初等中等教育における当面の教育課程及び指導の充実・改善方策について」）（2003年10月7日）

中央教育審議会答申（「幼稚園、小学校、中学校、高等学校及び特別支援学校の学習指導要領等の改善について」）（2008年1月17日）

水原克敏『学習指導要領は国民形成の設計書－その能力観と人間像の歴史的変遷』東北大学出版会、2010年

森山賢一『教育課程編成論』学文社、2013年

山口満他監修『実践に活かす教育課程論・教育方法論』学事出版、2002年

著者紹介

田中義隆（たなか・よしたか）

1964年京都府京都市生まれ。滋賀大学経済学部卒業。モントレー・インスティテュート・オブ・インターナショナル・スタディーズ（アメリカ・カリフォルニア州）国際行政学修士課程修了。香川県の公立高校での社会科教諭、青年海外協力隊（JOCV）として中華人民共和国の北京での日本語教師、国際連合本部（ニューヨーク）でのインターンなどを経て、現在、株式会社 国際開発センター（IDCJ）主任研究員。専門は教育開発（カリキュラム開発・教育方法論）。

これまで日本政府による政府開発援助（ODA）の一環として、中国、モンゴル、タイ、ラオス、ミャンマー、ベトナム、インドネシア、フィリピン、マレーシアなどのアジア諸国、及びパプアニューギニア、ソロモン諸島などの大洋州諸国での教育開発業務に従事。また、欧米諸国やオーストラリア、ニュージーランドなど先進諸国での教育調査も行う。

現在、ミャンマーにて同国教育省をカウンターパートとして教育改革の支援を行っており、新しい初等教育の教育課程及び教科書などの開発を手掛けている。

主な著書として『ベトナムの教育改革』、『インドネシアの教育』、『ミャンマーの歴史教育』（以上、明石書店）、『カリキュラム開発の基礎知識』（国際開発センター）などがある。日本教育学会会員。

21世紀型スキルと諸外国の教育実践
―― 求められる新しい能力育成

2015年8月30日　初版第1刷発行
2017年5月31日　初版第2刷発行

著　者	田 中 義 隆
発行者	石 井 昭 男
発行所	株式会社 明石書店

〒101-0021　東京都千代田区外神田6-9-5
　　　　　　電　話　　03（5818）1171
　　　　　　FAX　　　03（5818）1174
　　　　　　振　替　　00100-7-24505
　　　　　　http://www.akashi.co.jp

装丁　　　　明石書店デザイン室
印刷・製本　モリモト印刷株式会社

（定価はカバーに表示してあります）　　ISBN978-4-7503-4230-6

JCOPY 〈(社)出版者著作権管理機構　委託出版物〉
本書の無断複写は著作権法上での例外を除き禁じられています。複写される場合は、そのつど事前に、(社)出版者著作権管理機構（電話 03-3513-6969、FAX 03-3513-6979、e-mail:info@jcopy.or.jp）の許諾を得てください。

21世紀型スキルとは何か
コンピテンシーに基づく教育改革の国際比較
松尾知明 著
●2800円

反転授業が変える教育の未来
生徒の主体性を引き出す授業への取り組み
反転授業研究会編　芝池宗克、中西洋介 著
●2000円

学びのイノベーション 21世紀型学習の創発モデル
OECD教育研究革新センター編
有本昌弘監訳　多々納誠子、小熊利江訳
●4500円

21世紀型学習のリーダーシップ イノベーティブな学習環境をつくる
OECD教育研究革新センター編
木下江美、布川あゆみ監訳
●4500円

21世紀のICT学習環境 生徒・コンピュータ・学習を結び付ける
OECD編著　国立教育政策研究所監訳
●3700円

キー・コンピテンシー 国際標準の学力をめざして
ドミニク・S・ライチェン、ローラ・H・サルガニク編著
立田慶裕監訳
●3800円

ユネスコスクール 地球市民教育の理念と実践
小林亮 著
●2400円

新たな時代のESD サステイナブルな学校を創ろう 世界のホールスクールから学ぶ
永田佳之編著・監訳　曽我幸代編著・訳
●2500円

図表でみる教育 OECDインディケータ（2016年版）
OECD編著　徳永優子、稲田智子、矢倉美登里、大村有里、坂本千佳子、三井理子訳
●8600円

諸外国の教育動向 2014年度版
文部科学省編著
●3600円

諸外国の教育動向 2015年度版
文部科学省編著
●3600円

生きるための知識と技能 6 OECD生徒の学習到達度調査（PISA）2015年調査国際結果報告書
国立教育政策研究所編
●3700円

PISA2015年調査 評価の枠組み OECD生徒の学習到達度調査
OECD編著　国立教育政策研究所監訳
●3700円

諸外国の初等中等教育
文部科学省編著
●3600円

インドネシアの教育 レッスン・スタディは授業の質的向上を可能にしたのか
田中義隆 著　明石ライブラリー142
●4500円

ベトナムの教育改革 「子ども中心主義」の教育は実現したのか
田中義隆 著
●4000円

〈価格は本体価格です〉